幕末維新英傑伝

菅野覚明［著］

ミネルヴァ書房

はじめに――英傑たちの行動原理

英傑は人生の範たりうるか

幕末維新期にさまざまな分野で活躍した英傑をとりあげ、特にその生き方・人柄・思想に光をあてて、現代を生きる私たちの範を求めるというのが本書の狙いです。

幕末維新は、戦国乱世以来三百年ぶりに訪れた激動と変革の時代です。地位も財産もない無名の人間が、たちまちに歴史に名を残すような大事業をやってのけるのは激動の世の習いですが、幕末維新もまた、そうした英傑、風雲児を輩出した時代でした。

幕末維新の歴史は、物語として見るなら実にドラマティックで、そこで活躍した人々は、今なお根強い大衆的人気を保っております。今日の日本人が、憧れや共感を覚える歴史上の人物として名を挙げる中には、西郷隆盛《さいごうたかもり》、坂本竜馬《さかもとりょうま》、吉田松陰《よしだしょういん》、高杉晋作《たかすぎしんさく》、あるいは新撰組の面々といった、幕末維新に活躍した人々が多く含まれているようです。

しかしながら、これはあたりまえのことなのですが、大きな事業を達成したり、歴史上の大事件に関わったからといって、その人たちが直ちに、人間の生き方の上で後生の模範とすべき人物であるということにはなりません。そもそも、英傑が成し遂げた事業は、いくら模範にしようと思っても、後世の人に同じことができるわけはありません。確かに英傑と呼ばれるほどの人物は、傑出した才能や精神力の持ち主であったでしょう。けれども、そうした個人の能力に属するものは、生き方の模範にすべきものとはぜんぜん別物でありますし、また、真似しようと思って真似のできるものでもありません。そうして、これもまたいうまでもないことですが、歴史に名を残したからといって、必ずしもその人物が、人間としても尊敬に値する立派な人格の持ち主であったとは限らないのです。そのことは、歴史上の悪名高い人物を何人か思い出してみれば、直ちに明らかだろうと思います。

幕末維新の英傑の多くは、政治運動に身を投じ、政治の世界で名を成した人物たちです。政治の世界というのは、決してきれいごとだけではすまない権力闘争の世界です。権力闘争の世界では、勝ち残るために必要とあれば、虚偽、裏切り、変節といった道徳的には許されないような行いもあえて実行しなければなりません。ときには、敵対者を抹殺するという、非人道的な手段が堂々とまかり通ることさえあります。幕末維新の歴史は、一面では権謀術数と暗殺の歴史でもあります。そういう非情な世界を生きた英傑たちのありかたを、人生の範としてとらえなおすということが実に悩ましい問題であることは理解いただけるでしょう。例えば、司馬遼太郎の幕末維新ものの小説を読んでも、そこに登場する人物像の特色は、人としての立派な生き方や徳というよりは、もっぱら外交的手腕や政治的立ち回りのうまさ、先見の明、人心掌握術、判断の的確さといった成功するためのスキルばかりが目に付いてしまいます。確かにサクセスストーリーは、読んで心地のよいものです。しかし、それが真剣に自己のよりよい生き方を問い直すための糧になるかといわれれば、やはり半分は首を傾げざるを得ません。

とはいえ、幕末維新の英傑たちのすべてが単なるマキャベリストであったというのではありません。変革期の激動に便乗して、自己の野望ばかりを追及した利己的な輩《やから》も多いのは確かですが、まがりなりにも英傑と称されるくらいの人物であれば、みなそれぞれに多少なりとも己の道を追求し、人徳を完成していったはずです。そもそも、すべてにおいて完全な人間などというものは、いくら探しても見つかるものではないでしょう。どんな英雄、豪傑でも、どこかに短所や弱点があるものです。また逆に、どんな目立たない人間にも、これはと思わせるようなとりえのひとつや二つはあるものです。ですから、本書では、幕末維新の英傑であるからといって、何から何まで美化することは注意深く避けたいと思います。そして、成し遂げた事業の大小にとらわれることなく、その人物の、一人の人間としての生き方に注目していきたいと思います。

変革を支えた思想

幕末から明治にかけて起こったのは、社会の体制が根本から改まる一大変革です。それは単なる政権交代ではなく、政治・経済などあらゆる社会の仕組みと、それを支える人々の価値観・ものの考え方までをもひっくるめた、大変革でした。幕末維新の英傑とは、何らかの形でこの大きな変革に関わった人たちです。

変革とは、それまであったものを覆し、全く新しいものを作り上げる事業ですから、当然のことながら、英傑たちは、今まで人が誰もやらなかったことをした人たちであるということになりましょう。

今までに誰もしたことがないことを実行する。口で言うのは簡単ですが、実際にそれを行うには、大変な勇気と決断、そしてそれを正当化する大義を必要とします。例えば、幕末維新の英傑たちの多くは、一介の浪人や下級武士階級の出身者です。彼らは、「俺が天下を動かす」という信念のもとにさまざまな運動に身を投じていったわけですが、しかしこれは、当時の常識から見ればある意味とんでもないことだったのです。徳川時代の社会（とくに武士の社会）の常識は、朱子学という儒学の考え方をもとにしていました。寛政異学の禁（一七九〇）以後、実質的にわが国の正統教学とされた朱子学の柱は、身分制上下秩序を堅く守るというところにありました。自分の身分・地位に許されたこと（職分）に精励し、分際を過ぎたことに関わってはならないというのが、朱子学の考え方であり、それは当時の社会の常識、道徳でもありました。例えば、国家の経営とか外交といった問題は、将軍、大名、家老といった世襲の地位にある者の専権事項であり、下級藩士の分際で口をはさめるようなことではありませんでした。下級身分の者は、そもそも国政を云々《うんぬん》しようなどとは考えもつかなかったし、たとえそのようなことをしても誰も相手にはしてくれないどころか、分際をわきまえぬ不届き者として厳しく罰せられるのがおちで、当時はそれがあたりまえのこととして誰も疑う者はいませんでした。そういう空気の中で、英傑たちは自らの手で世の中を変えようと立ち上がったわけですから、そこには当然それを正当化する何らかの根拠が必要とされたはずです。いいかえれば、下級身分の志士たちの行動を支えた思想的原動力が存在したはずです。

志士たちの行動を支えた、彼らに共通する根本思想は、キーワードで示すなら、「志」と「自己の独立」の二つに要約されるでしょう。

「志」は、まさに「志士」の頭文字ですが、この言葉は、道を実現しよう、正しいことを追い求めようとする精神をあらわします。正義を実現しようとする思いとしての「志」は、英傑たちのいわば合言葉でした。この「正しいこと」の具体内容が何であったかは別の機会に述べる予定ですが、方向性だけを申し上げるなら、それは「攘夷《じょうい》」という言葉で示されるものです。

さて、正しいことを実現しようという強い思いから、英傑たちは行動を起こしたわけですが、しかし、彼らの行動の正当性を支える根拠としては、それだけではまだ不十分です。たとえ正しい思いを持っていても、この自分（例えば下級武士である自分）がそれを実行して果たしてよいのか、正義は、ふさわしい地位・権限を持つ者が実行すべき事ではないのかという問題は残るからです。それを解決したのが、「自己の独立」（思想用語としては、独立自信、独立自尊などと呼ばれます）の思想です。

「志」と「独立」という、志士の行動を支えた二つの思想は、さかのぼれば朱子学の職分道徳思想と、戦国武士の独立自尊の思想に由来します。朱子学の考えでは、あらゆる存在はそれぞれ、宇宙の原理である「理」によって定められた役割を担っているとされます。そして、武士という存在の役割、すなわち職分は、天下に道を実現することであるとされました。つまり、徳川時代の正統教学においては、正しいことを実現することは、武士の本来の役割であるとされていたのです。また、戦国時代に形成された武士道思想においては、他人の力に頼らず、自らの実力によって生存と繁栄を維持する「我一人」の精神が理想とされました。そして、この朱子学的な職分思想と、戦国武士的な独立自尊の思想とを結びつけ、「志」と「独立」を核とする独自の思想をうち立てたのは、佐藤一斎という儒学者でした。佐藤一斎は、西郷隆盛が私淑し、生き方の範を求めた思想家として知られている通り、幕末維新の英傑たちのものの考え方の根本に影響を及ぼした人物です。まずは、ことの根源にさかのぼって、一斎の「志」と「独立」の思想を見るところから本論に入っていきたいと思います。

幕末維新英傑伝　目次

図版資料一覧

第一章　佐藤一斎――心の霊光に目覚める

明治という時代をどう見るかという問題は、ちょうど平成バブルの時代をどう見るかということと似たところがあります。司馬遼太郎《しばりょうたろう》ファンの皆様には申しわけないのですが、明治という時代に対する同時代人の印象は、七対三くらいの比率で、「軽佻浮薄」という評価に軍配が上がるように思います。司馬史観はいわばバブル肯定派の代表ですが、夏目漱石や新渡戸稲造のような当時の大知識人たちは、おおむね「軽佻浮薄」という見方を取っていました。「明治の精神」は、バブル的な浮かれた成功主義にすぎないのか。それとも腰のすわった「哲学」であったのか。まずは、そのようなことを考えてみたいと思います。

佐藤一斎という人物

幕末維新の英傑といえば、多くの人は、維新三傑（木戸孝允《きどたかよし》、西郷隆盛、大久保利通《おおくぼとしみち》）のような、大事業を成し遂げ、波乱万丈の人生を送った志士たちを重い浮かべることでしょう。それに引き換え、佐藤一斎《さとういっさい》（一七七二〜一八五九）という人物は、よほどの歴史マニアでなければ名前も知らないような、ごくごく地味な存在だと思います。
　まず、佐藤一斎の生涯を簡単に振り返っておきましょう。

渡辺崋山筆
『佐藤一斎（五十歳）像』

　佐藤一斎は、美濃岩村藩（現岐阜県恵那市）の家老の子として生まれ、十九歳で藩主松平乗保《まつだいらのりやす》の近習となりますが、翌年職を免ぜられ（その理由は不明です）、以後は専ら儒学を学び、学者として一生を送ります。二十二歳のとき、大学頭林述斎《はやしじゅっさい》の門人となり、一門人として学究生活に明け暮れます。述斎は、岩村藩前藩主松平乗蘊《のりもり》の三男（松平衡《たいら》）で、幕命によって儒学者林大学頭家の第八代を継いだ人物です。つまり、述斎と一斎は、師弟関係にあったと同時に、主従の関係にもあったわけです。三十四歳のときに林家の塾長となり、天保《てんぽう》十二年（一八四一）に林述斎がなくなると、召し出されて幕府の儒臣となり、将軍や諸大名に講義をするようになります。一斎、七十歳の時のことです。一斎が亡くなったのは、安政の大獄と呼ばれる弾圧の嵐が荒れ狂っていた安政《あんせい》六年（一八五九）の九月二十四日で、翌月には、捕縛されていた橋本左内《はしもとさない》、吉田松陰が刑死しています。
　典型的な一学究の生涯ですが、まず、経歴の中から一つ重要なポイントを指摘しておきます。それは、一斎が、幕府の正統教学である朱子学の権威であり、かつ幕府の学校で教えを授けているということです。つまり、一斎の思想は、当時の常識から逸脱しない、正統な学問にもとづくものであり、それを学び、実践することは、決して非常識であるとか異端であるといった批判を受けるものではないということです。つまり、一斎の思想の中に志士たちの決起を正当化するものがあったとしても、それはいわば幕府公認のものであり、それこそ大手《おおで》を振って主張してよいものだったということです。

次に、もう一つ重要なポイントとして、彼に師事した弟子たち、彼の著作に影響を受けた人物の名をあげておきます。彼に直接師事した著名な人物としては、渡辺崋山《わたなべかざん》、佐久間象山《さくましょうざん》、山田方谷《やまだほうこく》、安積艮斎《あさかごんさい》、大橋訥庵《おおはしとつあん》、河田迪斎《かわだてきさい》がおり、著作に影響を受けた人物としては、吉田松陰、西郷隆盛があげられます。また、安積艮斎の弟子（つまり一斎の孫弟子）には、幕府海軍奉行で、咸臨丸《かいりんまる》の艦長を勤めた木村喜毅《きむらよしたけ》（芥舟《かいしゅう》）、長州志士の楫取素彦《かとりもとひこ》、明治を代表するジャーナリスト栗本鋤雲《くりもとじょうん》、三菱財閥創始者の岩崎弥太郎《いわさきやたろう》らがおります。歴史ファンであれば、これらの名前を見ただけで、佐藤一斎が幕末維新英傑伝に欠かせない人物であることが想像できようかと思います。

志士たちに「哲学」はあったか

自由民権運動の思想的指導者であった中江兆民《なかえちょうみん》（一八四七～一九〇一）の晩年の随筆『一年有半』の中に、次のような一節があります。

日本人は、物事の道理をすばやく理解する能力に長けている。また、一つの考え方に固執することなく、時勢に応じて柔軟に身の処し方を変えていくことができる。そうであったからこそ、維新の大

中江兆民

業はほとんど血を流すことなく成就し、三百諸侯もためらうことなく政権・土地を返上し、旧来の風習を惜しげもなく捨て去って洋風に改めることができたのである。しかし、怜悧《れいり》で変わり身が速いということは、見方を変えれば、軽佻浮薄、意志薄弱で、一貫性が欠如しているという、わが国民性の大弱点をあらわしてもいる。日本人の賢さは、所詮は「小怜悧、小巧智」にすぎず、「偉業」を成し遂げるには不向きである。「常識に富める民」ではあるけれども、「常識以上」に出ることはできない。兆民は、そのように述べております。

兆民は、日本人の「大病根」は、自前の確固とした哲学を持たないところにあると考えます。人間とは何か、自己とは何かという、すべての根底に立ち返る思索の体系である哲学を欠くことは、貿易や金融、産業の振興などとは何の関係もないことのようですが、そもそも国に哲学がないということは、あたかも床の間に掛け物がないのと同じで、国家や国民の品位を落とすものだと兆民はいいます。カントやデカルトは、「独仏の誇」、「二国床の間の懸物」であり、二国人民の品位とおのずから関係する。これに対してわが国の「哲学なき人民」は、「何事を為すも深遠の意なくして、浅薄を免れず」というのです。

中江兆民は土佐藩の足軽の家に生まれ、幕末には長崎、江戸でフランス学を学びます。いわゆる志士的な活動はしていませんので、幕末維新の英傑の範疇に含まれる人物であるかはやや微妙ですが、維新後、岩倉使節団とともに渡欧し、帰国後はフランスの民主主義思想をもとに、明治十年代から二十年代の自由民権運動の理論的指導者として活躍します。また、山陽道鎮撫《ちんぶ》総督、北国鎮撫使として各地を転戦し、のちに明治・大正・昭和と三代にわたって政府の要職を勤めた「最後の元老」西園寺《さいおんじ》公望《きんもち》（一八四九～一九四〇）とも親密な関係にありました。藩閥政府を批判する陣営の大立者であった兆民の発言は、幕末維新を考える上で大変面白い材料（例えば、伊藤博文、大隈重信、松方正義らをコテンパンにけなした発言など）を提供してくれますので、関心のある向きはぜひご参照いただきたいと思います。

それはともかく、維新の大業を成し遂げたのは、目先の小利口と変わり身の速さという国民性だといわれてしまっては、英傑たちも形無しでしょうが、しかし、本当のところ、果たして維新の志士たちに「哲学」はなかったのでしょうか。

道の実現という理念

自己とは何か、人間とは何かという根本に立ち返り、そこから人間のめざすべき道を考える「哲学」は、今日の政治の世界には全く欠けているかもしれません。しかし、幕末維新の英傑と呼ばれるほどの人々には、たとえ建前だけのことであったとしても、そうした自己省察に基づく一つの哲学が共有されていたのは事実であったろうと思います。そして、佐藤一斎の思索は、そうした独自の哲学の大きな源泉になっていたこともまた確かだろうと思われます。

そもそも、江戸時代の指導的階層であった武士たちは、世の中を治めるにあたって、そのよりどころとなる一つの哲学を教えられていました。この哲学を簡単に要約すれば、次のようになります。

天地万物の主は、「天」である。「天」は、いわば宇宙の「心」にあたるもので、そのめざすところは、自然界にあっては万物生成、人間界においては、「人倫の道」の実現である。「人倫の道」とは、親愛の情で結ばれ、礼節によって秩序づけられた、道徳的な理想の共同体をいう。天の意を体して、人倫の道を実現することが、天下国家を治める者の務めである。したがって、支配階級たる武士は、天の意にかなうように、常に己の身を正し、心を誠にして、天下に道を実現していかなければならない。

進歩主義や経済偏重の史観に支配された今日の歴史教育では、あまり触れられることはないのですが、朱子学的な儒学のもとづくこのような考え方は、江戸時代を通じて、国家の統治に関する基本常識となっていました。政治の目的は道の実現にあり、武士は自らが模範となって道を広めるのだという理念は、三百年の長い間に形骸化していくのは免れなかったとはいえ、少なくとも理念としては、幕末の動乱期にもなお生き続けていました。佐藤一斎の「哲学」もまた、道の実現者としての武士の自覚を、あらためて（しかもかなり過激な形で）問い直すところから生まれたものでした。

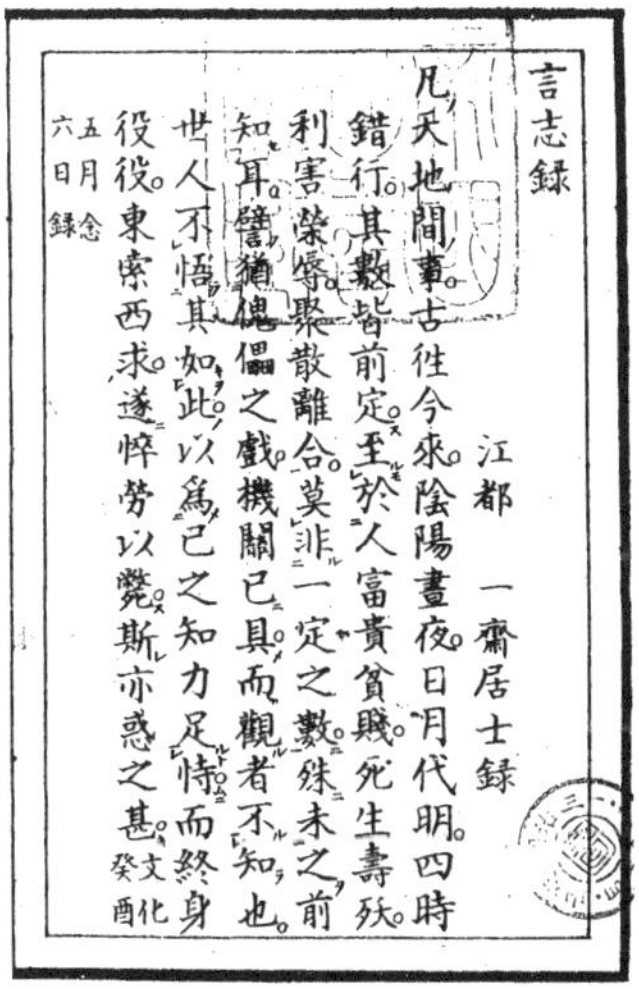
言志録

江都　一齋居士録

凡天地間事。古往今來。陰陽晝夜。日月代明。四時錯行。其數皆前定。至於人富貴貧賤。死生壽殀。利害榮辱。聚散離合。莫非一定之數。殊未之前知耳。譬猶傀儡之戲。機關已具。而觀者不知也。世人不悟其如此。以爲己之知力足恃。而終身役役。東索西求。遂悴勞以斃。斯亦惑之甚。文化癸酉五月念六日録

佐藤一斎『言志録』

佐藤一斎の哲学

佐藤一斎の哲学のおおよその全体像は、道に関する箴言集《しんげん》『言志録《げんしろく》』『言志後録《げんしこうろく》』『言志晩録《げんしばんろく》』『言《げん》志耋録《してつろく》』の、いわゆる「言志四録《げんししろく》」によってつかむことができます（以下、『言』『後』『晩』『耋』と略称）。そこに示された一斎の哲学の特色をひとことで言うならば、「武士としての自己の役割の徹底的な反省」ということに尽きるでしょう。反省がまさに「徹底的」であったからこそ、一斎の哲学は、多くの志士たちが動乱期を生き抜くための指針となりえたのだと思われます。

「言志四録」の名言の数々を引きながら、一斎の哲学の概要をたどってみましょう。

一斎による自己の徹底的な反省は、たとえば次のように行われます。

自分が生まれる前には「千古万古」の時が経過している。また、自分の死後にも「千世万世」の時間が流れるだろう。たとえ自分の寿命が百年を保ったとしても、悠久の時から見ればほんの「一呼吸の間」にすぎない。この奇跡的な一瞬の間に、この自己は人間として存在している。それならば、自分は「人であること」を全うして生涯を終わりたいものだ。自分の望みは、それに尽きる。一斎は、自己という存在を、まず

はこのようにとらえます。

今幸いにして生まれて人たり。こいねがわくは人たるを成して終わらん。これのみ。本願はここにあり。(『晩』二八三)。

一斎は、今ここにある自己を、それが悠久の時空間の中の小さな点にしか見えなくなる無限のかなたにまで距離をとって、冷静に見つめなおします。無限の時間、無限の空間の中に置いて見れば、自分があるときに人間として生まれているという事実は、ほとんど奇跡に近い出来事であるように見えるでしょう。自分がたとえ百年生きても、無限の尺度からすれば、ほんの一瞬ののちに自分の存在は消滅してしまいます。しかも、自分という存在は、後にも先にも今ここのこの心身しかありません。自分という存在がただ一回、しかも一瞬の間だけ人間としてあるという、この奇跡的な生をなおざりにしないためにはどうしたらよいか。人として生まれたことを全うする(「人たるを成して終わらん」)にはどうすればよいか。この問いが、一斎の哲学の主題を形づくっています。

昨今、「人生百年時代」などと官民あげて浮かれておりますが、そこでは果たして「人たるを成して終わらん」という覚悟は問われているのでしょうか。なんとも心もとない限りですが、それはともかく、「人たる」ことを突き詰めて考えるために、一斎は、そもそも天が何のために自分という存在を生み出し、何をさせようとしているのかを省察すべきであるといいます。

人はすべからく自ら省察すべし。天、何の故にか我が身を生み出し、我をして果たして何の用にか供せしむると。我すでに天の物なれば、必ず天の役あり。天の役共《きょう》せずんば、天の咎《とが》必ず至らん。省察してここに到れば、すなわち我が身のかりそめに生くべからざるを知らん。（『言』一〇）

天が自分を生み出したのには、何か理由があり、また天が自分に与えた使命があるはずである。この使命をないがしろにすれば、必ず天の罰を受けるであろう。そう考えれば、この人生をないがしろにすることはできないはずだというのです。

先に述べたように、天から与えられた使命とは、人の道を実現することをさします。そして、道を探究し、道を実践していく営みは、「学」と呼ばれます。

この学は吾人一生の負担なり。まさに斃《たお》れてのち已むべし。（『後』一）

『西郷南洲手抄言志録』にも引かれているこの一節では、武士たる自己一生の事業が、「学」、すなわち、道を求め、実践していく営みであることが宣言されています。

道を実践していくためには、何よりもまず、それを引き受け、どこまでもそれを追求していくという、強い内心の覚悟が求められます。一斎は、その覚悟を「志」と呼びます。

学は立志より要なるはなし。（『言』六）
志有るの士は利刃《りじん》のごとし。百邪辟易《へきえき》す。志無きの士は鈍刀のごとし。童蒙《どうもう》もこれを侮翫《ぶがん》す。
（『言』三三）

この「志」は、小さな、あるいは、生半可なものであってはなりません。いつか必ず「古今第一等の人物」になるという、大きな「志」を持たなくてはならないと、一斎は言います。

世間第一等の人物とならんと欲するは、その志小ならず。余はすなわち以て猶《なお》小なりとなす。（中略）故に志有る者は要はまさに古今第一等の人物を以て自ら期すべし。（『言』一一八）

現在の世界の中で「第一等の人物」になろうとする「志」は、もちろん小さいとはいえない。しかし、自分としては、それではまだまだ足りないと思わざるをえない。なぜなら、今生きている世間の人々の数には限りがあるから、その中で一番になることは決して不可能なわざではない。しかし、すでにこの世にいない過去の人と、そしてまたこれから生まれてくる人々を合わせれば、その数は限りないものとなる。自分も死ねば、過去から未来にわたる無数の人々の一人ということになり、今の世での第一等の人物などは、その中に置けば全く埋もれてしまうだろう。だから、「志」を立てる以上は、「古今第一等」をめざすべきだというのです。

「古今第一等の人物」は、他人と比較した相対的な「第一等」ではなく、あらゆる人間から飛びぬけた絶対的な「第一等の人物」です。一斎がめざすのは、天地万物の主である絶対的な「天」と等しいような人物なのです。西郷隆盛の「人を相手にせず。天を相手にせよ」（『西郷南洲遺訓』）という思想は、明らかに一斎のこうした考えの系譜を引くものです。

「天」は、宇宙の間に満ちた生き生きした道理（「活道理」「天理」）であり、万物の本性を形づくっています（『言』二四二）。人間の場合、大地を形成する物質（「地気の精英」）が集まって身体が作られ、その身体に「天」が心となって宿ります。

躯殻《くかく》はこれ地気の精英《せいえい》にして父母の由《よ》って之《これ》をあつむ。心は則ち天なり。（『言』九七）

一斎は、「天」であるところの心が本来の自己（「真己」）であり、肉体は本来の自己を宿すための仮の自己（「仮己」）であると考えます。天と等しい自己とは、この仮の自己を捨てて打ち立てられる真の自己のことにほかなりません。一斎は、日々静坐修行に努め、心の本体、真の自己である「霊光」を呼び覚まそうと試みました。

本然の真己あり。躯殻の仮己あり。すべからく自ら認め得んことを要すべし。（『言』一二二）

心の霊光は太陽と明を並ぶ。能くその霊光に達すれば、則ち習気消滅して、これが嬰累《えいるい》をなすこ

とあたはず。（『後』九）

霊光の体に充つる時、細大の事物も、遺落なく、遅疑なし。（『耋』六七）

自己の心の本体である「霊光」を自覚できたならば、身についた欲望（習気）は消滅し、災いをなすことはない。この「霊光」が身に充満する時には、大小どんなことも洩《も》れこぼれなく、時を逃さず行うことができる。一斎は、そのように述べております。

一斎の考えでは、志を立てて学に励み、自己の霊光を自覚したとき、人は天と等しい、絶対的な主体となります。それは、「動天驚地極大の事業もまたすべて一己より締造《ていぞう》す」（『言』一一九）といわれる、天下をその肩に担う自己であり、また、「士は当に己にあるものを恃むべし」（『言』一九九）、「士は独立自信を尊ぶ」（『言』一二一）のように、他人に左右されない確固たるよりどころを持った武士の自己でもあります。

以上見てきたように、佐藤一斎の哲学の要点は、内なる天を自覚した自己においては、あらゆる行動が正当化されるという論理を打ち立てたところにあります。自己の行動を天にもとづくものとして正当化する論理は、「天に代わって〜する」（例えば「天誅《てんちゅう》」）という志士たちの論法によくあらわれております。もちろん、この論理は、理屈としては誰にでも主張できました。しかし、「天に代わって」ということが本当に言えるためには、一斎のように真剣に道を求め、自らを道義的人格に高めていくことが絶対の条件です。一斎のいうような本当の意味での「真己」を探究し、実際行動の上に正しく生かすことができた人物の代表は、おそらく西郷隆盛でしょう。そして、その西郷の滅亡は、明治という時代のある暗い影の部分を象徴しているようにも思えるのです。

第二章　徳川斉昭——尊王攘夷の仕掛人

幕末の歴史の中で、水戸藩の動き、特に烈公徳川斉昭《れっこうとくがわなりあき》と水戸学者と呼ばれる人々の思想や行動は、常に一つの台風の目となっていました。大雑把にいえば、古い徳川体制を内側から解体する役目を水戸が果たし、新しい明治の世を作り上げていく役目を薩長が担ったということもできるでしょう。尊王攘夷の水戸学と水戸浪士は、いわば幕末スペクタクルの大立者であります。水戸の尊王攘夷が全国的な影響力を発揮するにいたったきっかけを作ったのは、第九代水戸藩主烈公徳川斉昭です。烈公の人物に焦点を当てながら、志士たちの行動方針となった「尊王攘夷《そんのうじょうい》」思想の中身を考えていきたいと思います。

藩主後継問題と学者グループ

ペリー来航から安政の大獄《たいごく》にいたる政局の中心には、いつも水戸藩の姿がありました。そもそも、幕末の政局を主導した一大スローガンである「尊王攘夷」は水戸を発信地としており、吉田松陰や西郷隆盛など、薩長の志士たちに、「何をなすべきか」の指針を与えたのは、藤田東湖《ふじたとうこ》、会沢正志斎《あいざわせいしさい》ら水戸学者と呼ばれる人々の思想でした。また、大政を奉還した最後の将軍徳川慶喜《よしのぶ》は、第九代水戸藩主徳川斉昭の実子です。斉昭は、井伊直弼《いいなおすけ》ら幕府の開国派に対抗する勢力の中心人物で、将軍慶喜にもさまざまな影響力を行使したといわれております。

そうした人々の中から、まずは、安政の大獄前後の政局の立役者であった、烈公徳川斉昭の人物を見ていきたいと思います。

徳川斉昭（右）・慶喜（左）像

徳川斉昭（一八〇〇～六〇）は、第七代水戸藩主徳川治紀《はるのり》の三男で、幼名は敬三郎《けいざぶろう》、「烈公」というのは、没後功績を讃えて送られた諡号です。斉昭は藤田東湖らを重用したことで知られていますが、彼と水戸学者たちを結びつけるきっかけの一つとなったが、藩主継承問題でした。今でもそうかもしれませんが、江戸時代にしばしば大きな政局のきっかけとなったのは、将軍や大名の後継者争いでした。斉昭の登場、ひいては水戸の尊王攘夷が幕末の激動を加速していくことのきっかけは、思想とは何の関係もない、ある意味つまらないお家騒動だったというところに、歴史というもののつかみがたさがよく現れているように思います。その斉昭と井伊直弼とが争った将軍後継者問題（斉昭、松平慶永《よしなが》らは一橋《ひとつばし》慶喜、井伊は徳川慶福《よしとみ》を推しました）が、安政の大獄から大政奉還という急転直下の政局の流れの引き金となったというのも、これまた歴史の皮肉というほかはないでしょう。

斉昭の兄、第八代藩主の斉脩《なりのぶ》には子がなく、かねてから後継者問題がくすぶっていましたが、斉脩が重い病になるとこれが一挙に顕在化し、斉脩の正室峰姫の弟で、第十一代将軍家斉《いえなり》の子恒之丞《つねのじょう》を養子に迎えようとするグループと、当時部屋住みであった敬三郎を立てようとするグループとが対立することになります。敬三郎は大変元気のいい若殿だったようで、小石川藩邸が火事になったときは火消し装束で飛び出してきたり、また、有名な大泥棒ねずみ小僧が藩邸をたびたび荒らしたときには、悔しがって、長槍を携えて寝ずの番をしたと伝えられています。苦労人でもあり、活発な気質であったことから、多くの藩士たちの期待を集めたものと推察されます。

恒之丞擁立派は、おもに藩の上級家臣たちで、彼らは、苦しい藩財政を立て直すため、将軍家との関係を深めることによって、幕府からの財政支援を得ることを狙っておりました。恒之丞を迎えれば持参金は十万石とも噂されていたようです。一方、あくまでも水戸のご老公光圀《みつくに》からの血統を主張する敬三郎派は、彰考館《しょうこうかん》の職員であった藤田東湖、会沢正志斎ら下級藩士が中心で、藩主親戚の有力者にも（おそらく血筋を大切にする考えからと思われます）これに同調する者がありました。

身分格式にやかましかった時代に、下級藩士が藩の重大問題に口を挟むとはどういうことかと思われる向きがあるかもしれません。しかし、どの藩でも、「御家を思う気持ち」については上下の区別はないという考えは、戦国以来の伝統として一貫して生きており、跡継ぎ問題をめぐってそれが大義として振りかざされるのは、しばしば見られることでした。また、身分の低い者がその能力を認められて登用され、藩政に参与することも決して珍しいことではありませんでした。『大日本史』編纂《へんさん》を藩の一大事業として継続してきた水戸藩では、早くから学者に関しては家柄を問わず実力で登用するという伝統がありました。東湖の父藤田幽谷《ゆうこく》は古着商の家の出身であり、会沢正志斎は父の代にはじめて士分に取り立てられた下層の武士でした。水戸の藩主後継をめぐる争いは、藩経営の合理化を第一とする官僚の論理と、代々の殿様への忠誠を第一とする伝統的武士道との対立と見ることもできるでしょう。藤田東湖らの水戸学が、何よりも「忠孝一本」を重んずる思想であったのも、たぶんこのことと無関係ではないと思います。

藩主継嗣問題は、下級藩士グループ（のちに正論の士と呼ばれるようになります）の、ほとんど常軌を逸した過激な奔走が功を奏し、最終的に敬三郎を跡継ぎとすることで落着します。過激というのは、例えば江戸彰考館の総裁であった青山延于《あおやまのぶゆき》は、敬三郎を世子とすることに同意する旨の斉脩自筆の手紙を手に入れ、これを懐にして恒之丞派の黒幕の江戸家老に詰め寄りました。学者は学者らしく本でもよんでおれという言葉にもひるまず、刀の柄《つか》に手をかけて猛烈な剣幕で迫る延于にさすがの江戸家老も閉口して、善処を約したといいます。また、江戸にいた青山延于からの手紙で事態の急を告げられた藤田東湖は、ただちに同志を集め、藩の許可も得ず江戸へと急行します。これを聞いた藩内は、「郡奉行から物頭、郷士、同心、村役人、水呑百姓、神官僧侶にいたるまで、水戸街道を江戸へ、江戸へとおし出し」（山川菊栄『覚書幕末の水戸藩』）、親類、有力者筋への陳情を行ったといいます（もっとも大半は、途中の松戸の関所で止められたようです）。この一件以来、事あるごとに藩に無届けで大挙江戸に押しかけ、デモンストレーションを行うのは水戸の伝統（？）となります。

新藩主斉昭の施政方針

文政《ぶんせい》十二年（一八二九）、藩主に就任した斉昭は、反斉昭派の重臣たちを罷免し、下士階層から人材を抜擢《ばってき》・登用して藩政の改革に着手します。そのときの意気込みを詠んだ「ちりあくた払いつくして小石川清き昔の流れをぞ見る」という和歌が伝えられております。東照権現徳川家康が築いた太平の天下を、藩屏たる水戸藩が補佐していた威公（藩祖頼宣《よりのぶ》）、義公（光圀）の昔に返すというのが、斉昭の基本的な考え方でした。「尊王攘夷」という思想もまた、初期徳川体制を理想と仰ぐ考えの一環として生まれてきたものでした。

天保年間にかけて、斉昭はさまざまな改革を実施し、またたびたび幕府への建言を提出します。民生安定のためのさまざまな施策や、文武奨励、倹約令など、いわゆる天保の改革の中で幕府や諸藩も同様に行ってきたことについては省略をいたします。ここでは、斉昭の思想の特色をよくあらわしているいくつかの施策について述べたいと思います。

水戸藩主は定府制《じょうふせい》（常時江戸に居住すること）が原則とされてきましたが、斉昭は、国許《くにもと》で改革に当たりたいとの考えから、天保四年（一八三三）、水戸に帰り、自身が書き上げたかなり長文の告示を家臣に示します。『告志篇《こくしへん》』と題されたこの告示文は、のちに印刷刊行され、領民にも配布されます。

この中で斉昭は、水戸藩というものの基本的な立場を明らかにしておりますが、要約すればそれは次のようなものです。

日本は神国である。神の恵みによって衣食住の道が成り立ち、神の子孫が統治することによって社会秩序が保たれている。統治者が神の子孫であるから、あえてこれを転覆しようなどという考えは誰も抱きはしないが、しかし、長い歴史の中には世が乱れることもある。永禄天正《えいろくてんしょう》の頃、天下の乱れがきわまったが、東照宮（家康）が「上は天朝《てんちょう》を輔翼し、下は諸侯を鎮撫し」、以後二百年にわたる太平の基礎を打ち立てた。わが水戸藩は、「天朝及び公辺《こうへん》（注、幕府のことです）」の恩沢によって三位の位と三家の格式を与えられ、天下の藩屏となっている。したがって我々は、及ばずながら国家を安定させ、人々を撫育《ぶいく》して、その恩に報いなければならない。

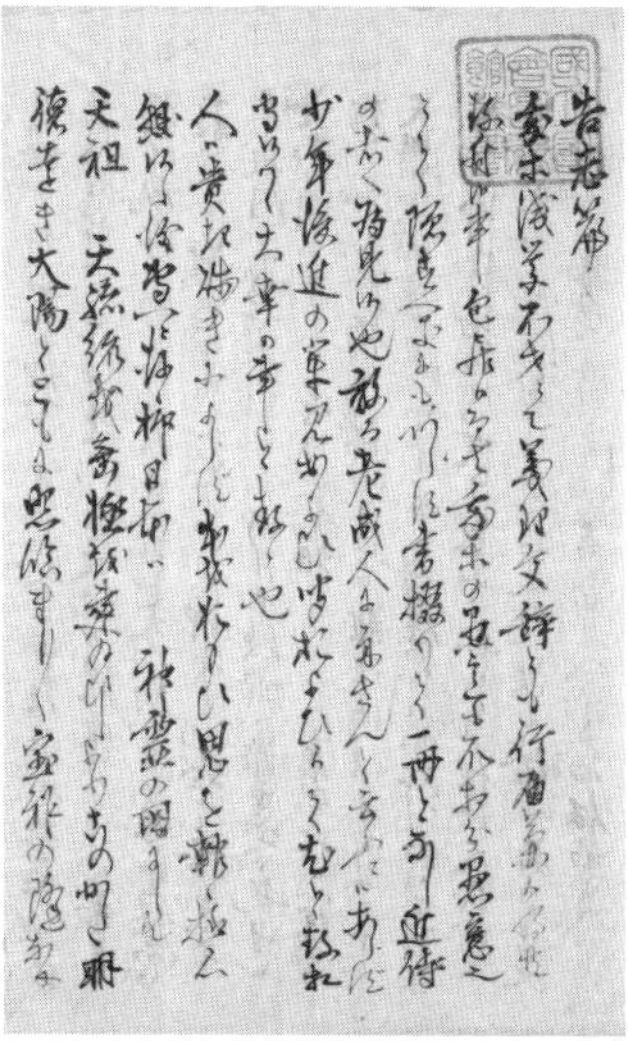
徳川斉昭『告志篇』（写本）

ここできわめて特徴的なのは、水戸藩の役割が、藩を安定させることを通じて「天朝及び公辺」を助ける、つまり日本国家の安定に尽くすとされていることです。そこには、天下の副将軍として幕府を輔佐するという水戸藩の自負があらわれていると見ることができます。江戸時代、諸藩において、藩主・藩士の役割は、藩・御家という「国家」を安定させること以上のものではありませんでした。斉昭の水戸藩が、一地方政権のあり方を超えて、「天朝及び公辺」の恩に報じるという意識を打ち出したことは、藩の枠組みを突破して天下国家のことに奔走する志士の出現を正当化する論理を用意したものといえるでしょう。

もちろん、藩主に就任した頃の斉昭に、脱藩して国事に奔走する志士の出現を奨励する意思はなかったでしょう。確かに『告志篇』の中には、有事の際には「天朝公辺」のために身命を投げ出せという言葉もありますが、一方で、眼前の主君をさしおいて直接「天朝公辺」に忠を尽くそうとするのは、分際をわきまえぬ振る舞いとして否定されています。斉昭の考えは、あくまでも徳川政権の身分秩序にしたがった天下国家の安定であり、家康時代の理想の体制を確固たるものにするということでした。

「天朝及び公辺」への報恩は、具体的には、文武の奨励という形で施策化されます。「文」は、儒教的な道徳を学び、それを社会に実現することをいいます。藩校弘道館《こうどうかん》の設立は、その一環を成すものです。神国思想を鼓吹し、キリスト教や仏教を排撃する思想政策もまた、「文」に関わるものといえるでしょう。「武」の方面では、西洋式の武器・兵術の導入、「追鳥狩《おいとりがり》」と称する大規模な軍事訓練の実施、おりからの異国船の来航に備えた沿岸警備の強化などがあげられます。変わったところでは、斉昭は北海道の開発・軍事拠点化を構想し、幕府へ建言しております。自身も北海道行きに意欲を燃やし、妻登美宮もおおいに乗り気であったと伝えられます。こうした諸施策の思想的な方向性は、やがて『弘道館記』の中の「尊王攘夷」という言葉で集約的に表現されることになりますが、その点についてはのちに見ていくことにします。

烈公の人となり

斉昭がめざしたのは、徳川家康と水戸藩の祖が行ったことを自分なりにとらえなおし、それを忠実に実行することでした。先祖の行いに帰るというのは、どこの藩でも新たに藩主となった者が一様に宣言する、いわば施政方針の定番にすぎません。しかし、斉昭は、家康と先祖たちの作った体制を再興しようとした結果、逆にそれを解体する力を生み出してしまったといえるでしょう。家康の時代に帰ろうとする「尊王攘夷」のスローガンは、やがて徳川政権そのものを否定する「討幕」を正当化するものとなってしまったからです。

烈公徳川斉昭の人となりについては、英明な君主、頑迷固陋《がんめいころう》な観念論者、突拍子もないことをする変わり者など、さまざまな評価があるようですが、たぶんどれも公のある面を言い当てているように思います。

『告志篇』や、斉昭が草稿を作った『弘道館記』をみると、漢学の高い素養があり、儒教の哲学もよく理解し、理詰めの思考ができることがわかります。その意味では、斉昭は優れた知的能力の持ち主だったことは確かです。町人でも、漢籍をよく読む者や、剣術の上手な者には褒美を取らせたと伝えられ（作者未詳『百草』）、自身も文武の業をよくしたといわれています。また、斉昭の子弟への教育態度は、大変厳格なものであったといわれています。夜中でも、子どもたちの寝室に入って、昼間何の本を読んだか、どんな遊びをしたか、などと尋ね、寝相に注意せよなどと厳しく指導したといわれます。特に寝相にはうるさかったらしく、公の意を受けた侍女が、子の枕の両側に剃刀《かみそり》の刃を立て、頭が転げれば痛い目にあうから気をつけよと脅したということです。さらに、武士は片寝（片腕を下にして横向きに寝ること）をするときでも、決して左手を下にしてはならない。なぜなら敵に利き腕を取られたら抵抗できないからだと教え戒めたそうです（渋沢栄一編『昔夢会筆記』）。

またこんな話もあります。あるとき、家老の奥津長門守、軍学者太田鬼笑斎を招いて、公みずから薄茶をたててもてなしました。長門守が頂戴してみると、あまりに苦くて飲めた代物ではありません。公が、味はいかにと尋ねられましたので、長門は苦くて飲めませぬとお答えしました。公は、よく正直に申したと感心して、長門を定府家老に任じたということです。これは、わざと苦い茶を出して、味がよいなどとへつらいを言うかどうか試してのことだったといいます（作者未詳『百草』）。

烈公の厳格律儀な側面、また身軽で活動的な側面は、その後の政局の中での公の振る舞いなどからうかがい知ることができます。ただ、頑迷固陋な変人であったかどうかは措《お》くとして、少なくとも公がある種の理想主義者であったことは間違いないことだと思われます。

「尊王攘夷」の出どころ

幕末の、より詳しくいえば、嘉永六年（一八五三）六月のペリー来航から、元治元年（一八六四）十二月の第一次長州戦争終結にいたる約十年の間、「尊王攘夷」は、わが国における政治行動の指導理念でありつづけました。この間、「尊王攘夷」は、朝廷・幕府・諸藩・志士、はては一般庶民まで、立場や利害を異にするさまざまな勢力が、みな等しく正義とみなす、いわば錦の御旗の役割を担っていました。吉田松陰は、処刑の一週間前の手紙の中で、「尊王攘夷の四字を眼目として、何人の書にても、何人の学にても、その長ずる所を取る様にすべし」と述べ、坂下門外の変で老中安藤信正を襲った浪士たちが懐に入れていた『斬奸趣意書』は、「尊王攘夷の大典を正し、君臣上下の義を明らかにし云々」の文で結ばれていました。このように、志士たちの行動を導き、ときに、テロ行為を正当化する論理にまで使われた「尊王攘夷」とは、一体どのような思想だったのでしょうか。

「尊王」と「攘夷」は、いずれも中国の古典の中に用例のある漢語で、文字通り「王を尊ぶ」、「夷を攘う」の意味をあらわしております。しかし、この二つが合体してできた「尊王攘夷」という四文字熟語は、幕末日本に出現した和製漢語です。そして、幕末の志士たちがこぞって唱えた「尊王攘夷」という熟語の出どころは『弘道館記』であろうといわれております。そして、そのもともとの意味は、ペリー来航後にこの言葉が持った破壊力から比べると、あまりにも地味で、常識的なものであったといえるのです。

天保十二年（一八四一）、藩主斉昭は、藩政改革の一環として、儒学・兵学・武術などを学ぶ藩校弘道館を設立します。「弘道館」という校名は、『論語』「衛霊公」篇の中の、「人能く道を弘む、道、人を弘むるに非ず」という孔子の言葉に由来します。弘道館には、孔子と建御雷神《たけみかずちのかみ》が祀られており、儒教の聖人孔子は、王を頂点とした身分道徳、すなわち「尊王」を象徴します。また、水戸領内にある鹿島神宮の御祭神である建御雷神は、大国主神《おおくにぬしのかみ》に国譲りをさせた剣の神で、天皇にまつろわない者を討ち従える「攘夷」の力を象徴します。弘道館は、文字通り「道を弘める」人材を育成する学校ですが、そこでいわれる「道を弘める」行いの具体的な内容をなすものは、ほかでもない「尊王攘夷」ということであったのです。

斉昭は、弘道館設立に先立って、弘道館建学の旨趣と綱領を記す文章を作成しました。これが『弘道館記』で、草案は斉昭自身が作成し、藤田東湖が添削、最終的には佐藤一斎、青山延于、会沢正志斎に評を依頼して完成したものです。天保九年（一八三八）に公表され、のちに斉昭自筆になる全文が石碑に刻まれます。その内容は、斉昭の思想の全体を簡潔に要約したものであるといえますが、とりわけ理想主義者斉昭の「理想」を端的に示しているのが本文中に現れる「尊王攘夷」という言葉なのです。

おそらくどこの藩でも同じであろうと思われますが、藩の理念とか藩主の理想とするところは、藩祖の精神や藩祖以来の伝統を根拠としております。いいかえれば、その藩が出来上がったときのいきさつ、事情が、その藩の精神の根本を作っているのです。斉昭の場合も同様で、彼の理想は、水戸藩の成立事情をいわば神話化し、それを忠実になぞろうとするところに成り立っています。

『弘道館記』における「尊王攘夷」

水戸藩は、徳川家康が十一男の頼房《よりふさ》に常陸国を領地として与えて出来上がった藩です。毛利や島津のような戦国大名が領地を安堵されて成立した諸藩と違い、水戸藩は家康によって新しく創設された藩です。したがって、藩のアイデンティティは、創設者家康の意図の中に求められることになります。「尊王攘夷」という言葉は、水戸藩を創設した家康の立場を表現するものとして使用されているのです。少し長くなりますが、『弘道館記』の核心部分ですので、引用して解説いたします。

我が東照宮、撥乱反正《はつらんはんせい》、尊王攘夷、允《まこと》に武、允に文、以て太平の基を開きたまふ。吾が祖威公、実に封を東土に受け、夙に日本武尊《やまとたけるのみこと》の為人を慕ひ、神道を尊び武備を繕《おさ》む。義公、継述し、嘗て感を夷斉《いせい》に発し、さらに儒教を崇び、倫を明らかにし、名を正し、以て国家に藩屏たり。爾来百数十年、世《よよ》遺緒を承け、恩沢に沐浴し、以て今日に至れり。すなはち苟《いや》しくも臣子たる者は、豈に斯道を推し弘め、先徳を発揚する所以を思はざるべけんや。これすなはち、館の設けられし所以なり。

弘道館設立の旨趣が端的に示されている箇所で、『弘道館記』全文のおよそ四分の一に当たります。述べられているのは、東照宮すなわち徳川家康の天下統一事業の意義が「撥乱反正」「尊王攘夷」であったこと、そして、初代藩主威公頼房、第二代藩主義公光圀による水戸藩の藩屏《はんぺい》としての役割の認

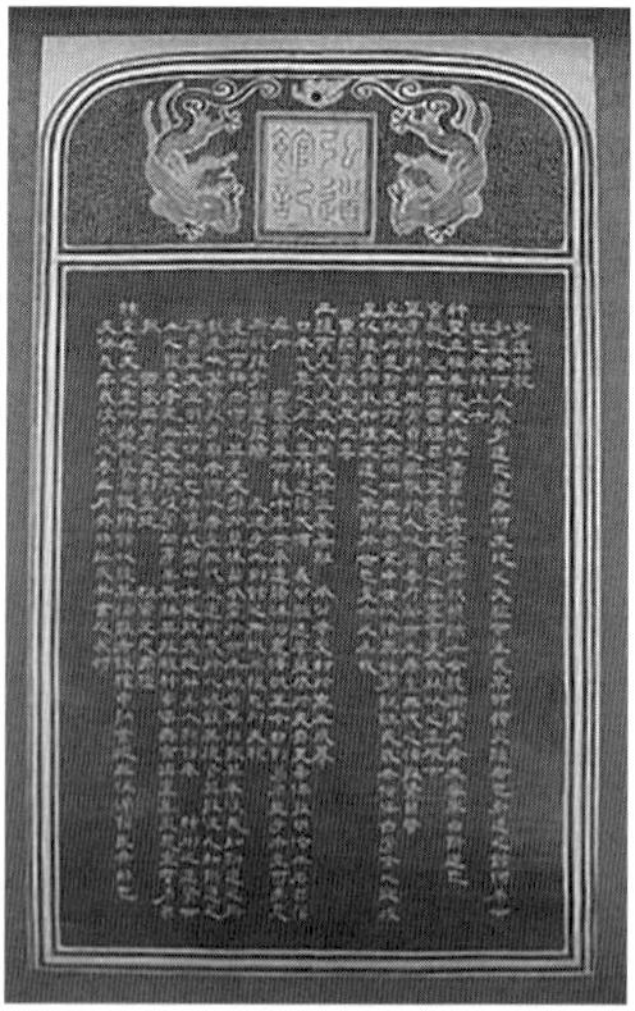

弘道館記碑拓本

識、最後に、それらを継承して、正しい道を弘めること（「弘道」）が、現在の藩主、藩士の任務であることの三点です。

「撥乱反正」とは、乱れた世を治めて正しい道に戻すことをいいます。儒教的な観念では、正しいとは、上下の秩序が守られている状態、乱とはその反対で、上下秩序が乱れている状態、つまり天子がないがしろにされたり、下克上《げこくじょう》が繰り返されたりする状態をいいます。家康の天下統一は、したがって、下克上の戦国乱世を治め、天皇を頂点とした上下秩序を回復する「尊王」の行いとして位置づけられているわけです。「攘夷」の「夷」は、文字通りには、外敵、異民族を意味しますが、儒教的中華思想では、異民族イコール道徳のない野蛮人を意味します。ですから、家康が戦国大名たちを討ち従えた事業は、上下秩序をないがしろにする無道徳者を懲らしめる「攘夷」の戦いであるということになります。

家康によって創設された水戸藩は、したがって、家康の「尊王攘夷」の事業を補佐するために存在する者と位置づけられます。すなわち、天皇を助け支える将軍家を補佐する任務、「国家の藩屏」たることが水戸藩の使命であると考えられたのです。初代藩主頼房は、自らの立場を日本武尊になぞらえます。いうまでもなく日本武尊は、天皇に従わない「夷」を征伐するために東方に派遣された武人です。また、第二代藩主光圀は、君に対する絶対的忠誠を尽くしたことで知られる伯夷《はくい》・叔斉《しゅくせい》を尊崇し（兄頼重《よりしげ》が高松藩主、弟である自分が水戸藩主になった事情と、伯夷・淑斉が兄弟で相続を譲り合った故事も関係しているようですが）、上下の身分秩序、身分道徳を正す（水戸学のいわゆる「名分論」という考えです）ことを任務と心得たと述べられています。そして、そうした歴代藩主の精神を受けつぎ、将軍を助けて天下に道を弘める人士を育成することが、弘道館設立の目的であるとされています。

このように、『弘道館記』における「尊王攘夷」は、もともとは、徳川将軍の天下統治を道徳的な行いとして正当化するために考え出された論理だったのです。徳川将軍の任務は天皇を頂点とした上下君臣の秩序（道）を守ること、すなわち「尊王」であり、具体的には、上下秩序を乱す者（夷）を討つこと（「攘夷」）にあるとする論理です。これは、徳川将軍が、まさに「征夷大将軍」の職にあることをそのまま道徳的な価値観のもとに説明する論理であるといえましょう。このような見方に立って、『弘道館記』、そして弘道館に関係する水戸学者たちの思想においては、徳川幕府の根本政策は、すべて「尊王攘夷」という観点から説明されることになります。

烈公の行動原理

水戸学者の考えによれば、「攘夷」の対象となる外敵や反秩序的勢力は、時代によってさまざまであるとされます。注目すべき点は、打ち払うべき「夷」の定義が、実際に異民族であるかどうかよりも、君臣道徳に従わない、つまり天皇の権威を認めないというところに重点が置かれていたということです。天皇を頂く君臣道徳とは異なる価値観を持つ者は、等しく「夷」であり、「攘夷」の対象となるということです。この観点からすれば、大和朝廷に反抗した「蝦夷」はもちろん「夷」ですが、天皇よりも仏を上位に見る仏教徒も「夷」の一種ということになります。なかでも、皇位を覗《うかが》った道《どう》鏡《きょう》や、大名に従わない民衆運動である一向一揆は「夷」の最たるものということになります。徳川時代においては、何といってもゴッド以外の権威を認めないキリスト教徒こそが、最大、最悪の「夷」であるとみなされます。烈公斉昭が考えた、将軍を補佐する水戸藩の「尊王攘夷」も、『弘道館記』の時点では、内には天皇・将軍を頂点に据えた身分秩序を守り、外にはキリスト教・西洋人の勢力を排除するという、幕府の内政、外交（鎖国）政策をそのままなぞるものであったのです。

このように、烈公の思想には、徳川幕府支配を批判する考えは含まれておらず、むしろ幕府の統治を思想的に正当化し、その体制を固めなおすことをめざすものでした。烈公の立場は、基本的には「尊皇敬幕」であったわけです。

さて、烈公は、水戸藩のいわば思想的な任務と認識された「尊王攘夷」を、理想主義者らしく徹底的に実行に移していきます。水戸藩には、元朝に藩主が天子を遥拝する「天拝」という儀式があるなど、皇室尊崇は藩祖以来の伝統でした。そうした「尊王」の伝統の上に立って、烈公は、神道と儒教による思想統一、廃れていた天皇陵墓の調査・再建、仏教への圧迫等々の文教政策を実施します。強制的な神仏分離、寺院整理、鉄砲の材料とするための梵鐘《ぼんしょう》の供出強制など、寺院への圧迫政策の強行は、弘化《こうか》元年（一八四四）、幕府から、家督を長子慶篤《よしあつ》に譲って謹慎するよう命じられる直接的な原因になったといわれております。「攘夷」の面では、文政八年（一八二五）の異国船打払令を忠実に実行するため、海防の強化、西洋式兵器の導入などを行います。とはいえ、当初の烈公の政策は、基本的に鎖国令以来の幕府の政策の枠内にあるものでした。烈公の「尊王攘夷」が、従来の幕府の政策の枠組みを超えて、政局を左右する破壊力を発揮するようになるには、ペリー来航という事件と、烈公の対立者である井伊直弼というもう一人の立役者の登場を待たねばなりません。

烈公が、幕末史の台風の目となるのは、おもに隠居後のことです。しかし、そこにおいても公の行動に一貫しているのは、『弘道館記』に記された理想主義です。現実の利害よりも、思想的理念を第一として行動する一貫性が、烈公の人柄の特徴であり、烈公の「尊王攘夷」が若い志士たちの共感を集めた大きな理由の一つも、そこにあると思われます。もちろん、烈公の理想は、藩祖以来の水戸の伝統的精神であり、その核心は「征夷人将軍」補佐という役割意識でした。将軍によって創設された御家の成り立ちの中に理想を見いだし、その理想に殉ずることによって幕末史に大きな足跡を残したという点では、烈公の役どころは、会津中将松平容保《かたもり》と通ずるものがあるように思います。会津藩もまた、神道と儒学を教学の要としておりました。そして、松平容保の一貫した行動原理は、藩祖保科《ほしな》正之《まさゆき》の家訓第一条にある、「大君の儀、一心大切に忠勤を存ずべく、列国の例を以て自ら処すべからず（将軍への御奉公は、裏表のない心を何より大切にして忠勤に励むべきである。他藩の例にならって自ら判断してはならない）」というものだったからです。

第三章　井伊直弼――「大丈夫」か、「天下の奸賊」か？

コロンブスは、アメリカ大陸を発見して世界の歴史に名を残しました。とはいえ彼は、アメリカを発見しようと思って船出したわけではありません。彼はただ、船乗りとしてより多く利益の上がる道を求めて航路を探索していたのでした。アメリカに着いてしまったのは、まったくの偶然の結果にすぎません。考えてみれば、歴史上の英傑というのも、たいがいはコロンブスと似たようなものなのかもしれません。後世の人が何と言おうと、当人はただ自分の役どころを誠実に果たしただけなのではないでしょうか。そんな観点から、大老井伊直弼の生涯を追ってみたいと思います。

黒船の衝撃

嘉永《かえい》六年（一八五三）六月三日、合衆国東インド艦隊司令長官ペリーが、フィルモア大統領の国書を携え、四隻の軍艦を率いて浦賀に来航しました。そして、しかるべき権限を持った者が国書を受領しに来なければ、兵員を率いて江戸城に押しかけると強硬に主張し、江戸湾内の無断測量、空砲射撃などの威嚇行動を繰り返します。ペリーの恫喝《どうかつ》に屈した幕府は、久里浜で正式に大統領国書を受理し、なんとか回答期限を翌年に引き伸ばして、ペリーにお引取りを願います。これが、幕末維新の動乱の幕開けとなった、いわゆる黒船来航事件です。

もっとも、西洋列強の軍艦が来航して通商を要求するのは、これが初めてではありません。この事件以前五十年ほどの間に、ロシア、イギリス、アメリカ、フランスの軍艦はたびたび日本にやってきて、繰り返し通商を要求し、ときに武力による主権侵害行為を行っていました。文化《ぶんか》元年（一八〇四）、通商要求を携えて長崎に来航したロシアのレザノフが、幕府のそっけない対応に憤って、行きがけの駄賃とばかり樺太《からふと》や択捉《えとろふ》で略奪を行った事件以来、蝦夷地ではロシアとの間の緊張が高まっていました。

井伊直弼公

また、イギリスの軍艦が交戦中のオランダ軍艦を探し求めて長崎港に侵入し、商館員を人質にするなど無法の限りを尽くした文化五年（一八〇八）のフェートン号事件などは、幕府の心胆を大いに寒からしめるものでした。文政八年（一八二五）のいわゆる異国船打払令は、そうした事態に対応するためのものでした。アメリカの艦隊も、すでに弘化三年（一八四六）に浦賀に来航し、通商を要求しています。ペリーの来航も、前年にオランダ商館長から日本当局に予告されていたことでした。

それにもかかわらず、ペリー来航が幕末動乱の引き金になるほどの衝撃をもたらした理由は、幕府がペリーの軍事的圧力に屈して、鎖国という基本政策をなしくずしに放棄してしまったところにあります。国交のないアメリカの大統領親書を、しかも長崎以外の場所で正式に受理してしまったことは、手続きの上では、鎖国政策が放棄されてしまったことを意味します。しかも当時第十二代将軍徳川家慶《いえよし》は病の床にあり（ペリー来航後まもなく、六月二十二日に病没します）、親書受領の判断は事実上幕府の役人たちによってなされてしまいます。手続きの不備や逸脱が政争の材料にされるのは政治の世界の常ですが、ペリーに対する幕府の対応は、不備で済ますにはあまりにも重大な問題をはらんでいました。

そもそも鎖国は、徳川幕藩体制国家の根本政策です。それは、東照宮家康に始まり第三代家光の時代に完成した幕府の神聖な「祖宗之御法」であり、「国家の厳制」です。烈公徳川斉昭が掲げた「攘夷」という理念も、鎖国が変えることのできない祖宗の法であるということを思想的に言い換えたものに他なりません。祖法を骨抜きにしてしまうようなペリーへの対応は、今日にたとえるなら、霞が関の役人が外国との間で勝手に憲法に違反した約束を結んでしまうことに等しいものといえるでしょう。

しかし、なぜそのような事態になってしまったのでしょうか。

その理由は、鎖国政策が、すでに時代の実態に合わなくなってしまっていたというところにあります。もともと鎖国政策は、外国との戦いを避けるために考え出されたものです。外国との戦争は避ける、そのためには外国と接触しなければよいというのが、鎖国政策の根幹を成す考え方です。これは、今日の日本国憲法ともよく似た考え方です。外国との戦争をしない、そのためには軍隊を持たないというのが日本国憲法ですが、どちらも、相手側の出方を計算に入れていない楽観論であるというところは共通しております。というのも、曲がりなりにも十八世紀末まで鎖国が維持できたのは、まだ西洋諸国に長途日本へ遠征してくる軍事的能力がなかったというだけのことであって、決して鎖国という政策自体の力によるものではありません。同様に、戦後日本が外国との戦争を免れているのも、日本国憲法第九条があるからではなく、アメリカの軍事力の庇護《ひご》と、近隣諸国に日本を攻撃するだけの能力が十分でなかったという事情によるものです。外的な事情に依存しているという点では、鎖国という平和政策も、平和憲法も似たり寄ったりのものということができるのです。攘夷の象徴ともいえる異国船打払令からして、戦争をしないために大砲を撃つという意味では、戦争はしないけれど防衛はする「専守防衛」という意味不明な政策を思わせるものがあります。

諸大名への諮問

ペリーが突きつけてきたのは、戦争をしないために大砲を撃てば本当に戦争になるというのっぴきならない事態です。ここにいたって幕府は、神聖なる祖法を捨てて開国するか、あるいは国家の厳制を守って本当に国家間の戦争に踏み切るかという、根本的な選択を迫られます。とりあえず回答を先送りした幕府は、広く諸大名・有司に対してアメリカの要求についての意見を述べるよう求めます。政策に関して幕府が諸大名の意見を聞くというのは異例のことで、このことが先例となって、有力諸藩が国家運営に参画する道が開かれ、幕末政治の様相を決定していくことになります。

大名たちの回答は、通商要求については拒絶する、あるいは拒絶が望ましいというものが八割近くを占めていました。しかし、相手が拒絶に応じない場合にどうするかということになると意見は分かれて、戦いを辞せずとするものと、少なくとも今は戦うべきでないというものはほぼ半々という状況でした。嘉永六年の時点では、積極的に通商を認める意見は彦根、福岡、佐倉の三藩のみで、大名たちの意見の大勢は、祖法を守るというものでした。にもかかわらず、戦いに関して意見が分かれたのは、その頃には、西洋列強と戦って勝ち目がないということは、ある程度海外事情に通じている者なら誰もが分かっていることだったからです。大名たちも、オランダ商館を通して得られる情報から、ヨーロッパの戦争の様相や軍事技術についての知識を持っていました。アヘン戦争の結果も、日本の支配層に大きな衝撃を与えていました。しかも、鎖国政策の皮肉な結果として、日本の海軍力はゼロに等しい状態であり、外国と一戦を交える準備も全くといっていいほど整っていませんでした。当時の日本は、動かしがたい祖法と、戦っても勝てない相手との間での板ばさみの中で、ペリーの要求への対応を迫られたのでした。

幕府の意見聴取に待っていましたとばかりに反応したのが、当時家督を譲って隠居していた水戸の老公、徳川斉昭です。斉昭は、七月八日、七月十日、八月三日と立て続けに建議書を提出します。攘夷の仕掛け人斉昭の意見は、もちろん「腹をば決戦と覚悟」（八月の建議書）して通商を拒絶するというものでしたが、それは決して闇雲に無謀な軍事行動に踏み切ることを説いたものではありません。もちろん、国家の威信や武門の意地といった精神論にたって単純な主戦論を述べた藩もあったのは確かです。しかし、斉昭の意見はそれなりの現実認識と計算の上に立って述べられたものでした。

斉昭の説くところは、和か戦かで「ごたつき居候」ことが問題なのであって、「戦の一字に御決着」することによって、天下の士気が大いにあがり、日本国中が一体となって事に当たる体制ができるというものです。そして、決戦に腹を決め、その上でねばりづよく「強訴同様」の要求をはねつけながら交渉を進めて結論を先延ばしし、その間に西洋式の軍備を整えるというものでした。ただし、万一アメリカの側から戦争を仕掛けてきた場合は、たとえかなわぬまでも決然とこれを受けて立てば、祖先に対し、また国内外に対して、いささかも恥辱とはならないと述べています。斉昭の意見は、その後の攘夷論者たちの考えの基本線をかたちづくります。

長い間外国との交渉を絶ってきた日本人の間には、外国人に対する拒絶感情が染み渡っていました。その上、土足で座敷に踏み込んでくるような近年の外国船の振る舞いには、多くの日本人が悪感情を持っていました。そうした心情的な攘夷の気分は、鎖国攘夷論者だけでなく、開国を許容する論者にも共有されていました。嘉永六年の幕府の諮問に対しては、主戦、非戦、通商拒絶、通商受諾等さまざまな意見がありましたが、どの意見をとっても、その根底にはいずれは西洋列強と対抗していかねばならないという、広い意味での攘夷の感情がありました。例えば、嘉永六年時点では少数派であった開国論の一つ、福岡藩主黒田斉溥《くろだなりひろ》の意見を見てみましょう。福岡藩は、佐賀藩と交代で長崎警備の任にあたっており、その意見は、外国との応接現場での経験を踏まえたものであると考えられます。

斉溥の現状認識は、次のようなものです。アメリカと開戦となれば、薄弱な日本の海軍力では対抗できない。たとえ上陸戦では勝ったとしても、敵艦は自在に近海を荒らしまわり、都市を砲撃して回るだろう。そうなれば、海運は途絶し、沿岸の都市は焼失して、日本経済は立ち行かなくなるであろう。また、アメリカ側から友好を申し出てきているものを一方的に拒絶して戦いを仕掛けるのは、たとえ相手が夷狄《いてき》であっても戦争の名分が立たない。こういう前提に立って、斉溥は、日本に近いアメリカ、ロシアと通商条約を結び、この二国と同盟して西洋の軍事技術を導入し、イギリス、フランスと戦うべきであると説いています（『黒田斉溥上書』）。

開国論者井伊直弼

開国しつつ攘夷も行うという斉溥の意見には、すでに明治以降の近代日本の対外政策の輪郭がはっきりと現れています。しかし、だからといって黒田斉溥に時代を超えた先見の明があったということではないと思います。西洋列強と少なくともいつかは戦わねばならないだろうという感情、現状認識は、おそらくほとんどの日本人に共通のものだったと思われます。大名たちの意見に違いがあったとしても、それは当面の具体的な対処法をめぐる違いであって、挙国一致、富国強兵、列強と対抗という基本路線はすでにこの時点で大方の了解事項であったと思われるのです。

このことは、開国論者の代表と目される井伊直弼にしても同じであったろうと思います。嘉永三年（一八五〇）に彦根藩主となり、同六年六月彦根にあってペリー来航の報に接した直弼は、ただちに参府し、八月十日、二十九日の二度にわたって意見書を提出します。直弼の意見（特に二度目の意見書）の要点は、現状においては鎖国の法を守ることは不可能であること、交易は天下の道であるから積極的に海外へ進出して通商を行うべきこと、海軍力を増強すること、鎖国の祖法を変える手続きとして朝廷へ奏聞し、伊勢の神宮の神慮を仰ぐことにまとめられます。

直弼の意見もまた、その後の日本の歩みの中で確かに実証されていきました。しかし、直弼が時代の先を見通す図抜けた眼力を持っていたのかといえば、黒田斉溥の場合と同様、必ずしもそうではないと思います。斉溥の意見にせよ、直弼の意見にせよ、その中身は、表立ってはいなくともオプションとしてはすでに誰もが知っているものの一つに過ぎません。それらが少数意見であったのは、多くのものにとっては、徳川体制の根幹にかかわる鎖国の祖法の改変を口に出すことができにくい状況だったからです。嘉永六年時点での開国論者の開明性、先見性は、アイデアの卓越性にあるというよりは、言いにくいこともあえて言い出すことができたという点に求められるでしょう。

たとえば、もう一人の開国論者、佐倉藩主堀田《ほった》正睦《まさよし》は有名な蘭学マニアでした。ですから、彼が開国を打ち出しても、それは当然のこととして誰も怪しまなかったに違いありません。そのうえ正睦は、老中の職に付いた経験があります（のちに老中に再任し、開国を推進します）。正睦の場合は、ある程度遠慮なく自分の意見を言える立場にあったということもいえるかもしれません。また、斉溥の場合は、長崎警備の担当者という実績・経験が裏打ちとなって、忌憚《きたん》のない意見が可能となっていたのでしょう。

井伊直弼は、意見を述べるにとどまらず、その後開国の推進者となって豪腕を発揮していきます。直弼による強引な条約締結によって開国は既成事実となり、その後の日本の針路は一つに定まります。ある意味、直弼の行動がその後の日本の歩みを決定したわけですから、毀誉褒貶《きよほうへん》は別として、彼もまた幕末維新の英傑の一人だったといえるでしょう。しかし、繰り返しになりますが、井伊直弼が英傑的な働きをしたのは、先見の明とか開明性といった才能に属するものによってではありません。むしろ直弼は徹底的に幕藩体制の枠組みの中で考え、行動した、伝統的・保守的なタイプの人間です。開国を強行した彼のエネルギーは、意外かもしれませんが、井伊家の家格に応じた働きをするという古めかしい武士の意識でした。直弼には、人に先んじて新しいことをした意識は全くなかったに違いありません。彼は、井伊家当主、彦根藩主という役割をまじめに遂行しようとし、その結果図らずも歴史に名を残してしまったというのが本当のところだと思います。自分の役どころを誠実に努める。英傑が生み出されるしかけは、案外その辺にあるのではないかと思います。

幕末から明治に至る政治過程は、あまりにも複雑で、すっきりと筋道を立てて説明するのはなかなかに困難です。しかし、いわゆる幕末・維新の英傑たちは、みなその複雑な時世へ対処する中で、それぞれの人格を発揮していきました。したがって、彼らの人物を理解するためには、そのややこしい歴史の動きについてある程度の知識を持つことが必要となります。

井伊直弼についていえば、彼の人物が試された歴史的な事件は、主に通商条約の問題と、将軍の跡継ぎ問題です。どちらの問題も、一方の旗頭が烈公徳川斉昭であったことから、合体して一つの政治勢力を作り出します。徳川斉昭をトップとする、通商条約反対（攘夷）派、一橋慶喜擁立派に対抗したのが、井伊直弼を頭にいだく開国派、紀州徳川慶福擁立派という対立構図を頭に置きながら、直弼の人物についてみていきましょう。

井伊直弼の生い立ち

井伊直弼は、文化十二年（一八一五）十月二十九日、第十一代彦根藩主井伊直中《なおなか》の十四男として彦根城内で生まれました。当時、父の直中はすでに隠居しており、当主、つまり第十二代藩主は長兄の直亮《なおあき》、世子《せいし》（次期当主予定者）は直亮の養子となっていた直中十一男の直元《なおもと》でした。大大名の子とはいえ、世子以外のいわばその他大勢の子どもたちは、他の大名や有力な一族・家臣の養子に入るといった幸運に恵まれない限り、生涯を部屋住みの境遇に甘んずるほかはありませんでした。

直弼の部屋住み生活は、三十二歳の年まで続きます。この間、彼の兄や弟は次々と他の大名家や家老の家に養子として入っていきますが、直弼だけは依然として売れ残ったままで、年わずか三百俵の扶持《ふち》をあてがわれ、城内の小さな屋敷で失意の日々を送ります。部屋住み時代の直弼は、ひたすら居合、禅学、茶道、歌道などの文武の修業に打ち込みます。青年期のたゆみない文武の修業が、直弼の人格形成に大きな役割を果たしているのは間違いないでしょう。直弼の性格は、「剛毅果断《ごうきかだん》」とも、また全く反対に、案外「小心者」であったともいわれますが、少なくとも、未曾有の難局において、繰り返し大きな決断を下すことができたのは確かであり、居合や禅で培われた精神力が、その決断・断行をいくばくかは支えていたのは間違いのないところであると思います。一方、歌道の修業は、全く別の意味で、直弼の政治行動に関係していくことになります。部屋住み時代の直弼は、本居宣長《もとおりのりなが》の流れを汲む国学者長野義言《なが の よしとき》に出会い、終生の師と仰ぐようになります。義言の学問である国学は、いうまでもなく日本古代の祭政一致を理想とする天皇中心の国家観を特徴としますが、その思想は直弼の朝廷観、国体観念にも少なからぬ影響を与えていると見られます。義言は、のちに藩主となった直弼に召抱えられ、直弼の腹心として、朝廷や公家との秘密交渉に従事します。しかし、義言の独善的な政治行動は、攘夷派志士たちの憤激を招き、やがて直弼が命を狙われる種をまくことになります。

弘化三年（一八四六）、世子井伊直元が病死し、直弼は兄である第十二代藩主直亮の養子となって、三十五万石彦根藩の世子となります。その四年後の嘉永三年（一八五〇）、直亮が五十七歳で死去、同年十一月、直弼は第十三代彦根藩主に就任します。

直弼の父直中は、歴代彦根藩主の中でも名君とうたわれた人物でした。しかし、直弼の歳の離れた兄である養父直亮は、藩内で悪口を言わない者はないといわれるほどの不徳の主君であったと伝えられます。直弼に対しても、いじめに近いような心ない仕打ちの数々があったといわれます。当時彦根藩は、外国船来航に備えて相模湾の警備を命じられていましたが、直亮はまったくやる気を見せず、藩士の士気は衰え、統制も乱れ、他藩からはあからさまに嘲笑され、世子である直弼がひとり歯噛みをしているような状態でした。

藩主となった直弼は、そうした直亮時代の弊風の一掃を図ります。しっかりと文武の修業を積んだ人物がでたらめな主君の後を受けついだ時に考えることは、たぶん、やるべきことをきちんとやらねばという一事に尽きるでしょう。ましてや直弼は、本来主君になれるはずのない立場にあった人物ですから、藩主としてなすべき責務を果たそうという思いは人一倍強かったのではないでしょうか。

周知の通り、彦根藩は譜代の大藩であり、井伊家は「赤備《あかぞ》え」で知られる名誉ある徳川先鋒の御家です。彦根藩主のなすべき務めは、藩政はもちろんですが、それ以上に、譜代の大藩として幕府を補佐するという重い任務が与えられていました。彦根藩主は、代々「溜間詰《たまりのまづめ》」という家格で遇されてきました。溜間詰は、徳川家臣としては最高の家格で、席次では老中よりも上位とされ、将軍に対して直接意見を上申できる権限を有していました。しかも、溜間詰を世襲できる家（常溜）は、井伊、会津松平、高松松平の三家のみで、その筆頭が井伊家でした。さらに井伊家は、大老という臨時に置かれる将軍の最高補佐職に任じられる家柄でもあります。藩主就任から、桜田門外で命を落とすまで、一貫して直弼をつき動かしていたのは、溜間詰筆頭として、また大老としての責務を果たすという、彦根藩主たる者にとっての当然の使命感だったと思われます。

日米修好通商条約の問題

安政元年（一八五四）三月、日米和親条約が結ばれ、その後イギリス、ロシアなどとも次々に和親条約が締結されます。これは事実上の開国であるということができますが、しかし、この時点ではまだ、名目の上では鎖国政策は維持されていました。その根拠は、次のようなことです。下田、箱館の二港を開港したが、これは長崎出島と同じものの数を増やしただけである。必要物資の買い付けが認められたのも、それは外国船の難儀を救うためにこれまでも行われていたお慈悲（人道的な援助）の延長であって、自由な貿易が許されたわけではない。下田に駐在する領事も、正式の外交官ではなく、出島のカピタンと同等の者である。したがって、鎖国政策は放棄されたわけではない。いかにも苦しいこじつけではありますが、ともかくもこうした理屈によって、鎖国体制はまだ一応の体裁を保っていたたわけです。しかしながら、実際に外国人との交流が拡大していくにつれて、日本人の外国人に対する見方はしだいに変わっていきました。中でも大きかったのは、外国人は通商の利益を求めているだけであって、邪教の布教や領土の侵略を目的にしているのではないと、多くの人が考えるようになってきたことです。さらに、必要物資調達に名を借りた事実上の貿易に携わった商人や、その実態を知った役人たちは、通商が莫大な利益をもたらすものであることに気づいていきます。こうして、外国との折衝に当たった幕府の実務官僚や、抜け目ない商人たちを中心に、

ペリー提督・横浜上陸の図

積極的な開国、自由貿易によって国力を増大し、西洋諸国を凌いでいくべきだという「開国攘夷」の考えが広まっていきます。

もちろん、水戸の老公徳川斉昭のように、異国人の狙いは邪教の布教とわが国の植民地化であり、交易を口実に接近してくるのは彼らの常套《じょうとう》手段であるからだまされてはならぬと言い続けている鎖国攘夷派も多数存在しました。しかし、安政四年（一八五七）十月、アメリカ領事タウンセンド＝ハリスが、老中堀田正睦に通商条約の即時締結を説き、これに対する諸大名の意見が聴取された際には、開国すべき、あるいは開国やむなしとする者が多数を占めていました。中には、福井藩のように、ペリー来航時点での強硬な主戦論から、積極的開国論へと百八十度転換した藩もありました。条約締結はもはや必然という空気の中で、幕府は条約草案を審議し、ハリスとの間で合意を見ます。通常ならば、そこで決定を下し、あとは朝廷に報告するだけで事は済むところです。しかし、なぜか幕府は、わざわざ条約案を朝廷に示して勅許を奏請するという行動に出ます。幕府がこのような異例の挙に出たのは、条約反対派の中に徳川御三家をはじめとする無視できない勢力が含まれており、天皇の権威を借りることによってそれら反対派を押さえ込もうとしたためだと思われます。

安政五年（一八五八）一月、勅許奏請のために堀田正睦が京都に派遣されますが、幕府の思惑に反して、勅許は拒否されてしまいます。浮世離れした因襲の世界に暮らす公家たちの間には、外国に対する恐怖感がきわめて強く、それを利用した過激攘夷派の志士たちの反対工作が功を奏したためです。

大老井伊直弼

安政五年四月、幕政実務の最高責任者である大老職に就いた井伊直弼が対処を迫られた喫緊の課題は、一つにはこの通商条約問題でした。同年六月、ハリスは、アロー戦争で清国に勝利したイギリス・フランス連合軍が、大艦隊で日本に来航するとの情報をもたらします。英仏が日本に無理難題を突きつけてきても、アメリカが間に立って事を収めよう。そのためには、一刻も早い日米条約の締結が必要であるというのが、ハリスの言い分でした。アヘン戦争以来の両国の無法ぶりは日本にも知られており、当時の日本人の英仏の対する恐怖感は尋常ならざるものでしたから、ハリスの脅しの効果は絶大なものがありました。幕閣有司や外交実務に当たった官僚たちのあいだでは、一刻も早く条約を締結すべきだという意見が高まります。しかし、さきに幕府が奏請して拒否され、条約締結期限を延期して再度奏請していた勅許はまだ得られていませんでした。

大老直弼が直面したもう一つの課題は、将軍の継嗣問題でした。これは、ペリー来航直後に死去した徳川家慶の跡を継いで、第十三代将軍家定《いえさだ》が立った頃からくすぶっていた問題でした。対外戦争の危機という非常事態に直面し、意志決定機構たる幕府には、強力なリーダーシップが求められていました。当時の幕府の政策決定は事実上老中が行っており、彼ら政策官僚には、国家の命運を決定するような大きな決断を下すことは困難でした。しかも、老中職に就く者の多くは譜代の小大名であり、御三家や外様雄藩などの大大名を従わせるだけの威厳にも欠けていました。実際、アメリカに対する腰の定まらない対応については、これが将軍の決断であるならあきらめもつくが、福山藩（和親条約の際の老中筆頭阿部正弘《あべまさひろ》ごときの判断には到底従えないという不満は根強かったのです。しかし、この非常時に指導力を発揮すべき第十三代将軍家定は、諸大名が求める「創業の力」のある君主とは程遠い人物でした。家定には奇矯な振る舞いが多く、また、三十歳を過ぎても一人も子がありませんでした。ハリスの条約案に対する薩摩藩主島津斉彬《しまずなりあきら》の意見書では、次のようなことが述べられています。この難局にあたっては、人心の一致団結が何よりも必要である。にもかかわらず、将軍家に世子が定まっていないことが、人心に不安をもたらしている。したがって、一刻も早く、器量、人望に優れた人物（一橋慶喜）を世子に立てるべきであるというのです。

当時、世子の候補者には水戸の老公斉昭の実子一橋慶喜と、家定のいとこである紀州徳川慶福の二人が上がっていました。幕府官僚の政治決定に批判的な大大名の多くが慶喜を支持し、幕府内部の勢力は慶福を推していました。一橋党と南紀派の対立は、徳川家門（水戸、尾張、福井）や外様雄藩（薩摩、宇和島、土佐）と、幕府実務官僚との間における政治的主導権をめぐる争いでもありました。

この二つの問題に対する井伊直弼の判断は、条約について締結推進、将軍継嗣は徳川慶福というものでした。直弼の思想信条がどうであったかはともかく、これは幕閣の最高責任者としてはごく当然の判断だといえます。条約締結は幕府有司が対外折衝を重ねながら幾重にも審議して導き出した結論であり、それを推進するのは大老としてのなすべき職務です。大大名の幕政への口出しを退けるのもまた、将軍を補佐する立場の者の果たすべき職務です。直弼は、自分に与えられた職務を、忠実に迷いなく実行します。

複雑な途中経過は省いて結論を言えば、直弼は、条約締結と将軍継嗣という二大問題を、一気に片付けてしまいます。その経過を略述すると、次のようになります。

安政五年六月十九日、勅許が得られないまま、日米修好通商条約は調印の運びとなります。六月二十四日、徳川斉昭、慶篤父子、尾張徳川慶恕《よしくみ》（慶勝《よしかつ》）が不時登城し（いわゆる押し懸け登城です）、違勅調印を難詰し、慶喜を将軍継嗣に推挙するよう要求。翌六月二十五日、幕府は世子が徳川慶福に決まった旨を発表。七月五日、将軍家定が危篤に陥ります（七日に死去）。同日、徳川斉昭ら、押し懸け登城の大名たちに、謹慎等の処分が下されます。

安政の大獄

勅許を得ないままの条約調印と、これに反対した大名たちへの処分は、朝廷、一橋党、攘夷派志士たちの憤激を買いました。八月八日、違勅調印を咎め、徳川斉昭らへの処罰を非難する孝明天皇の「御沙汰書」が水戸藩に下されます。いわゆる「戊午《ぼご》の密勅」です。十日には同文の「御沙汰書」と、水戸藩に降勅があった旨を記した添え書きが幕府にも授けられます。幕府を差し置いて水戸藩に勅諚《ちょくじょう》が下されるというのは、まさに前代未聞の事態で、幕府の面目は丸つぶれとなります。大老井伊直弼は、この件の背後には、徳川斉昭に操られた一橋党や攘夷派の志士たちの陰謀があると断じ、関係者の逮捕、処罰に乗り出します。いわゆる安政の大獄の始まりです。

直弼を、水戸とその同調者に対する処罰へと踏み切らせたのは、さきに名をあげた長野義言の報告です。直弼の命によって、将軍継嗣をめぐる朝廷内での工作に当たっていた義言は、水戸藩への勅諚降下を察知、阻止できなかった失策を繕うため、水戸とその同調者の「悪謀」を誇大に報告していました。義言が陰謀の首謀者と断定した元小浜藩士梅田雲浜《うめだうんぴん》をはじめ、義言の報告によって、多くの公家や志士が逮捕されていきました。

長野義言の報告によって水戸の陰謀を確信した直弼は、老中間部詮勝《まなべあきかつ》、京都所司代酒井忠義《さかいただよし》に陰謀派の徹底弾圧を命じます。ことに水戸藩への処分はきわめて厳しく、斉昭は永蟄居《えいちっきょ》、藩主慶篤は差控、一橋慶喜は隠居・慎、家老や奉行にも切腹や死罪が仰せ付けられます。大獄の嵐は、翌安政六年（一八五九）十一月まで一年以上にわたって吹き荒れます。最後に死罪となったのは長州藩士吉田松陰で、その罪状は、間部詮勝の襲撃を企てたことにありました。

安政の大獄によって、井伊直弼は多くの敵を作ります。とりわけ、水戸藩士の直弼に対する恨みは深いものがありました。万延元年（一八六〇）三月三日、直弼は江戸城桜田門外で水戸浪士らの襲撃を受け、四十六年の生涯を閉じます。将軍を補佐するという点では直弼と志を同じくしながら、方針の違いからことごとく対立した宿敵、烈公徳川斉昭が病没したのは、同じ年の八月十五日、六十一歳でした。

井伊直弼の人物と遺産

井伊直弼の人物イメージが、明治以降長い間、「神州の逆賊」「天下の奸賊《かんぞく》」（『水戸斬奸状』）であったのは、彼が攘夷派志士たちの敵役を演じ続けた以上、いたし方のないところではあります。しかし、政治的立場をカッコに入れて見てみるなら、直弼の判断は、いつでもきわめてオーソドックス、常識的なものでした。外交問題については、実務担当者の多数意見を尊重する、きわめて穏便妥当な判断に終始しています。安政の大獄の強硬な弾圧策も、幕藩体制の秩序感覚（酒に酔って不覚を取っただけでも時に死刑となる時代です）からすれば、別段奇異とするにはあたらないでしょう。違反者を許さず、正統な秩序を守るという意味においては、直弼はよくその職務を全うしているといえるのです。もちろん、反対者からすれば、それは強引でむごいやり方と見えたかもしれません。しかし、それは直弼一人が責められるべきではなく、大老の権力を笠に着て乱暴な手段に出た長野義言や間部詮勝にも責任の一端があるといえるでしょう。

勝海舟《かつかいしゅう》は、直弼の人物を次のように評しています。直弼は、逃げることなく一身を犠牲にして難局に処し、身を粉にして主君に尽くそうとした。「あに大丈夫といわざるべけんや」（『開国起原』）。「逆賊」か、「大丈夫《だいじょうふ》」か、読者諸氏のお考えは、はたしていかがでしょうか。

いずれにしても、井伊直弼の生涯は、その後の日本の近代化の歩みを実質的に決定付けたといえるでしょう。しかし一方で、直弼の死とともに、日本の歴史にとってきわめて残念な事態が生じてくることになります。直弼殺害事件をきっかけとして、一部の過激な志士たちは、テロ行為が有効な政治的手段であると思い込みはじめます。直弼の死が招いたのは、万延から明治初年にいたる、日本歴史上最も恥ずべきテロリズム横行の時代でもあったのです。

第四章　伴林光平――決起する歌人

「神州清潔の民」というフレーズを聞いたことはおありでしょうか。理屈や打算を嫌い、心情の純粋性を重んじる日本の民族感情をよくあらわすものとして、戦前には大いに流行した言葉です。この言葉は、伴林光平《ともばやしみつひら》の漢詩の一句に由来します。維新の元勲たちに比べれば、光平はほとんど無名の人物です。しかし、表現の世界では、彼は元勲に劣らぬ大きな功績を残しております。激動期における日本人の情念を体現した英傑として、伴林光平の生涯を追ってみましょう。

歌人、伴林光平

伴林光平（一八一三～一八六四）と聞いても、今日ではその名を知る人は少ないかもしれません。文久三年（一八六三）、天誅組《てんちゅうぐみ》の挙兵に参加し、敗れて処刑された国学者で、明治二十四年（一八九一）、従四位を贈られ、靖国神社に合祀されておりますから、一応は維新の功臣の一人と認められた人物です。天下の大勢を動かすほどの働きをしたわけではなく（天誅組の挙兵はわずか一月ほどで鎮圧されてしまいます）、いわば多くの草莽の志士たちの中の一人という存在に過ぎませんでしたが、しかし、「本《もと》

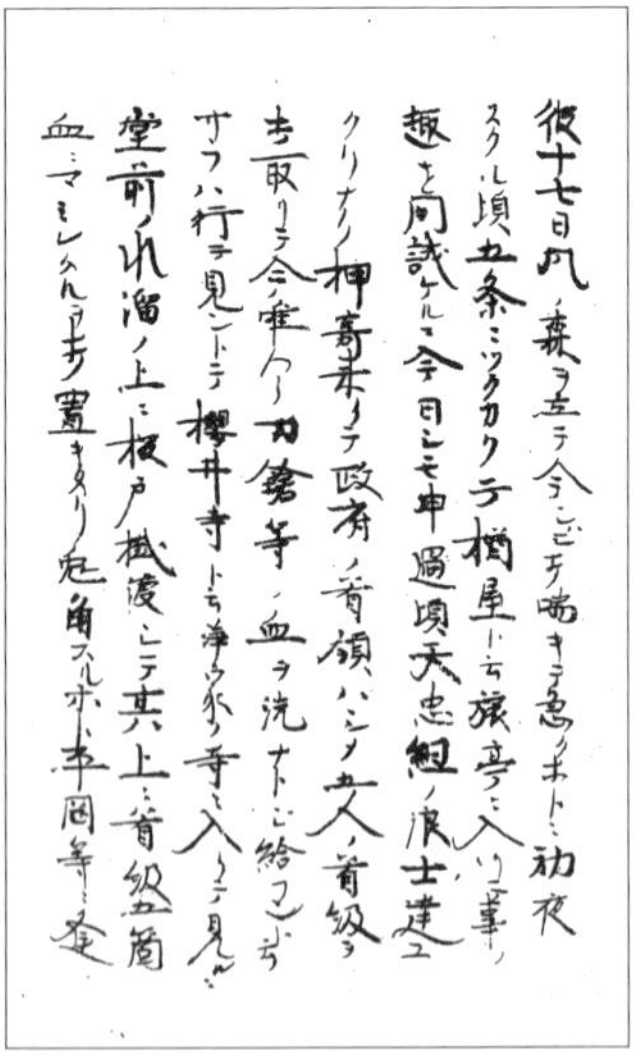

伴林光平『南山踏雲録』

是神州清潔民《これしんしゅうせいけつのたみ》」という彼の詩の一句は、戦前の日本人であれば、おそらく誰もが耳にしたことがあるはずです。

どの民族も、みなそれぞれ、感情を表現するための固有の表現形式（詩歌、音楽など）を持っています。和歌は、古くから日本人が慣れ親しんできた代表的な感情表現の手段です。光平は、国学者です。国学は、日本の神話や古典文学の研究を通じて、外国の影響を受ける以前の日本固有の道を探究しようとする思想学派で、幕末の国学者の多くは、尊王攘夷運動に身を投じます。維新前の動乱の時代を描いた、島崎藤村の大河歴史小説『夜明け前』には、そうした草莽の国学者たちの姿が生き生きと描かれております。一方で、国学者の多くは、和歌を詠む人、すなわち歌人でもありました。光平もまた、尊王攘夷運動に参加するかたわら、たくさんの和歌を詠んでいます。彼の著作のなかで最も名高い『南山踏雲録《なんざんとううんろく》』は、天誅組のいわば陣中日誌ですが、そのスタイルは、和歌をちりばめながら記された文学的な紀行文です。

光平は、正木流鎖鎌術《まさきりゅうくさりがまじゅつ》をよくする武人でした。薙刀術にもすぐれ、身二尺三寸、中心三尺、卍《まんじ》型の鉄の鍔《つば》をつけた長巻を愛用していたといいます。彼の自画像もまた、無骨で不敵な武人の面構えを伝えています。しかし彼の和歌は、戦場で詠まれたものであれ、時勢を詠嘆するものであれ、いずれもみな、花鳥風月の世界に遊ぶ優美で伝統的な表現スタイルに貫かれています。彼の和歌をみると、伝統的・日本的な感情表現が、激動の時代における日本人の感情のありかたをどのように吸い上げ、昇華していったかがよくわかります。彼の和歌は、日本人の感情が、危機に際してどう動くかを、よくあらわしているのです。

僧侶から国学者へ

伴林光平は、文化十年（一八一三）、河内国道明寺村《かわちのくにどうみょうじむら》（現大阪府藤井寺市）の真宗寺院の僧侶の子として生まれました。幼名は信丸《のぶまる》、法名は大雲坊周永《だいうんぼうしゅうえい》。父母を早くに亡くしたため、光平は六歳の時に別の寺院へ養子にやられ、そこで十年間をすごします。その後の光平の生涯の歩みは、おおよそ三つの時期に区分して見ることができます。

まずはじめは、文政十一年（一八二八）、十六歳で京都西本願寺の学寮に入ってから、三十三歳で河内国成法寺村《じょうほうじむら》（現大阪府八尾市）の教恩寺《きょうおんじ》住職になるまでの期間です。この長すぎる青年時代の光平を特徴付けているのは、学問に対する異様なまでの執着です。約十七年もの間、光平は、定まった収入もなく、住まいも持たないまま、諸方を渡り歩いて仏教、儒学、国学、和歌を学びました。他宗の僧侶に蔵書の閲覧を許さない奈良の薬師寺には、雑役夫となってもぐりこみ、書籍の整理にかこつけて書庫に入っては、貴重な蔵書を読《よ》み漁《あさ》ります。因明学《いんみょうがく》（仏教の論理学）研究で名をあげ、西本願寺学寮の教授に任ぜられますが、せっかく得た職をわずか一年で辞し、浜松藩の儒学者に入門して、月のうち七日は食事抜き、隣家の灯りで書を読むという窮乏生活の中で朱子学を学びます。その後、たまたま日本の古い歴史書を読んだことがきっかけとなって、国学に関心を惹かれ、天保九年（一八三八）、二十六歳の時から、飯田秀雄《いいだひでお》、加納諸平《かのうもろひら》らに師事して、専ら国学と和歌を学ぶようになります。僧名を改めて、伴林六郎光平と名乗るようになるのもこの頃のことです。当時、国学者たちの間では、荒廃し、所在も不明になっていた古代の天皇の陵墓を調査、復興しようとする運動が起こっていました。この運動は、対外的な危機が高まる中で、あらためて日本という国の成り立ちや形を考えようとする、国家意識の目覚めの一つだったといえます。光平は、国学者伴信友の依頼を受け、大和国、河内国の陵墓を調査し、「河内国陵墓図」を作成し、信友のもとに送ります。

第二の時期は、教恩寺住職として過ごした十六年間です。弘化二年（一八四五）、河内国成法寺村教恩寺住職に就任し、長きにわたった光平の学問放浪生活は終わりを告げます。檀家数十数戸という小寺院で、貧乏暮らしは相変わらずでした。前年に結婚した妻との間には四人の子も生まれます（三男は早世）。寺での生活の中で、光平は国学や和歌を講じ、武道の鍛錬に励みます。放浪時代以来の御陵調査も継続し、その功績はのちに（文久三年）天聴に達して感状を授けられます。このときの感激を、彼は次のように詠じております。

われはもや御勅《みこと》たばりぬ天《あま》つ日の

御子《みこ》の尊《みこと》のみことたばりぬ

嘉永六年（一八五三）、ペリーが来航し、幕末動乱の幕が切って落とされます。光平が貧乏寺の暮らしを始めてから八年目のことです。国論が開国・攘夷に二分される中、光平は皇国中心主義を奉ずる国学者として、攘夷運動に身を投じていきます。

万延元年（一八六〇）冬、ついに光平は還俗《げんぞく》して寺を捨て、国事に専念することを決意します。激しい情念に突き動かされ、すべてをなげうって一直線に進む性格が、ここでもまた発揮されています。この とき から、文久元年（一八六一）二月、光平は、大和国斑鳩村駒塚《いかるがむらこまづか》（現奈良県生駒郡斑鳩町）の草庵に移ります。文久四年（一八六四）に同志とともに京都六角の獄中で処刑されるまでの三年間は、彼が生涯の情念のたけを発散しつくした、悲劇的ではあるけれども、ある意味輝かしい晩年の時期になります。退去に際して光平は、教恩寺の壁に一篇《いっぺん》の詩を書き残しました。

本是《もとこれ》神州清潔の民
誤って仏奴と為《な》り同塵を説く
如今《じょこん》仏を棄つ、
仏咎《とがむ》るを休《や》めよ
本是神州清潔の民

（訳、私は本来神国日本の清らかな民である。かつて誤って仏の手下になり、神仏習合の教えを説いていた。たったいま、仏を捨てる。仏よ、この自分を咎めないでください。私は本来神国日本の清らかな民なのだから。）

決起する歌人

井伊直弼という豪腕政治家亡きあと、徳川幕府の求心力は急速に失われていきました。大老襲撃の成功に活気づいた攘夷派は、違勅調印を材料に幕府を攻撃し、特に過激な志士たちは幕府要人や外国人へのテロ行為に走ります。攘夷派の攻撃に対し、幕府は弱腰の対応を繰り返し、ついには文久三年（一八六三）五月十日を期限として攘夷実行に移るという、できもしない約束をしてしまうことになります。攘夷派が主導権を握っていた長州藩は、幕府を催促するかのように、期限前日の五月九日に、下関沖の外国艦船を砲撃します（翌年四国艦隊の報復攻撃で惨敗し、わが国に多額の賠償金が課せられたのは周知の通りです）。また、長州の志士たちは朝廷内の攘夷派公卿《くぎょう》と結んで、攘夷親征の詔勅を取り付けることに成功します。八月十三日、攘夷親征祈願のため孝明天皇の大和行幸《やまとぎょうこう》が決定されます。天誅組は、行幸をお迎えし、攘夷親征の先鋒として働くために、過激攘夷派公卿中山忠光《なかやまただみつ》を盟主として結成された義勇軍です。

しかし、これまでにも述べてきたように、通商条約締結の済んだこの時点では、攘夷が不可能であることは、対外情勢を冷静に見つめていた人々においてはほぼ常識となっていました。幕府であれ、雄藩であれ、指導的な立場にある人々は、開国という現実を前提に日本の将来を考えていました。もちろん声高に攘夷を唱える者も多数いましたが、その大半は、攘夷という建前を政争のための材料としていただけで、実際に攘夷を実行・貫徹できると考えていたのは、ごく一部の過激な志士たちに限られていました。攘夷強硬派であった薩摩藩も、この年五月の薩英戦争の敗北によって、攘夷の不可能を痛切に認識していました。どんな時代でも、実現不可能な建前だけの思想は、政敵攻撃の材料として一人歩きします。今日でいえば、たとえば「戦争放棄」というきれいごとの思想などがそれに当たります。そういう建前を真に受けて、懸命に実行しようとするまじめな理想主義者は、往々にして、政争に利用された挙句に、最後は見捨てられるという運命をたどることになります。伴林光平の晩年は、そうしたまじめな人間の悲劇の典型であろうと思われます。

文久三年八月十六日深夜に、同志から大和行幸の報が伝えられると、光平は直ちに草庵を捨て、大和国五條《ごじょう》（現奈良県五條市）に設けられた天誅組本陣に馳《は》せ参じます。幕末志士たちの情念の記念碑ともいうべき『南山踏雲録』は、天誅組の一員として、吉野の山々（南山）を転戦した陣中の回想記です。八月十七日、天誅組の浪士たちは、幕府天領の五條代官所を襲撃、代官以下五名を殺害し、その首を晒《さら》します。五條に到着した光平が目にしたのは、刀の血を洗い流した水溜りの上に板戸を渡し、五つの血まみれの首級《しゅきゅう》が並んでいるさまでした。翌日、晒された代官の首を見て、光平はこういう和歌を詠んでいます。

切り脱《おと》す芋頭《いもがしら》さへあはれなり
さむき葉月の須恵《すえ》の山畑《やまはた》

切り落とされて干されている里芋に、寒々とした秋の山里の哀れな情趣を感じている（「須恵」は地名です）という意味合いの和歌です。背景の説明がなければ、眼前の光景が路傍の晒し首であると思う人はまずいないでしょう。しかし、光平の情念においては、山里の秋の哀れに感ずる情と、奸賊の首級を挙げて高揚する志士の情とは別のものではありません。いいかえれば、しみじみした哀れを感じる繊細優美な感情のあり方と、不義を憎み、義憤に駆られて決起する激情とは、彼の中では一つのものだったのです。次のような和歌もまた、やさしい情緒の底にどんなに激しい情念が潜んでいるかをよく示しています。

我妹子に恋野の里は夜もすがら
もえて物思ふところなりけり

九月初旬、和歌山藩の討伐隊が恋野というところに来襲、同志たちが村に放火して撃退した光景を呼んだものです。表面は、切ない恋心をうたう恋の歌で、「わたしのいとしい人に恋する、その恋野の里は、一晩中、心を燃え焦がして物を思うところなのだ」というような意味のものです。ここでも光平は、熱い恋の思いと、燃え盛る戦いの火に高揚する心という、一見縁遠い心のあり方を、ひとつのものとして感じているのです。次の歌もまた、同様です。

吉野山峯の梢はいかならむ
　紅葉になりぬ谷の家村

吉野の高い峯の木々はどうなっているか分からないが、谷間の村はすっかり紅葉しているという趣旨の歌です。「同様」ということですでに想像がついているかと思いますが、これは、谷間の集落に結集した彦根藩兵を砲撃し、火に包まれた中で多くの敵を「芋刺し」にしたときに詠まれたものです。

日本人の情念

しかしながら、天誅組決起の直後、中央の政局は激変します。日本のおかれた現状を冷静にとらえていた勢力は、国を滅ぼしかねない攘夷派の過激な行動に深刻な危機感をいだいていました。八月十八日、薩摩・会津の両藩が手を結び、軍事力を背景に京都から攘夷派長州藩の勢力を一掃します。いわゆる八月十八日の政変です。これによって天皇の攘夷親征、大和行幸は中止になり、三条実美《さんじょうさねとみ》ら攘夷派公卿は失脚して長州に落ちのびます（七卿落《しちきょうお》ち）。

この政変によって、いわばはしごをはずされた形になった天誅組は、その後一ヶ月あまりで解体、消滅していきます。

政変の報が伝わると、中山忠光は京都からともなってきたメンバーだけで密議を凝らします。蚊帳《かや》の外に置かれた光平らの決起メンバーは憤りの極に達します。その時の気持ちを、光平は次のように詠いました。

おおかたはうはの空ににや思ふらむ
おくれし雁《かり》のこころづくしを

群れから遅れて取り残された雁の必死の思いなどは、仲間たちは真剣に考えてはくれないのだろうというような意味です。

九月十五日、中山忠光は浪士たちに対し、以後の行動は各自の判断で自由にせよと申し渡します。天誅組の事実上の解散命令です。光平は京都をめざして落ちのびていきますが、かつての弟子には一夜の宿を乞うて断られ、二人の子を託した後妻はいつの間にか行方不明になり、最後は最も信頼していた同志にも捨てられて、失意の果てに奈良奉行所同心に捕縛されます。『南山踏雲録』は、囚われていた奈良の獄中で書かれました。

その後、京都に移され、文久四年（一八六四）二月十六日、六角の獄中で処刑されます。五十二歳でした。

八月十八日の政変以後、開国か攘夷かという問題は、もはや主要な争点ではなくなります。西洋文明を受け入れ、列強に対抗しうる近代国家を作っていくのが日本のめざすべき方向であるというのは、大方の共通了解となりました。これはもちろん、井伊直弼がめざしたのと同じ道であります。残された問題は、誰が（どの勢力が）その中心を担うかという、主導権をめぐる争いだけでした。

伴林光平のやむにやまれぬ決起は、時代の大きな流れから見れば、小石の波紋程度のものに過ぎなかったかもしれません。しかし、彼の心の叫びから生まれた和歌の数々は、その後も多くの人々の共感を呼び起こし続けました。彼の和歌が示しているのは、物静かで優美な情感の底に渦巻く、突発的、戦闘的な激しい情念です。かつて、ラフカディオ＝ハーン（小泉八雲《こいずみやくも》）は、「日本人は死に直面しても微笑することができ」ると、驚異をもって語っていますが、光平の和歌は、まさにその「不思議な微笑」の秘密を解き明かすものといえるでしょう。またそれは、和辻哲郎《わつじてつろう》が「しめやかな激情、戦闘的な恬淡《てぃたん》」とまとめた、日本人の国民的性格の端的な表現であるということもできるでしょう。激動の時代に噴出した民族感情をよく体現した人物という意味で、光平は、詩歌の世界における英傑の名にふさわしい人物であると思います。

伴林光平碑

第五章　吉田松陰——幽囚の自由人

吉田松陰と松下村塾《しょうかそんじゅく》は、幕末長州の代名詞のような存在です。多くの人が、松陰の偉大さは、教育者としての感化力にあるといっています。徳富蘇峰《とくとみそほう》は、「彼が在る所、四囲みな彼が如き人を生ず」と述べ、そのさまを、「薔薇《ばら》の在る所、土もまた香《かんば》し」と喩《たと》えています。ここでは、周囲の土までかぐわしくする一本の薔薇のような、教育者松陰の生きざまに絞ってお話をしたいと思います。

山鹿流兵学者吉田松陰

吉田松陰（一八三〇～一八五九）は、日本の歴史上の偉人・英傑の中でも、抜群の知名度と人気を誇る別格的な存在です。「もし日本史上の人物について投票が行われるなら、松陰は最高点を争うものとなるであろう」（藤田省三）という評価は、まことにもっともであると思われます。「右からも左からも高い人気を得ている」（同）といわれる松陰ですが、多くの人の心をひきつける彼の魅力は、一体どのようなところにあるのでしょうか。

まず、松陰の生涯を簡単に振り返っておきましょう。

吉田松陰

吉田松陰は、天保元年（一八三〇）、長州藩士杉百合之助《すぎゆりのすけ》の次男として、萩城下に生まれました。天保五年（一八三四）、五歳で叔父吉田大助の養子になります。吉田家は代々長州藩の山鹿流《やまがりゅう》兵学師範を務める家柄で、松陰は八代目として家学を継ぐために養子に迎えられたのです。天保十年（一八三九）、十歳の時に、藩校明倫館《めいりんかん》ではじめて兵学を講じ、十一歳の時には、藩主の御前で山鹿素行《やまがそこう》の『武教全書』の講義を行います。兵学者として海防問題や西洋兵制の研究に取り組んでいたことが、のちに松陰を尊王攘夷運動へと導いていくことになります。

山鹿流の祖、山鹿素行は、日本を「中華」、中国を「外朝」と呼ぶ日本中心主義者であり、「已むことを得ざるの誠」（『聖教要録《せいきょうようろく》』）を重んじた儒学者でもあります。松陰の思想は、「誠」「至誠」に帰着するものといえますが、そこには「已むことを得ざるの誠」を説く素行の思想の反映を見ることができるでしょう。泉岳寺《せんがくじ》の前で赤穂浪士《あこうろうし》に手向けた、「かくすればかくなるものと知りながら已むに已まれぬ大和魂」という有名な和歌も、よく見れば山鹿素行の思想とぴったり重なっているようにも思えます。いうまでもなく、赤穂は山鹿素行が流罪となっていた地です。赤穂浪士討ち入りの際の軍法が山鹿流であったのも、よく知られていることです。

吉田松陰幽囚ノ旧宅（杉家旧宅）

嘉永二年（一八五〇）八月からの約三年間は、松陰の遊学・修業時代です。兵学修業のため九州へ遊学を命じられたのを皮切りに、江戸、東北地方、畿内など諸方をめぐり、多くの学者と交流をしながら学問修業に励みます。嘉永六年（一八五三）六月、ペリー来航を知ると直ちに浦賀へ駆けつけ、西洋諸国の軍事的脅威と、それに対抗しえない日本の無力さを痛感します。八月には、長州藩として非常事態に対して取るべき政策を、立て続けに献策します。また自身は、西洋の情勢を探るために、海外への渡航を企てました。

安政元年（一八五四）三月二十七日夜、松陰は米艦ポーハタン号に乗り込むことに成功しますが、渡航の要請は受け入れられず計画は失敗しました。やむなく引き返し、翌日自首して縛につき、江戸小伝馬町の牢《ろう》に送られます。九月には幕府から在所での蟄居が命じられ、萩へ護送されますが、幕府に遠慮した長州藩は、松陰を野山獄《のやまごく》へ投獄します。翌年十二月には病気療養名目で獄舎を出され、杉家の幽囚となります。野山獄では、同囚に孟子を講じます。講義は、杉家の幽室でも続けられ、翌年六月『講孟箚記《こうもうさっき》』の筆録が完成します。杉家に幽囚としてあった期間に、宅地内の小屋を補修して作られた塾が松陰の主宰する松下村塾です。久坂玄瑞《くさかげんずい》、高杉晋作、品川弥二郎《しながわやじろう》、伊藤博文《いとうひろぶみ》、山県有朋《やまがたありとも》ら、維新に活躍した多くの人物がここで学んだのは周知の通りです。

安政五年（一八五八）六月、日米修好通商条約が結ばれます。「違勅調印」に激しく憤った松陰は、梅田雲浜らが捕えられていた伏見奉行所の獄舎襲撃計画を立案したり、老中間部詮勝襲撃を計画して同志を集めるなど、次々に過激な行動を計画、周旋します。しかし、これらは藩政府に阻止されて挫折します。松陰の激発を恐れた長州藩は、彼を再び野山獄に収監します。野山の獄中でも松陰は策謀を続けますが、同志たちも、そのあまりにストレートで過激なやりかたに危惧を抱いて距離を置くようになります。

安政六年（一八五九）四月、幕府は長州藩に松陰の江戸召喚を命じます。同七月、松陰は伝馬町の獄舎に入れられ、十月二十七日獄舎内で処刑され、三十年の生涯を閉じました。

蹉跌の人生

「彼の歴史は蹉跌《さてつ》の歴史なり。彼の一代は失敗の一代なり」とは、吉田松陰論の傑作の一つといわれる、徳富蘇峰の『吉田松陰』の中の言葉です。確かに、「劇的な、あまりにも劇的な三十年の一生」（奈良本辰也『吉田松陰』）などと評される割には、彼の政治的な活動には取り立てて目覚しい活躍があったわけではありません。彼が行った政治的活動は、手紙や意見書を通して多くの志士や藩上層部に政略を訴えたことを除けば、安政元年三月の下田密航事件が実際の行動としては唯一のものです。密航失敗のツケは後々まで尾を引き、松陰は、安政六年十月に処刑されるまでの約五年半、つまり残りの人生すべてを、監禁あるいは軟禁という自由を奪われた状態で過ごすことになります。行動の第一歩でつまずき、幽囚のまま生を終えた松陰の一生は、政治的行動という点から見れば、確かに蹉跌と失敗の一生というほかはないでしょう。

もちろん、彼は実行家であると同時に、思想家でもあり、その思想は、多くの人々に影響を与えました。しかし、松陰の尊王攘夷思想は、別に彼の独創になるものではなく、水戸学をはじめさまざまな思想・学問を学ぶことによって組み立てられたものでした。その内容も、いくつもの点において彼の創意が見られはするものの、全体としては当時の一般的な尊王攘夷思想と大きな違いはありません。

吉田松陰が英傑たるゆえんは、その政治行動や思想内容の中にあるのではありません。松陰の偉大さは、おそらくは彼の一個の人としての生き方、人柄の内にあります。しばしば指摘されるように、松陰の最大の功績は、松下村塾において、多くの維新功業の臣を育て上げたところにあるといえるでしょう。長州藩の若者たちのみならず、獄中の他の囚人や、牢屋の番人、彼を尋問した幕府や藩の役人までをも心服させてしまう力は、政策や思想内容だけで説明できるものではありません。それは、彼個人の生き方そのものに根ざした何かによるものなのです。

松陰は、遊学・修業時代を終え、いよいよ尊王攘夷運動に一歩を踏み出したとたんに捕えられ、行動の自由を封じられてしまいます。普通の人であれば、ここで意気消沈してしまうところでしょう。しかし、松陰の真骨頂は、まさに、その捕えられたところから発揮され始めます。今日なお多くの人の心を動かす松陰の文章は、多くは幽囚時代に書かれたものです。松陰の主著は、獄中で書かれた文章と手紙であると言っても過言ではありません。松陰の松陰たるゆえんは、五年半の幽囚としての生きざまにあるのです。

幽囚時代の松陰は、実に生き生きしているように見えます。はじめて野山獄に投ぜられた時、獄内には十一人の囚人がいました。当時の牢獄には刑期というものは存在せず、実質的にはすべて終身刑でした。将来の希望のない獄中で、囚人たちが自暴自棄におちいるのは当然でした。しかし、松陰は囚人たちに次のように述べました。

私も皆さんも、今、逆境の中にある。これは、学に励んで道を得ることのできるよい環境である

（『講孟箚記』序）

こうして始められたのが、孟子の研究会で、最初は松陰の講義形式でしたが、やがては囚人たちも積極的に議論に参加し、輪読形式に発展していきました。

この一事をとっても分かるように、幽囚中の松陰には、およそ不自由を嘆いたり、意気衰えたりするようなところがありません。この生き生きしたありようは、たぶん、学問に打ち込み、諸国を修業して回った少年時代のそれと変わらないものだと思います。というより、むしろ彼本来の生き生きした生きざまが、牢獄という額縁をはめられることで、くっきりと浮かび上がってきたというのが正しいでしょう。

「誠」一字の生き方

こういう松陰の生き方の根本姿勢は、さきに少し触れた「誠」の一字であらわすことができるでしょう。誠とは、偽りなく、己を尽くすことです。わかりやすくいえば、できることを精一杯行い、できないことをできるなどと思わないことです。また、思っていることは、あるがままに正しく述べ、思ってもいないことは言わないことです。

安政六年、江戸への召喚命令を知った時の気持ちを、松陰は次のように要約しています。

> 然るに五月十一日、関東の行を聞きしよりは、又一の誠字に工夫を付たり。時に子遠《しえん》、死字を贈る。余、是を用ひず、一白綿布を求て、孟子、至誠而不動者未之有也《しせいにしてうごかざるものいまだこれあらざるなり》の一句を書し、手巾へ縫付、携て江戸に来り、是を評定所に留め置しも、吾志を表するなり。（『留魂録』）

「子遠」とは、同志入江杉蔵《いりえすぎぞう》のことです。松陰が江戸に送られるに際し、入江は、幕吏と刺し違える覚悟（あるいは、獄内で自死して世人を警醒すること）を示唆して、「死」の一字を送りました。松陰はしかし、「死」の一字を取らず、「誠」の修業を選びます。自分のできること、伝えるべきことを誠心誠意尽くすならば、これに動かされないものはいないという信念にもとづいての選択でした。

昭和を代表する思想家・評論家の小林秀雄《こばやしひでお》は、「人間の真の自由を歌った吉田松陰の歌」として、『留魂録』末尾に掲げられた五首の一つ、「呼だしの声まつ外に今の世に待べき事のなかりける哉」を紹介しております（『文学と自分』）。この歌を「人間の真の自由を歌った」ものととらえたのは、まさに炯眼《けいがん》というほかはありません。

松陰が『留魂録』を書き終えたのは、安政六年（一八五九）十月二十六日の夕刻です。翌朝、松陰は評定所《ひょうじょうしょ》に呼び出されて死刑を言い渡され、処刑場に送られます。この歌は、万策尽きてあとは処刑を待つのみという状況の中で、まさに自分は死刑執行の呼び出しを「待つ」という一つの行いをしているということを詠んだものです。

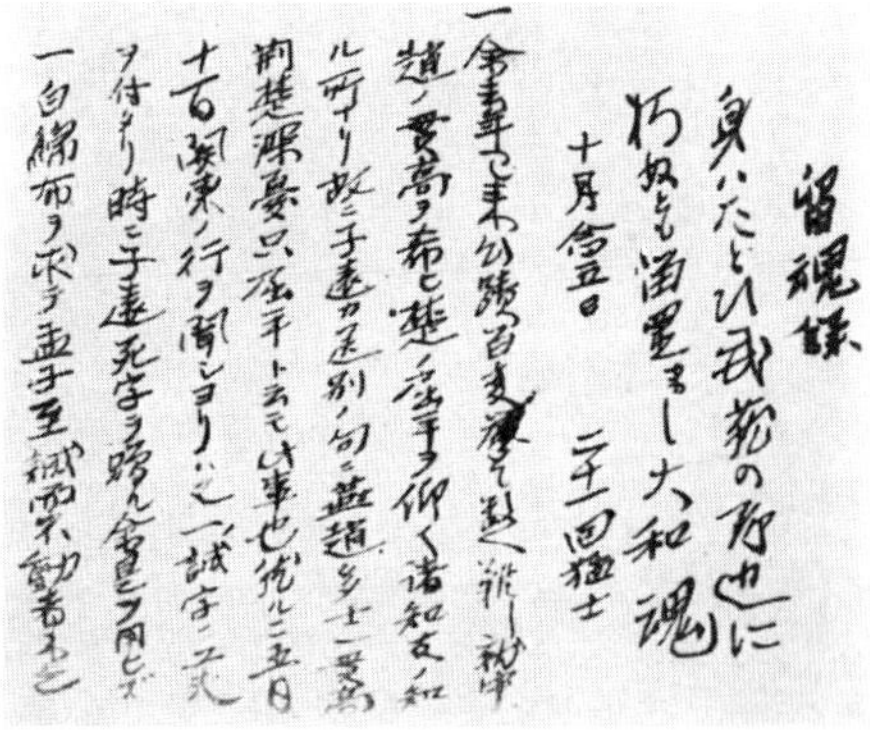
留魂録
身はたとひ武蔵の野辺に
朽ぬとも留置まし大和魂
十月念五日　二十一回猛士
一余去年已来心蹟百変挙テ数ヘ難シ就中
趙ノ貫高ヲ希ヒ楚ノ屈平ヲ仰ク諸知友ノ知
ル所ナリ故ニ子遠ガ送別ノ句ニ燕趙多士一貫
高荊楚深憂只屈平トモ云フモ此事也然ルニ五月
十一日関東ノ行ヲ聞シヨリハ又一ノ誠字ニ工夫
ヲ付タリ時ニ子遠死字ヲ贈ル余是ヲ用ヒズ
一白綿布ヲ求テ孟子至誠而不動者未之

吉田松陰「留魂録」

十月二十六日夕刻の伝馬町牢屋敷に身を置いたつもりになって考えてみましょう。自分がいるのは、牢の一室という狭い小さな空間です。自分に与えられている時間もまた、十数時間という短い時間です。その中で、我々は一体何ができるのでしょうか。おそらく、たいていの人は、もはやできることは何もないとあきらめ、絶望と悲嘆に暮れるのではないでしょうか。

そもそも牢獄は動き回れる範囲も狭く、取ることのできる行動にも限りがあり、他者との交流も極端に制限されています。そのうえ、使える時間もあとわずかということになれば、この時点で松陰が自由にとることのできる行動は、ほとんどゼロに近いといってもいいでしょう。しかし、ゼロに近いということは、自分の裁量が及ぶ範囲がまったくのゼロではないということでもあります。

視点を変えて考えてみましょう。牢獄に囚われた人にとって、自由にできることはきわめて限られています。では、牢獄に入っているのではない、普通に生活している人にとっては、自由にできることは無限にあるのでしょうか。決してそんなことはありません。我々が経験できるのは、目で見、耳で聞き、手で触れることのできるごく狭い範囲のことに過ぎませんし、自分の体を動かすというごく限られた仕方でしか行動することはできません。自分の体が今ここにあるところが自分の世界のすべてであり、今あるというそのこと以外に自分の人生というものは存在しないからです。

生きているということが、自分の小さな身体の周辺のごく狭い範囲での活動に過ぎないのであれば、広い世界の中で生きていることと、狭い牢獄の中で生きていることとの間に本質的な違いはありません。広い世界で自由に生きていると思っていても、それは結局空想に過ぎず、自分が実際に生きているのは、自分の体の近辺と、身近な人や物というごく狭い世界なのです。そして、空想はもちろん牢獄の中にいてもできるものです。

自分が生きているというのは、今ここという限りなく小さな活動です。宮殿に住んでいようが牢獄に閉じ込められていようが、今ここの活動が生きていることのすべてであるという事実に違いはありません。すべての人間は、等しく有限な存在なのです。しかし、小林秀雄も述べていますが、今ここの限られたあり方が自分の人生の真実であるということを、心から納得して生きることは大変難しいのです。人間は、さまざまな夢を描き、空想を膨らませる生き物でもあるからです。

幽囚の王者

吉田松陰の偉大さは、一貫して、今ここの小さな活動を自分の人生のすべてと見て生き抜いたところにあるように思います。

恐れながら天朝も幕府・吾藩も入らぬ。只六尺の微躯《びく》が入用。（野村和作宛、安政六年四月頃）

六尺の小さなこの体で、動ける限りできる限りを誠実に行うこと、それが自分のなすべきことであるという意味です。もちろん、彼に全く迷いがなかったわけではありません。時には、自分ではないものをあてにしたり、自分の限界を超えたことができると夢想したこともありました。天皇の権威を自分の活動の一部と思い込んだり、長州藩の力を自分の力と誤認したこともあったでしょう。そういう、いわばかなわぬ夢を見たことへの、自戒と反省がこの引用の前半には見て取れます。

あるいはまた、獄中から呼応しようとしていた過激な策（江戸参府途中の藩主を待ち受け、攘夷派公卿と引き合わせる、いわゆる伏見要駕策）が挫折したのちの、安政六年四月の手紙の中に、次のような言葉があります。

死を求めもせず、死を辞しもせず、獄に在ては獄で出来る事をする、獄を出ては出て出来る事をする、時は云はず勢は云はず、出来る事をして行当つれば、又獄になりと首の座になりと行く所に行く。（入江杉蔵宛、四月二十二日頃）

この言葉も、自分の身の丈を超えた企てに失敗し、自戒をこめながら、地に足のついた活動こそが本来の自分の生き方であることを、自分に言い聞かせたものであると思います。シェークスピアの『ハムレット』の中に、吉田松陰の生きざまそのものを言い当てたような言葉があります。

このハムレット、たとえ胡桃《くるみ》の殻《から》のなかに閉じこめられていようとも、無限の天地を領する王者のつもりになれる男だ。悪い夢さえ見なければな。（福田恆存訳『ハムレット』）

悩み、迷いながらも、狭い牢獄と短い時間を、あたかも無限の天地であるかのように、自在に生きた吉田松陰の人生は、まさに、胡桃の殻の中に住む世界の王者と呼ぶにふさわしいものと思われます。

第六章　アーネスト＝サトウ――幕末日本を見抜いた英国人

幕末維新は、日本が急激な国際化を迫られた時代であり、複雑な国内政治の動きは、常に欧米列強の動向と連動していました。圧倒的な国力を誇る列強の意思を体現する駐日外交官は、国内政治を左右する陰の実力者でした。ここでは少し趣向を変えて、幕末維新の隠れた立役者である外交官に光をあててみようと思います。

渦巻く外交闘争

世界史的な観点から見れば、幕末維新の激動の歴史は、わが国が、独立を保ちつつ、欧米諸国と対等の地位で国際社会の一員に加わるために繰り広げられた苦闘の軌跡でもあります。ペリー来航から、明治初めの大改革にいたるまでの国内の政争・闘争の多くは、国際社会の基準を振りかざす欧米列強の要求に対して、日本がいかに対応すべきかという問題をめぐって引き起こされたといっても過言ではありません。

幕末の政局を左右したのは、朝廷、幕府、有力諸藩といった国内の実力者です。しかし、当時の日本において、事実上最強の実力者であったのは、薩摩でも長州でもなく、欧米列強の代表者である駐日外交官たちでした。

　ペリー来航から桜田門外の変までの時期、国内政治は、アメリカの領事（のちに公使）タウンセンド＝ハリスが要求する通商条約締結への対応をめぐって激しく動いていきました。水戸老公徳川斉昭を頭首とする一橋派、および井伊直弼が主導する南紀派との対立も、その根本には通商条約への対応問題がありました。

アーネスト＝サトウ

　また、攘夷運動が激化する文久年間から戊辰戦争《ぼしんせんそう》までの幕末後半期においては、薩摩・長州をはじめ、討幕派、佐幕派、公武合体派の諸藩の動きが政局を形づくっていきます。この時期、南北戦争（一八六一～六五）が起こったため、アメリカの影響力は一時的に後退しますが、代って日本をめぐる外交闘争の主役に躍り出てきたのは、アロー戦争（一八五六～六〇）で連合を組み、東アジア進出の足場を固めたイギリスとフランスでした。イギリス公使ラザフォード＝オールコック、オールコック一時帰国中の代理公使エドワード＝ニール、オールコックの後任ハリー＝パークス、フランス公使レオン＝ロッシュらの活動は、日本国内諸勢力の動きを陰に陽に左右していました。イギリスは、条約批准と完全自由貿易を、武力行使も辞さない姿勢で強硬に要求しつづけました。さらに、四国艦隊下関砲撃事件、薩英戦争の結果、かえって反幕雄藩との関係を深め、薩摩、長州を暗黙裡に支持していきます。一方フランスは、イギリスに対抗しつつ、最後まで幕府を支援しつづけます。英仏の暗闘は、最終的には、天皇を元首とする体制の到来を予想していたイギリスに軍配が上がり、初期明治政府とイギリスの親密な関係が成立します。

駐日外交官たちは、もちろん日本人ではありません。しかし、たとえばハリスのもたらした条約要求が、幕末動乱の直接の導火線となったのは確かです。また、生麦事件問題の処理をうながすために鹿児島砲撃を行ったニール、四国艦隊を組織して下関攻撃を命じたオールコックの決断は、薩摩・長州両藩の方針を、攘夷から開国へと転換させることになりました。さらに、大政奉還の時点で本国に信任状送付を求め、諸国に先がけてまっさきに明治新政府を承認したパークスの働きがなければ、戊辰内乱の行方はどうなっていたかわからないともいわれます。これら幕末維新の変革において果たした役割の大きさからいえば、彼らもまた日本の進路を決定づけた「英傑」の候補に数えられるでしょう。

薩英戦争絵巻

日本語通訳官サトウ

維新政府成立を一つのゴールとみなすなら、幕末における列強の外交闘争の最終的な勝利者は、イギリスのパークスだったといえるでしょう。幕末維新における外国人の英傑というなら、パークスはまずその筆頭に挙げられる人物といえます。とはいえ、パークスが歴史を動かす大きな働きをなしえたのは、彼個人の人格・生き方によるのではなく、あくまでも、大英帝国の威信を背景とした外交官としての力によるものです。パークスの力は大英帝国の力であり、もしパークス個人から学べるものがあるとすれば、それは、外交官としての手腕であるということになるでしょう。しかしそれは、人柄の魅力や人徳とは別のことです。

外交官は、職務として外国に派遣されてくるわけで、パークスにせよロッシュにせよ、彼らの功績はどこまでも仕事の上での功績です。それは、国家間の政治・外交史を研究する際には、きわめて重要なテーマとなるでしょう。しかし、ここでの関心は、日本人として、生き方の上で何かを学ぶというところにあります。そして、幕末維新期に来日した外国人の中で、日本人として学ぶべきところの多い人物といえば、誰よりもまずアーネスト＝サトウ（一八四三〜一九二九）の名を挙げなければなりません。

サトウは、文久二年（一八六二）八月、生麦事件の六日前に横浜のイギリス公使館に日本語通訳官として着任し、幕末の激動期を、ニール、オールコック、パークスの下で働いた一外交官です。明治二年（一八六九）一月に休暇で一時帰国するまでの約六年半の体験を記した、『日本に於ける一外交官』（以下、引用は坂田精一訳『一外交官の見た明治維新』上・下、岩波文庫によります）は、外国人の目から見た幕末日本を伝える貴重な史料です。

公使館職員であるサトウは、もちろん外交官の一人です。職業的外交官としてもきわめて優れた資質を持っていたことは、右の著書の中味からも、またシャム、ウルグアイ、モロッコ、日清戦争後の日本、シナ各国の公使を歴任したその後の経歴からも、十分にうかがい知ることができます。しかし、来日当初における彼の外交官としてのあり方は、オールコックやパークスのようなプロ意識に徹したベテラン外交官とは、いくつかの点において異なったところがありました。

第一に、彼が日本に来たのは、仕事のためにたまたま派遣されて来たのではなく、日本に憧れ、日本に住みたいという熱い思いから、みずから日本語通訳を志願してやってきたという点です。彼の日本に対する愛情は、のちに日本の歴史や文化に関する多数の著作を生み出していきます。彼は、いわば、近代ヨーロッパにおける最初の親日派文化人でした。

第二に、日本語を正確に話せる外国人がほとんどいなかった当時において、彼は日本語で自在に意思疎通することのできる例外的な存在であったという点です。

アーネスト＝サトウは、一八四三年、ロンドンの生まれです。幕末維新に活躍した主要な人物たちの多くは、サトウよりほぼ五歳から十歳上の世代に当たります。サトウとほぼ同年代の著名な人物には、伊藤博文（一八四一～一九〇九）がいます。

ロンドンのユニバーシティ＝カレッジに在学中、サトウは、その後の彼の運命を決定した一冊の書物と出会います。安政五年の日英修好通商条約調印使節に、秘書として同行したローレンス＝オリファントの『エルギン卿遣日使節録』です。『一外交官の見た明治維新』第六章には、「ローレンス＝オリファントの本にきわめて輝かしい色彩で描かれている王子のきれいな茶屋や、甲州街道の十二社の池、そのほか丸子への途中にある洗足の池、あるいは目黒の不動さま」などをめぐったことが、感動をもって記されています。オリファントの著書によって、日本への憧れをかきたてられたサトウは、十八歳の時、日本駐在を希望して英国外務省の通訳生試験を受験、見事合格して日本へ派遣されます。横浜に着いたとき、彼はまだ十九歳の若者でした。

日本国民の脈をとる

着任したサトウは、日本語通訳という職務柄、公使が行う重要な交渉、会見のほぼすべてに立ち会うことになります。薩英戦争、下関砲撃の際も、軍艦の上にいて、和平の交渉にも臨席しました。幕末維新史に名を残す日本人政治家で、彼が会って話をしたことのない人物は、ほとんどいないといってもよいくらいです。

当時、日本人で英語を理解する者はほとんどなく、また、オランダ人以外の欧米人で日本語を理解する者も皆無といってよい状態でした。サトウの着任した頃、日本の要人と公使との会談は、「二人の通訳、すなわちオランダ語と英語を話す当方の通訳と、日本語とオランダ語を話す先方の通訳との間で会話のやりとりをするので、会談の進行はまことに遅々としたものだった」（サトウ前掲書第六章）といいます。そうした中にあって、日本をどこまでも深く知りたいと願い、必死で日本語を学んだサトウの能力は、次第に大きな働きをするようになりました。

私は、日本語を正確に話せる外国人として、日本人の間に知られはじめていた。知友の範囲も急に広くなった。自分の国に対する外国の政策を知るため、また単に好奇心のために、人々がよく江戸から話をしにやってきた。私の名前は、日本人のありふれた名字と同じいので、他から他へと容易につたわり、一面識もない人々の口にまでのぼった。両刀を帯した連中は、葡萄酒や、リキュールや、外国煙草をいつも大喜びで口にし、また議論をとても好んだ。彼らは、論題が自分にとって興味のあるものなら、よく何時間でも腰をすえた。時として、ずいぶん激論することもあった。

（同第一四章）

“Satow”が「佐藤」と似ているので、日本人が親近感を抱いたというのは、おもしろい偶然ですが、日本語が正確に話せるということが、当時の日本において、うわべの外交関係でない、本音をさらけだした深い人間的交流の促進にどれだけ貢献したかは、今日からは想像もできないほどだったのではないでしょうか。加えて、サトウには、日本を知りたい、味わいたいという強い個人的な思いがありました。また、何でもやってみよう、見てみようという若者特有の冒険心、遊び心も旺盛なものがありました。

たとえば、要人との会談、意見交換のあとには、彼は好んで（また、日本人の若者たちに誘われて）二次会のドンちゃん騒ぎになだれ込みました。宇和島公伊達宗城《だてむねなり》と政治情勢についての意見を交わした後では、次のような情景がくりひろげられます。

そのとき、人妻や、そうでない女も交じった美しい女性の一群、ハレムの美女たちが入ってきたので、話は中断され、子供たちも、みんな入ってきた。私は、全部の婦人を相手に酒を飲まなければならなかった。しまいには、頭がどうかなりはせぬかと、心配になりだした。楽器がはこばれた。どんどん酒が出て、親睦と歓楽は大いに増したが、おかげで政治的意見の交換はふっ飛んでしまった。(同第一五章)

サトウが多くの日本人たちと腹を割って話し合い、ときに芸者を揚げた宴席で互いに意気投合するというような、個人的な交流を深めていたことは、イギリス外交、とくにパークスの情勢判断にとって大きな助けとなりました。「われわれイギリス人は、これらの競争国よりもいっそう注意深く日本国民の脈をとって、政治上の容体をよく診断していたので、一八六八年、一八六九年におけるイギリスの公使の威信は全く素晴らしかった」(同第一五章)と、サトウは述べています。慶応年間の錯綜《さくそう》した政治情勢の行方を、イギリスだけが正しく見抜き、外交闘争で一歩先んじることができた背景には、「注意深く日本国民の脈」をとった、サトウの「個人的」な外交の成果があったのです。

武士の道徳と日本語の力

日本語が達者で、高い情報収集能力を持ち、政治情勢の分析にも優れているという意味で、サトウはきわめて有能な外交官でした。なんといっても彼の外交上の功績は、日本の情勢を正確に知り、いちはやく混乱の落ち着く先を見通していたところにあります。彼の収集した情報をもとに、大英帝国は、幕末の混乱を最短で収拾させる方向に動いたわけですから、彼の功績は、内乱の被害を最小にとどめることができた日本にとっても、大変にありがたいものだったといえます。

しかしながら、あえてサトウを幕末維新の英傑の一人として推奨する理由は、むしろ外交官という役割とは離れた、彼個人の生き方、ものの考え方の中にあります。すでに述べたように、彼が日本にやってきた本当の目的は、日本人や日本の文化に深く接したいという個人的な願望を満たすことにありました。

駐在地であった江戸や横浜では、市内郊外の名所旧跡をめぐり、日本人の友人たちと宴席や遊興をともにしました。江戸で一軒の家を借りて住み始めたころのことを、彼は次のように記しています。

> 私は自分の希望通りの一家を構えたので、日本語の勉強と日本人との親しい交際に打ち込んだ。おかげで、日本人の思想や見解に精通するようになって来たので、全く心が楽しかった。私の日記には、十一月六日に新橋付近の三汲亭で中村又蔵と一緒に晩飯を食べ、もちろん芸者が酒のお酌をし、音楽や陽気な会話に打ち興じたとある。七日には、外国語学校の教師柳河春三《やながわしゅんさん》と一緒に霊巌橋の大黒屋で鰻飯を食べたとある。（同第一三章）

彼はまた、有力諸藩の情報収集や、開港候補地の実地調査のために、繰り返し各地に派遣されました。彼が、船で、また馬・駕籠《かご》・徒歩でめぐった地域は、九州、四国、長州、京・大坂、北陸など、日本全国に及びました。大坂から江戸へ東海道の陸路の旅も経験しています。そうした行く先々で、彼は土地の風物、習俗、文化にあらわれた日本人の心を読み取っています。

サトウは、日本に対する、鋭い、しかし同時に思いやり深い観察者でした。彼の、人間としての最も優れた点は、おそらくそこにあります。彼は、日本のあらゆる事物を、長所も欠点も含め、公平な目であるがままにとらえ尽そうとしました。思いやり深い観察者としてのサトウの本領は、一人ひとりの日本人を見る見方に何よりもよくあらわれています。彼は、立場や階層の異なるさまざまな日本人を、政治的利害を離れ、いわばそれぞれの身になって深く理解しようと努めました。意見が一致し、話の通じる薩摩や長州の人間に対しては、もちろん深い共感を示しました。しかしその一方で、外国人を襲撃する過激攘夷派、つまりサトウにとって敵対する日本人に対しても、サトウの目はどこまでも公平です。イギリス人殺害犯人の処刑に立ち会った後、彼は次のような感想を洩らしています。

この暗殺者を憎まずにはおられないが、しかし日本人の立場になってこの事件をみると、正直なところ私は何としても、この明らかに英雄的な気質をもった男が、祖国をこんな手段で救うことができると信ずるまでに誤った信念をいだくようになったのを遺憾とせずにはいられなかった。(同第一二章)

また、会津藩の人々との関係について、彼はこう記しています。ちなみに、サトウの秘書で、彼が個人的に最も信頼した日本人野口富蔵《のぐちとみぞう》は、会津藩士の子です。

私は会津藩の人々とも親密な間柄になったが、こうした友誼は、革命戦争によって日本国内の政治問題に関する彼我の意見が全く反するに至ったあとまでもつづいたのである。そして、この場合でも会津藩の友人たちは、イギリスの望むところは一つの国民としての日本人全体の利益であって、国内の党派のいずれにも組みするものでないことを、はっきり見抜いていたので、われわれの演じた役割を少しも恨まなかった。（同第一六章）

一歩間違えば列強の半植民地にされていたかもしれない混乱の時代に、日本人の立場に立って考えることのできる外国人の理解者を得られたことは、日本にとって大きな幸せであったというべきでしょう。植民地化の危機をはねのけることのできた日本の底力について、サトウはきわめて示唆的なことを述べています。

もしも両刀階級の者をこの日本から追い払うことができたら、この国の人民には服従の習慣があるのであるから、外国人でも日本の統治はさして困難ではなかったろう。だが、外国人が日本を統治するとなれば、外国人はみな日本語を話し、また日本語を書かなくてはならぬ。さもなければ、

そうした企図は完全に失敗に終わるだろう。（同第二六章）

日本の独立を保つ力の根源は、武士階級の道徳・思想と、日本語という言語による国民の統合にあるというのです。血気盛んな青年時代を幕末日本にささげた一英国人のこの言葉は、今日に生きる日本人にとって一層の重みを増しているように思えます。

第七章　横井小楠——悟られにくい人物

幕末維新史のクライマックスシーンは、江戸城明け渡しを取り決めた、品川薩摩屋敷における西郷隆盛と勝海舟の会見に止めを刺すでしょう。江戸城無血開城については、武士道的にはいろいろ批判もありますが、内戦の危機から日本を救ったという意味では、勝海舟の功績ははかりしれないものがあります。勝海舟は、明治維新における幕府側の最大の功労者でした。以下では、その勝海舟をして「恐ろしい」といわしめた人物・横井《よこい》小楠《しょうなん》について見ていきたいと思います。

地味な英傑、横井小楠

横井小楠といっても、よほど歴史に詳しい人や、小楠の出身地・熊本の人を除いたならば、多くの人はおそらく名前すら知らないのではないでしょうか。小説や映画でもてはやされる華やかな英傑たちに比べて、横井小楠という人物はあまりにも地味な存在です。しかし、維新の当事者たちの間では、小楠の力量はきわめて高い評価を受けていました。例えば、有名な話ですが、勝海舟は小楠の人物について、次のように述べています。

横井小楠

おれは、今までに天下で恐ろしいものを二人みた。
それは横井小楠と西郷南洲だ。（『氷川清話』）

怖いもの知らず、度胸自慢の海舟を恐ろしがらせた横井小楠とは、一体どういう人物だったのでしょうか。

横井小楠は、文化六年（一八〇九）、熊本藩士横井時《よこいとき》直《なお》の次男として、熊本城下で生まれました。名は時存、通称は平四郎、小楠、沼山などの号があります。文化六年生まれということは、幕末に活躍した多くの志士たちより一世代ほど上の世代に属することになります。例えば、西郷隆盛（一八二七年生まれ）よりは十八歳上、高杉晋作（一八三九年生まれ）、後藤象二郎《ごとうしょうじろう》（一八三八年生まれ）、大隈重信《おおくましげのぶ》（一八三八年生まれ）らよりは、三十歳ほど年長ということになります。

小楠の経歴には、小説や映画でもてはやされるような派手さはありません。その理由のひとつは、彼があまりにも遅咲きの俊秀であったというところにあります。彼の前半生をみると、十歳のころに藩校時習館に入学してから三十二歳の年まで、二十年以上にわたる異様に長い学生時代を送っています。その後も、兄の死去にともない四十六歳で家督を継ぐまで、私塾を開いて生計を立てています。四十六歳といえば、当時においてはもはや高齢者ですが、その歳になるまで小楠は、現代の大学院オーバードクターのような生活を送っていたわけです。彼が、幕末維新史の表面に現れ、スポットライトを浴びるようになるのは、もはや晩年にさしかかった五十歳の時です。安政五年（一八五八）、福井藩主松平慶永《よしなが》（春嶽《しゅんがく》）に見いだされ、政策顧問として活躍し、最後は明治政府に招聘《しょうへい》されて参与となり、明治二年（一八六九）、六十一歳で刺客の手に倒れるまでの約十年が、彼の人生の晴れ舞台でした。

小楠の活躍が目立たないもう一つの理由は、彼の所属する熊本藩が徹底的に小楠を嫌い抜き、ことあるごとに妨害や嫌がらせを繰り返したことにあります。小楠は、熊本藩から生涯に二度（軽微なものを含めると三度）処罰されています。一回目は、藩命によって江戸に遊学していたときのことです。

勝海舟像

他藩藩士を交えた学問仲間との忘年会での「酒失」を理由に帰国を命じられ、七十日間逼塞《ひっそく》の処分を受けます。事件といっても、酒が入って政治の議論が過熱し、相手を怒らせたという程度のことなのですが、かねてから小楠の言動を快く思っていなかった藩庁内の勢力がこれを重大事件に仕立て上げ、きわめて重い処分が下されたのです。

二回目の処罰も、明らかな嫌がらせといってもいいものです。文久二年（一八六二）、小楠は、政事総裁職に就いた松平春嶽のもとで、幕府に対してさまざまな政策についての建言を行っていました。攘夷過激派がテロ行為を繰り返していた時期で、公武合体路線を推進する春嶽のもとにあった小楠は、過激派の標的とされていました。十二月十九日夜、小楠は、熊本藩江戸留守居役・吉田平四郎の別邸で、三名の刺客に襲われます。刺客はいずれも肥後勤王党員でした。小楠は大小を手元に置いてなかったため、その場を逃れ、福井藩邸に駆け込んで替えの大小を持って現場に戻りましたが、刺客はすでに逃走した後で、吉田平四郎と、同席していた都築四郎が傷を負って倒れていました（吉田はのちに死亡）。この事件で、熊本藩は藩の重役を殺害した犯人を捕えようともせず、かえって小楠を、狼《ろう》藉者《ぜきもの》を見かけながら、無刀で場をはずした「士道忘却」のかどで切腹させる方針を示しました。もちろん、このようなケースで武士道不覚悟を問われ、切腹というのはどの藩でも普通にあったことです。しかし、熊本藩の措置は、狼藉者についてはまったく不問に付しながら、小楠の士道忘却のみを一方的に問題にするという、きわめて公平性を欠いたものでした。ここにおいて、前福井藩主で、幕閣要人でもある松平春嶽が、熊本藩に対して頭を下げ、ひたすら寛大な処分を求め続けた結果、士籍剥奪、知行取り上げという（これでもかなり苛酷《かこく》な）処分でどうにか一件は落着しました。ただ、この処分はその後も長く小楠の活動を大幅に制限する重い足かせとなったのでした。

こののち、小楠は、明治元年（一八六六）に新政府に召しだされるまで五年間、熊本郊外沼山津で蟄居生活を送ります。この間、松平春嶽は、小楠の生活費を援助し、また熊本藩に士籍回復を要請します。しかし、熊本藩はこれを拒絶し、さらには明治新政府からの召命をも拒否します。熊本藩が、たび重なる朝廷からの召命を渋々受け入れて、小楠の士籍復帰が許されたのは、明治元年三月のことでした。

途方もない聡明な人

西郷隆盛にせよ、高杉晋作にせよ、維新の志士たちの多くは、たびたび藩内に敵を作りましたし、藩からの処罰も一度ならず経験しております。しかし、これほど徹底して藩の主流から目の敵にされ続けた英傑というのは、横井小楠以外にはまずいないのではないでしょうか。しかも、一方で、西郷隆盛、岩倉具視《いわくらともみ》、勝海舟、坂本竜馬、高杉晋作、橋本左内など多くの英傑が小楠の人物を認め、高く評価しています。なかには、松平春嶽のように、ほとんど熱烈な信者になってしまった人もいます。具眼の士にしか真価の見抜けない人物というのは、確かにいると思います。そこで、小楠びいきの歴史家などは、人を見る目を持たない熊本藩の無能さを嘆くわけですが、しかし、それにしても、熊本藩の嫌いようはいささか度を越しているといわざるをえません。しかし、考えようによっては、むしろここまで極端に評価が分かれるというところに、小楠という人物の本質があるといえるのかもしれません。そしてこのことは、小楠の人柄において、人が誉めそやす長所と、欠点として嫌われる短所とが、実は同じものであったと考えることによって説明できるように思います。

横井小楠にほぼ最高点に近い評価を与えているのは、勝海舟です。まずは勝海舟による人物評を手がかりとして、小楠の実像に迫ってみましょう。

横井小楠のことは、尾張のある人から聞いていたが、長崎で始めて会ったときから、途方もない聡明《りこう》な人だと、心中大いに敬服して、しばしば人をもってその説を聞かしたが、その答えには、常に「今日はこう思うけれども、明日になったら違うかもしれない」と申し添えてあった。そこでおれは、いよいよ彼の人物に感心したよ。

たいていの人は、小楠をとりとめのないことをいう人だと思ったよ。維新の初めに、大久保（利通）すら、「小楠を招いたけれど、思いのほかだ」といっていた。しかし小楠はとても尋常のものさしではわからない人物で、かつ、いっこう物に凝滞《こだわり》せぬ人であった。それゆえに一個の定見というものはなかったけれど、機に臨み変に応じて物事を処置するだけの余裕があった。こうして、なんにでも失敗したものがきて善後策を尋ねると、その失敗を利用してこれを都合のよい方へ移らせるのが常であった。（『氷川清話』）

「途方もない聡明な人」という海舟の第一印象のとおり、横井小楠という人物の最大の売り物は、その知恵でした。実際、小楠が維新史に名を残した功績は、すべていわゆるブレーン、知恵袋としての働きでした。もちろん、知恵袋といってもさまざまなタイプがあります。小楠は、条約問題、通商問題など西洋列強との関係にかかわる問題についてたびたび諮問を受け、的確な献策をしております。しかし、彼は、別に外国語に堪能であったわけでも、また海外事情に精通していたわけでもありません（海外渡航経験もありません）。彼の学問は、彼自身は「実学」と呼んでいますが、その中身は当時普通の儒教の政道論でした。松平春嶽らが期待した小楠の知恵は、多くを知っているという「知識」なのではなく、状況を分析し、その本質を見抜いて対応策を見いだす、「考える」力でした。「途方もない聡明」さとは、小楠の群を抜いた分析能力・本質直観能力をさしているのです。

小楠の持ち味が「考える力」にあったということは、しかし一方で、彼の功績を目立たなくする原因にもなっております。小楠は根本的なアイデアや方向性を示すのみで、その実行は他人に任せてしまうところがありました。福井藩で、革新的な殖産・貿易策を提言した時も、実際の政策実施は彼の信奉者由利公正《ゆりきみまさ》に任せ、その成功も由利の功績となりました。また、松平春嶽に、公武合体策の戦略的道筋を示し、参勤交代の廃止という重要な改革案を提言したのも小楠ですが、尊王討幕派が主導権を握ったその後の政局の中で、小楠の功績は霞んでいってしまいます。

勝安芳（述）（他）『海舟先生氷川清話』

本質をとらえることのできる思考の特徴は、先入観や枝葉にとらわれない自由さにあります。海舟が、「いっこう物に凝滞せぬ」とか「機に臨み変に応じて物事を処置するだけの余裕があった」といっているのは、そのことをあらわしています。このような自由で柔軟な思考は、問いに対してまさに打てば響くような反応を示します。小楠の信者を魅了したのは、まさにこのけたはずれの課題解決能力にあったのだと思います。

しかし、こうした一気に本質をとらえる能力は、しばしば周囲とのトラブルを招くもととなります。例えば、課題を解決するということは、それまで解決を妨げていたマイナス要因を明らかにし、それを否定することでもあります。自由な思考は、「これがいけなかった」ということを、こだわりなく明らかにしますが、これがいわゆる「抵抗勢力」の反発や誤解を招くことになります。小楠に対する熊本藩や過激攘夷派の反応は、おそらくそういうことだったものと思われます。

例えば、やや学問的な話になりますが、小楠は、いくつかの意見書の中で、江戸時代の主要な思想である神道、仏教、儒教が、人々の幸福をめざす本来の教学としての機能を果たしていないと指摘しております。とりわけ神道は、水戸藩や長州藩の暴発の元凶であり、現在最も有害なものであると述べています。この発言は、日本を西洋並みの強力な独立国家たらしめる方策を説く文脈で出てきたものです。西洋がキリスト教道徳と科学技術の両輪によって富国強兵を成し遂げている例を示し、日本にも国民道徳の基盤になる教えが必要であると説くのがその趣旨でした（ちなみにこの構想は、のちに、小楠の教えを受けた元田永孚《もとだながざね》、井上毅《いのうえこわし》によって修身教科書や「教育勅語」となって実現します）。

しかし、この発言を、文脈を切り離してそれだけを取り出せば、当然のことながら神道家（勤王党、攘夷派）や、儒学者にとってはまことに怪《け》しからん危険思想だということになります。熊本藩から嫌われ始めたそもそものきっかけも、小楠が、藩校の儒学が訓詁《くんこ》・文学に堕していると批判したことにあるといわれています。さらに曲解すれば、横井は日本をキリスト教国にしようとしているといういわれなき嫌疑を生むことにもなります。実際、小楠を暗殺した刺客たちの言い分は、キリスト教化をたくらむ国賊に天誅を加えるというものでした。

小楠の理想

横井小楠のさまざまな献策は、勝海舟のいうとおり、臨機応変、状況に応じて変わっていくところに特徴があります。福田和也《ふくだかずや》氏は、小楠の人物をよい意味での「君子豹変《くんしひょうへん》」と評していますが（『人間の器量』）、実際、小楠は、昨日の意見を翌日にはあっさり捨てて、正反対の意見を述べて平然としているというところがあります。

しかし、はたして小楠には、そのつどの情勢分析だけがあって、勝海舟のいうように「一個の定見というものはなかった」のでしょうか。おそらくそうではないと思います。

小楠が学んだほぼ唯一の学問は、伝統的な儒学でした。そして、彼が複雑な対外、国内情勢を分析し、そのつどの的確な方針を打ち出す唯一の尺度とされていたのも、当時においてごく普通の教養であった儒学の考え方でした。小楠は、政道の原理である儒教の本質は、人を利する働きとしての「仁」にあると考えていました。政治、法律、道徳、社会制度はすべて、人を幸せにすることが目的であり、人に幸せをもたらすものでなければならない。このきわめて簡単素朴な原理が、小楠のけたはずれの課題解決能力の根本指針でした。まばゆいばかりの華麗な思考の根本に働いているのが、「世のため人のため」という単純な、しかし大変に重い理想であるということは、存外周囲からは見えにくいのかもしれません。

勝海舟が「つまり小楠は悟られにくい人物さ」と言ったのもそのあたりの機微をとらえてのことだったのでしょう。

勝海舟は、小楠の人物について、次のようにも述べています。


横井は、西洋のことも別にたくさんは知らず、おれが教えてやったくらいだが、その思想の高調子なことは、おれなどは、とてもはしごを掛けても、およばぬと思ったことがしばしばあったよ。おれはひそかに思ったのさ。横井は、自分に仕事をする人ではないけれど、もし横井の言を用いる人が世の中にあったら、それこそ由々しい大事だと思ったのさ。(『氷川清話』)

小楠の本質は、個々の情勢分析や、枝葉の知識ではない。また、政治家や役人になって、個々の政策を行うことも、彼の本領ではない。むしろそれらをささえている「人のため」という高邁《こうまい》な思想にこそ、小楠の本領がある。海舟はそのように述べているのではないでしょうか。

第八章　佐久間象山――幕末の天才児

ずいぶん昔の話ですが、鶴田浩二の歌の文句に、古い人間ほど新しいものを欲しがるものだ、というような一節がありました。幕末の先覚者の代表といわれる佐久間象山は、まさにその通りの人物であったようです。「東洋道徳、西洋芸術」という有名な言葉は、東洋古来の伝統的思想を縦糸に、新しい西洋文明を横糸として、「皇国の御稜威《みいつ》」を盛んにしたいという象山の根本思想をあらわしています。両者を体現した思想家、佐久間象山の人物とはどのようなものだったのでしょうか。

敵の武器で敵と対抗する

佐久間象山といえば、時代にさきがけて西洋の科学技術を積極的に取り入れることを主張し、自らもそれを深く学んだ洋学者として知られています。

彼がこのように考えるようになったきっかけは、アヘン戦争でした。アヘン戦争で東洋の大帝国・清が英国に敗れたという事件は、わが国にも大きな衝撃をもって受け止められました。多くの兵学者が西洋の軍事力の脅威を痛感し、危機感をいだいたのですが、しかし、直ちに西洋の科学技術を導入

佐久間象山

し、それによって積極的に欧米列強と対抗することを構想したのは、おそらく象山が最初でした。単に西洋の軍艦や大砲を輸入するといった表面的な摂取にとどまらず、数学や物理学など西洋の科学技術を根本から学び取り、自らのものにするという発想は、当時の兵学者の中にあって群を抜いたものだったといえます。

　のみならず、象山はみずからもそのことを実践します。彼は、当時としては高齢者にかぞえられる三十四歳のときに、苦労して師を求め、オランダ語の勉強を始め、驚異的な精力をもってわずか二ヶ月でオランダ語の基礎を習得します。その前年には、伊豆韮山代官で、高島流西洋砲術師範の江川坦庵《えがわたんあん》に入門し、西洋兵学を学んでいます。

　洋学に対する彼の態度は、書物に学ぶだけでなく、その知識を実際に試し、実地に応用するところに特徴があります。学問は実際の役に立つ有用なものでなければならないというのが、彼の基本的な学問観でした。オランダの百科全書を購入し、そこに記された製法に従って実際にガラスを製造したのをはじめ、大砲の鋳造・試射、地震計や写真機の製作、牛痘の種を熊本藩から譲り受け、息子や知人に種痘を実施するなど、象山は学び知ったことを次々と実行に移していきました。実験・実証を重んじ、実用的な学問をめざして超人的な努力を重ねた結果、オランダ語を習い始めてから数年後には、象山は西洋砲術、洋学の大家として天下に名を知られるようになります。

嘉永三年（一八五〇）七月、象山は江戸で砲術教授の看板を掲げます。彼の名声を聞いて入門するものは後を絶たず、「火術門人、兵学門人」の数はあわせて三百名にのぼったといわれます。勝海舟はこのとき入門した門人の一人でした。翌年には、のちに同志社の設立に関わった会津藩士山本覚馬《やまもとかくま》、米百俵のエピソードで知られる長岡藩士小林虎三郎《こばやしとらさぶろう》、同じく長岡藩士の河井継之助《かわいつぐのすけ》、福井藩の俊秀橋本左内らが入門します。吉田松陰が入門したのもこの年です。松陰は、たちまち象山に心酔してしまったようで、「佐久間象山は当今の豪傑、都下一人に御座候」と絶賛し、朱に交われば赤くなる（洋学を学ぶと日本を軽んじるようになる）などということは決してなく、象山は「国体を知り、大義を弁える」第一人者であると書き送っています（杉梅太郎宛、嘉永六年九月十五日付書簡）。西洋の科学技術をわがものとして列強と対抗するという象山の考えは松陰を強く刺激し、これがのちに、海外渡航の企てにつながっていきます。この運命的ともいえる師弟の出会いは、幕末の歴史の一大転機を形づくっていったのです。

天才児、象山

順序が後先になりましたが、ここで、佐久間象山の経歴を簡単に振り返っておきましょう。

象山は文化八年（一八一一）二月二十八日、信濃国松代《まつしろ》（現長野市松代町）城下で誕生しました。父佐久間一学国善は、微禄の松代藩士でしたが、剣術の達人で学問にも優れ、神渓先生と呼ばれて尊敬されていました。象山は号で、幼名は啓之助、実名は国忠、のちに啓《ひらき》、通称は修理といいます。ちなみに、「象山」の読み方については、「ぞうざん」と「しょうざん」二通りの説があります。「ぞうざん」という読みは、昭和九年（一九三四）に、信濃教育会の主張にもとづいて『増訂象山全集』にルビとして振られたものです。長野県の県民歌「信濃の国」の歌詞の中でも「ぞうざん、さくませんせい」となっており、長野県ではポピュラーな読み方とも思われます。しかし、細かい説明は省きますが、その後さまざまな研究を通じて、「しょうざん」と読むべきだという考えが優勢になってきました。私自身も、「しょうざん」と読んでおります。

さて、幼少年時代の象山は、なみはずれた知力、体力を備えた、一種の天才児であったと伝えられます。二、三歳にして易の六十四卦をすべて理解していたとか、乳母に背負われて目にした禅寺山門の文字を記憶して、筆で書いてみせたとか、本人の自慢話でもありますが、しかしそのくらいなみはずれた記憶力の持ち主であったのは確かなようです。当然、周囲からはその前途を大いに嘱望されます。天保二年（一八三一）、藩主真田幸貫《さなだゆきつら》は二十一歳の象山を近習役に抜擢し、世子幸良《ゆきなが》の教育係を命じます。天保四年（一八三三）には江戸遊学を許され、佐藤一斎の門に入ります。しかしながら、世の中何もかもうまくいくわけではないもので、この頃から、象山の生来の性格的な欠点が問題となってきます。

象山の性格は、一言でいえば、「傲岸不遜《ごうがんふそん》」です。自分が一番偉いという自負をあらわに言動に示し、無能と判断した相手は容赦なくやり込めるという態度は、多くの敵を作ることになります。象山は、大学者であれ、先輩であれ、その説に誤りがあると見れば、徹底的に理詰めで批判を加えます。

象山の批判には確かに分があるのですが、恥をかかされた相手は深く彼を恨むことになります。象山が最初に儒学を学んだ鎌原桐山《かんばらとうざん》、象山の才能を愛し、生涯彼の後援者であった真田幸貫らは一様に、傲慢で人と調和せず、いたずらに敵を作る象山の「不徳」に心を悩ませています。

勝海舟は、象山の砲術の弟子で、海舟の妹は象山の正室となっています。その海舟が、やや遠慮がちではありますが、象山の人物を次のように評しています。

佐久間象山は、もの知りだったよ。学問も博し、見識も多少もっていたよ。しかしどうもほら吹きでこまるよ。（中略）佐久間の方は（注、横井小楠とは）まるで反対で、顔つきからしてすでに一種奇妙なのに、平生どんすの羽織に古代模様のはかまをはいて、いかにもおれは天下の師だというように厳然とかまえこんで、元来勝ち気の強い男だから漢学者がくると洋学をもっておどしつけ、洋学者がくると漢学をもっておどしつけ、ちょっと書生が尋ねてきても、じきにしかりとばすというふうで、どうも始末がいけなかったよ。（『氷川清話』）

勝海舟の批評は、短い言葉で、象山という人物の全貌をまことによくとらえていると思います。象山の長所は、なによりも「もの知り」だったことです。洋学、特に西洋砲術の知識については当時肩を並べる者がいなかったのは確かです。ただそれを自分から、「千万人の耳目心思のおよばないところを、自分ひとりが知りえているのは神明の霊寵である」（三村晴山宛、安政四年七月二十二日付書簡）

などと自慢するところが、「ほら吹き」といわれるゆえんでしょう。しかも、彼の博学は、洋学のみならず伝統的な儒学・漢学にも及んでいました。洋学者を漢学でおどすとは、そのことを言っています。そもそも象山は、最初は漢学で身を立てるつもりで、鎌原桐山や佐藤一斎に学んだのでした。彼にとっての漢学は、幕府の「正学」である朱子学を意味します。彼が力説する「東洋道徳、西洋芸術」の、「西洋芸術」は近代科学技術を指しますが、もう一方の「東洋道徳」は、具体的には朱子学の政治・道徳論を指しています。象山は、身分制上下秩序を正当化する政治・道徳理論である朱子学を疑うことなく受け入れています。徳川体制秩序の理論である朱子学を学び、主君の師となって政治に参与するという、ごく分かりやすい立身出世主義が、彼の学問的努力の原動力でした。

　とはいえ、能力が抜群であったのは間違いないことで、象山は漢学においても大家の地位を確立します。もちろんこの方面でも、千里の名馬は普通の馬よりも多くを食べなければ能力が発揮できないという故事を引いて、加増を周旋してくれるよう依頼したり、菅原道真《すがわらのみちざね》も自分に比べればたいしたことはないと大口をたたくなど、傲岸不遜な言動は枚挙にいとまがありません。容貌魁偉《ようぼうかいい》な上（正面からは耳が見えないとか、西洋人に間違えられるほど色が白いなど、いろいろいわれております。肖像でお確かめ下さい）、派手な身なりをして、「天下の師だというように厳然とかまえこんでいる」様子は、しかし、考えようによっては、子供のように単純で無邪気なさまをあらわしているともいえるでしょう。人を人とも思わず、社会性に欠けるという欠点は、単純で子供っぽい性格によるものだということもできるからです。

東洋道徳、西洋芸術

漢学によって地歩を築き上げていた象山が、一転、洋学にはまり込んでいくきっかけとなったのは、さきに述べたようにアヘン戦争の衝撃でした。象山は、幕府海防係に就任した藩主幸貫の命により、海外事情の研究に従事します。このとき、いちはやく、西洋の軍事力の裾野を作り上げている基礎科学の力に着目したところが、彼の天才たるゆえんでしょう。嘉永六年（一八五三）のペリー来航に際しては、藩の軍議役に任じられ、西洋砲術の知識に裏付けられた海防策を提言しました。しかし、翌年、門人吉田松陰の密航事件に連座して下獄、やがて蟄居を命じられて国許に帰されます。君子の五つの楽しみの一つとしてあげられた、「東洋道徳、西洋芸術、精粗遺《のこ》さず、表裏兼該《けんがい》し、因りてもって民物を沢し、国恩に報ゆるは、五の楽《たのしみ》なり」という有名な文言で知られる『省諐録《せいけんろく》』は、この獄中での思いを記したものです。

安政元年（一八五四）から文久二年（一八六二）までの足かけ九年間、象山は松代で蟄居生活を送ります。しかし彼は、幽閉中も意気衰えることなく、洋学の勉強に熱中し、また、書簡や上申書を通じて盛んに国策、海防策の提言を繰り返します。ときには詩文や和歌で思いを述べ、その一つ『桜賦』は名作の評判が高く、蟄居中の罪人の作であるにもかかわらず天覧に達する栄にあずかりました。象山は大いに喜び、例によって、賦（漢詩文の一文体）としては日本で並ぶもののない作であるなどと自賛しております。

佐久間象山が生涯をかけて取り組んだのは、幕末の多くの英傑たちと同様、西洋列強の軍事的圧力

象山佐久間先生著
海舟勝義邦先生校
省諐録
全
辛未晩冬
聚遠樓蔵梓

佐久間象山『省諐録』

に対していかに対応すべきかという問題でした。彼はいちはやく西洋の科学技術の底力を見抜き、攘夷の不可能を悟りました。そこから彼は、むしろ積極的に近代的な学問・技術を学び、その力を持って、日本も列強と対等の地位を獲得すべきだと考えます。こういう開国攘夷的な考えは必ずしも象山の独創ではなく、橋本左内などにも見られる考え方です。象山の独創性はむしろ、西洋近代文明の本質を鋭く見抜いていたところにあります。特に、西洋の科学技術の根幹をなすのは基礎科学、中でも数学（彼は数学を「詳証術」とよびます）であるとし、「詳証術は万学の基本なり」（『省諐録』）と述べています。情報の少ない中、短期間で西洋近代科学の本質を理解し、超人的な精力でそれを身につけ、応用の域にまで持っていった力量は、まさに天才的といってよいでしょう。

　しかしながら、残念なことに、彼がその天才を発揮できたのは、あくまでも科学技術、いわゆる理科系の世界に限られていました。そして、幕末日本のもう一つの課題であった、国家観、すなわち、日本国家のあるべきあり方や、列強の入り乱れる国際関係への見方という方面では、先に述べてきたような性格的な短所が、彼の視野を狭めてしまっていたように思われます。たとえば、彼は西洋の国際関係を、軍事力だけがものをいう弱肉強食の世界であるととらえます。この単純な見方は、単純であるだけにわかりやすく、兵学者などには説得力ある考えとして受け入れられました。しかし、いうまでもなく、西洋近代諸国の特色や強みは、科学技術力・軍事力に尽きるものではありません。象山はナポレオンを大いに尊敬していたようですが、ナポレオンの軍隊の基盤にあったのは革命を経て出来上がった、近代市民国家の社会体制でした。象山の洞察は、国民皆兵を支える民主政治、国家統一の要となるナショナリズムといった、社会的基盤や社会思想には届いていません。

この単純さは、時代の政治や将来の日本国家を説く中にも、明らかにあらわれています。象山は、朱子学的道徳にもとづく徳川幕府の支配体制をほぼ自明のものとして受け入れています。この考えは生涯変わることなく、蟄居が解けてからは、現体制の強化を図る公武合体推進のために奔走し、最後は、過激攘夷派から、佐幕・開国派の首魁《しゅかい》とみなされて暗殺されてしまいます（元治元年七月）。象山には、近代化の推進が必然的に国家そのものの根本的な変革をもたらすという発想は、全くありませんでした。勝海舟宛の手紙の中で象山は、「洋学が広まっても、為政者が忠孝道徳を教学として定めている以上、日本の風俗が変わることはありえない」と述べています（安政三年七月十日付書簡）。彼は、国家体制はそのままで、科学技術だけを導入して強国になるというビジョン（「東洋道徳、西洋芸術」）を最後まで手放しませんでした。この点、近代国家には近代国家の思想や道徳があり、儒教に変わる新しい道徳が必要であると考えた横井小楠は、社会を見る目においては象山の上手をいっていたといえるでしょう。

象山は「見識も多少もっていた」、つまりやや不足していたと勝海舟が述べていたのは、まさに、国家、政治、社会に対する単純な見方の弱点を指していたと思われます。社会的背景に対する目配りの弱さは、象山の弱点として、従来の思想史研究でもしばしば指摘されているものです。この弱点はどうも、社会性に乏しく、人間関係や人の気持ちの機微に疎い象山の性格と関係があるように思われます。国家や社会というものに対する単純な見方は、無邪気な子供の目に通じるものがあるように思うのです。

象山は、知識・技術の摂取という方面では天才的な力を発揮しました。しかし、社会性という面では、ついに大人になりきれぬまま終わったように思います。考えてみれば、象山の愛弟子吉田松陰も、象山の無邪気さとは違った意味で、最後まで少年のような純粋性を失わなかった人物でした。象山もまた、天才ではあるけれども、ついに子供のままで、つまりは無邪気な「天才児」として、幕末を駆け抜けた英傑であったといえるのではないでしょうか。

第九章　西郷隆盛（一）——禅的な行動様式

日本歴史上において、西郷隆盛は別格の大偉人として扱われているようです。大偉人とされるだけに、その人物については真偽入り交じったさまざまな伝説が語られ、評価もまた一様ではありません。とはいえ、多くの人が西郷にいだく共通的なイメージは、「大きい人物」ということだろうと思います。「大きい」ということこそは、西郷の人となりをあらわすキーワードに違いありません。まずは、西郷の主に前半生の歩みをたどりながら、「大人物」の本質に迫ってみたいと思います。

常人にはわからないところのある人物

西郷隆盛は、日本歴史上の人物の中でも、抜群の知名度と人気を誇る大偉人です。伝記、逸話集、人物論などの書かれた数は、日本人を扱ったものの中では最も多いといわれています。西郷について、知りうる限りのことは、それらの書物の中でほぼ余すことなく明らかになっていると、まずは、言うことができるでしょう。

多くの伝記、人物論に共通する西郷観は、西郷は大人物であるというものです。大きいというのは、

西郷隆盛

西郷という人物の本質をとらえるキーワードであり、筆者も、西郷は確かに大人物だったに違いないと考えています。しかし、大人物とは、そもそもどういう人物なのでしょうか。

たとえば、勝海舟の論評は、後世の西郷評価に最も大きな影響を与えたものですが、そこで彼は次のように述べています。

西郷は、どうにも人にわからないところがあったよ。大きな人間ほどそんなもので、（中略）小さいやつなら、どんなにしたってすぐ腹の底まで見えてしまうが、大きいやつになるとそうでないのう。（『氷川清話』）

実際、西郷の事績をたどってみると、いたるところで、「どうにも人にわからない」不可解な行動に出くわすことになります。犬を連れて祇園の茶屋に上がったり、大便をした容器で刺身を作って食べたりといった小規模な不可解行動から、月照《げっしょう》との入水《じゅすい》事件や、西南戦争のような歴史に残るような事件まで、西郷の一生は、真意のわからない行動だらけだったといってもよいように思います。西郷の人となりで、衆人が一致して認めているのは、巨体と、黒眼がちな目です。外見なのですからわかってあたりまえなのですが、しかし実はそれもすべて身近に接した人の記憶によるものであって、絶対確実な客観的証拠は残っていません。西郷は大の写真嫌いで、「父は生前写真といふものは唯の一度も取つたことがありません。イヤ外の方と同列で取ツたといふものもないのです、さァなぜ取らなかったか分らない」（鹿児島県教育会編『南洲翁逸話』）からです。ここでも、なぜ撮らなかったのかは分からないといわれているのが面白いところです。

「どうにも人にわからない」という感想は、多くの西郷論に共通して見られるもので、西郷が大人物であるという評価の鍵は、どうもこの「わからない」というあたりに隠されているように思います。

重野安繹《しげのやすつぐ》は、『西郷南洲逸話』の中で、次のように述べています。

凡そ古今の豪傑は一と通り観察したばかりでは、なかなか其人の胸中は探れぬものであって、人は大抵其の英雄豪傑の外面を見て、内心底意を測り得ないのが通例である。又其のくらゐでなければ、英雄豪傑とは云はれない。

常人にわからないくらいでないと英雄豪傑とはいえないというのはよくある理屈だと思いますが（しかし、もしかしたらこれは日本人固有の論理なのかもしれません）、問題は、「わからない」ということの本質は何かということでしょう。

重野は薩摩藩士の出で、西郷と同年の文政十年（一八二七）生まれ、のちに東京帝国大学教授となり、国史学科を創設するなど明治を代表する漢学者、国史学者として知られております。重野は、西郷がはじめて江戸に出て、主君島津斉彬の御用を勤めていた時分に江戸藩邸におり、のちに西郷が奄

重野安繹

美大島に流された際には、別の罪で同じく大島に流されていた人物です。重野の記録は、青年期の西郷の人となりを知るうえできわめて貴重な資料であり、このあとも何度か参照することになるでしょう。

ともあれ、ごく身近で接した経験を持つ勝海舟や重野でさえ、よくわからないといっているのですから、西郷の死後百四十年以上が経った今日のわたしたちには、西郷という人物はますます「わからない」ものになっている可能性があります。しかも厄介なのは、西郷の人物を知るための資料の多くが伝聞によるものだということです。伝聞には当然ながら尾鰭《おひれ》がつき、さらに西郷の心酔者たちによる神格化がなされ、ますます実像からは遠ざかっていくことになります。もちろん、書簡や漢詩など、西郷自身が書き残した文書も多数残されてはいます。しかしそれらの多くは、具体的な用件や、相手からの依頼によって書かれたもので、西郷みずから自分というものを表現するために書いたものではありません。有名な『遺訓』にしても、西郷の思想をうかがわせるものであることに間違いないのですが、しかし厳密にいえばこれは庄内藩士の聞書であって、百パーセント西郷の思想そのものであるかは疑問が残ります。

というわけで、没後二十年も経つと、ただでさえわかりにくい西郷という人物が、ますますわからないものになっていきます。その頃（明治二十九年頃）、重野はおよそ次のようなことを述べています。

西郷隆盛は、近来の豪傑で、その人に親しく接した者が、みなそれぞれに、自分が見聞きしたことを語ったり書いたりするから、その間に異同や食い違いがあるのは当然のことであって、誰々のは真実、誰それのは作り話と一概に決めつけるのは大いによろしくない。自分の記録も、ただ一つの参考というまでであって、とうてい全貌をとらえたものではない。（『西郷南洲逸話』）

以下のお話も、決して全貌をとらえようとするものではありません。ただ、できるかぎり西郷のわからなさを示す逸話をとりあげて、「大きい」とされる人物の本質に迫ってみたいと思います。

筆硯を以て槍剣に代える

西郷隆盛は文政十年（一八二七）十二月七日、薩摩藩士西郷吉兵衛《きちべえ》の長男として鹿児島城下に生まれました。薩摩藩士は、城下士と外城士《とじょうし》（郷士）、卒及び陪臣とに大別され、城下士が格上でありましたが、西郷家は城下士の底辺に近い下級士族に属していました。

少年期の西郷は、薩摩藩士の子弟がすべて加入する郷中《ごじゅう》とよばれる独特の教育組織の中で文武忠孝を学びます。八歳からは藩の聖堂（造士館）に通いますが、十三歳の時、聖堂からの帰りに友人と議論のあげく喧嘩《けんか》となり、相手の刀の鞘《さや》が破裂して西郷は右のひじに傷を負います。アーネスト＝サトウがはじめて西郷に会ったとき、「その男の片腕に刀傷があるのに気がついた」（坂田精一訳『一外交官の見た明治維新』第一三章）といったのは、このときの傷のことです。この傷は平癒したのちも後遺症が残って、ひじの回転が思うようにならなくなります。そこで西郷は、大いに嘆いて、今からは槍・刀を筆・硯《すずり》に代えて、「文を励み、精神を練り」、それによって士道を尽くすほかはないと考えたといわれます（鹿児島県教育会編『南洲翁逸話』）。

さて、ここで早くも「わからない」ことが出てきます。この話は、額面どおりに受け止めれば、武をあきらめて、学問によって身を立てるのだというふうに理解できます。しかし、それではその後の西郷の歩みとは全く一致しません。そもそも西郷には、一心不乱に学問に励んだという形跡は認められません。むしろ、暇さえあれば相撲を取り、狩をしていたと多くの人は証言しています。薩摩藩家老であった岩下方平《いわしたまさひら》は、「学問は左程なき人です。併し大体は見て居るので、学者に算へるひとではない」と述べ、「詩は余り感服した詩もない様でございます」という質問者に対し、「さうでございます。書も余り能くも出来ませぬが、何にせよ精神はあつた人で」云々と答えています（西郷隆盛全集編集委員会『西郷論集成』）。重野安繹もまた、「広く学問をするといふことは勤めぬ男で、学問は要領を得るといふことを第一として居る。博覧多識といふことは、決して努めない性質であつた」と言っております。これに対して、西郷が最後まで武の人であったということは、多くの人が認めているのみならず、戊辰戦争、西南戦争における彼の行動が明らかにそのことを示しています。となると、この、「筆硯を以て槍剣に代へ文を励みて精神を練り士道を尽すの外なし」というエピソードは、一体どのように理解すればよいのでしょうか。

とはいえ、筆者は、この話が全く根も葉もない作り話であるとは考えません。西郷が、およそこのエピソードにあるような発言をしたのは、本当のことだろうと思います。ただ、その発言の趣旨が正しく伝わらなかったのではないかと考えています。つまり、槍・刀を筆・硯に代えるというのは、武を捨てて文を取るという意味ではなく、文字通り、武器の代用品として「文」を採用するということを言ったのだと思うのです。ポイントはたぶん、その次に来る「精神を練り」というところにあります。つまり、「文を励み」というのは、学者になるためではなく、あくまでも「士道」の精神的な面、すなわち武人としての精神を練るための手段であったのではないかということです。

槍・刀、つまり武術に代わりうる「精神」は、当然のことながら戦いに勝つことに役立つ精神の力でなくてはなりません。刀が思うように使えなくなった西郷は、不足する武力を「精神」の力で補おうと決心した。このエピソードは、そのように解釈できるのではないかと思います。戦いに勝つための精神力、それは気力、胆力、死を恐れぬ心をはじめ、状況を読む能力や、人心をつかむ能力など、さまざまな方面にわたります。そして、それらは、西郷の人となりの特徴としていわれるさまざまな要素と見事に重なっているように思えます。西郷は、それらを学問、詩文、書、禅学などによって養おうと考えたのでしょう。「大人物」とよばれ、よく「わからない」といわれる西郷の大きな心の本質は、何よりも、戦いに勝つ精神力にあったと筆者は考えます。そして、西郷の人の意表を突く（つまり、よく「わからない」）行動様式の秘密を解く鍵は、それら「文」の修業のうち、とりわけ禅学の中に隠されているものと考えています。

禅的な行動パターン

西郷の人格形成に禅学の修行が与《あずか》って力あったことは、多くの人が指摘するところです。たとえば重野安繹は、このように述べています。

薩摩といふ処は、昔から禅学の行はれる処で、武士のたしなみといふことは大抵禅学から来て居ることが多い。（中略）西郷は固より潔い性質だから、禅学には余程入り易い。そこで西郷は他の学問に成つたといふよりも、寧ろ禅学から人物を作つた方が多いやうに思はれる。（『西郷南洲逸話』）

西郷隆盛の人となりを誰よりもよく理解していたのは、盟友大久保利通だったろうと思いますが、その大久保も、西郷の「読めない」行動はすべて、若い頃、藩主菩提寺福昌寺の無参和尚、およびその弟子の日参和尚に学んだ禅の影響によるものだと考える一人です。

古《いにしえ》の禅僧を髣髴《ほうふつ》とさせるような言動は、青年期から晩年まで、西郷の生涯のいたるところに見られるものです。『大西郷全伝』の著者雑賀博愛《さいがひろよし》は、「対手の意表に出でて、先づ敵胆を摧くのは、事に処するに当たつての、西郷得意の一手であつた」と述べていますが、「出会がしらに対手の度胆を抜く」（西郷隆盛全集編集委員会『西郷論集成』）のは、禅宗の常套手段でもあります。たとえば、挨拶代わりに棒でたたいたり、十一面観音の像のどれが正面の顔かと尋ねたりといった、禅宗特有のわけのわからない言動は、相手の力量を試し、悟りへ導く手段として禅僧たちが常用する手口です。ですから、禅宗の流儀にある程度通じている人なら、西郷が橋本左内とはじめて会見した時の有名なエピソードも、たぶん通説的な理解とは全く異なる印象を受けることと思います。

安政二年（一八五五）十二月、福井藩の橋本左内がはじめて江戸薩摩藩邸の西郷のもとを訪れ、大いに国事を談じます。当時西郷は、庭方役《にわかたやく》として江戸にあり、藩主斉彬の手足となって他藩の人士と交際していました。勝田孫彌《かつたまごや》の『西郷隆盛伝』や海江田信義《かいえだのぶよし》の『実歴史伝』によれば、左内の容貌は「白皙《はくせき》にして一見婦人」のようであったとあります。西郷はその時、藩士や力士を集めて相撲に興じておりましたが、左内が国事について語り合いたいと懇願しても、「自分は国事のことなどわからない、ただ朝晩相撲ばかり取っているのだ」と言って、一向に取り合いませんでした。しかし、左内が国家の危機や日本の進路について、理路整然と熱弁を振るうのを聞いて考えを改めます。そして、左内が帰った後、仲間たちに、柔弱な若造と思っていたが、侮るべからざる大人物であったと語り、翌日福井藩邸を訪問して深く非礼を詫びたといいます。

海江田信義は、最初は軟弱者と軽蔑《けいべつ》していたが、話を聞いて直ちに自己の非を悟り、態度を改めたところが「西郷の快男児たる所以《ゆえん》」であると述べており、一般にこの話は、非を知って直ちに改める西郷の潔さを示すエピソードであるとされています。しかし、これは、あくまでも海江田の解釈にすぎません。そもそも、海江田の『実歴史伝』自体がかなり脚色されたものであることは、よく知られております。海江田の評価をカッコに入れて、西郷が左内の問いかけに相撲で答えたという出来事だ

鹿児島県教育会編『南洲翁逸話』

けを虚心に見るならば、むしろそこには、初対面の者に対して、「対手の意表」を突く問いをぶつける、典型的な禅宗の挨拶作法を見て取ることが出来るのではないでしょうか。

禅宗は、突拍子もない問いをぶつけて修行者の力量を測ります。いわゆる禅問答です。そして西郷には、初対面の若者に「メンタルテスト」をする癖があったといわれております。

> 翁は、御親兵の若者が初めて訪ねて来ると先づ第一にその人物試験として何か一つの問題を出してそのメンタルテストをするのがくせであつた。その返答がうまく出来ぬと、あの大きな目玉でぢつと睨まれる。（鹿児島県教育会編『南洲翁逸話』）

西郷には、相手を試すためにわざと難題を出すという、まさに禅僧のやり口そのもののような逸話がいくつもあります。若者と小船で釣りに出かけ、船の水汲み道具（ユトリ）の中に糞便を垂れ、よく洗いもせずにその中で刺身を作り、若者にも食べるようにすすめます。若者は、これはたまらんと腹痛を装いますが、西郷はその刺身を食べながら、腹の薬にどうかとまた刺身をすすめます。そうして、一切れ残らず食べ終えると、「そんなことでは戦《いくさ》は出来ぬ。ユトリの肴がいやさに病気を言ひ出したとはわかつていたが、わざとお前を試すつもりでやつたんだよ」と大笑いされたという話（鹿児島県教育会編『南洲翁逸話』）などは、その最たるものでしょう。そして、この話と橋本左内との会見の話を並べてみると、禅味において二つに相通じるものがあるのは一目瞭然であるように思えます。

おそらく西郷は、年少の橋本左内に対して、その人物を見るために一種の「メンタルテスト」を試みたのでしょう。相撲を見せたのも、それが、武人的でない左内にとっての難問になると判断したからであって、決して左内を軽蔑するような気持ちはなかったのではないかと思います。そして結果は、左内は試験に合格したという、純粋にそれだけの話で、軽蔑、尊敬といったややこしい感情の動きとはそもそも何の関係もない話だったのではないでしょうか。

橋本左内

「兵法の、仏法にかなひ、禅に通ずる事多し（剣の道には、仏の教えにかなない、禅に通じる点が多くある）」（『兵法家伝書』）というのは、柳生但馬守宗矩《やぎゅうたじまのかみむねのり》の言葉です。周知の通り、禅宗は、日本の武道・武士道にきわめて深い影響を及ぼしております。佐賀藩主の菩提寺が曹洞宗であったこともあり、『葉隠《はがくれ》』にもしばしば禅僧たちの言行が引かれています。薩摩藩もまた禅宗と深い縁があり、島津家歴代の墓所福昌寺、西郷隆盛の入水事件に関係する心岳寺はいずれも曹洞宗の寺院です。

どうも西郷は、ごく早いうちから、昔の禅僧のような行動様式を自然に身につけてしまっていたように思われます。少なくとも、禅の流儀に通じるような言動が、西郷という人物の大きさを形づくる重要な要素になっているのは確かなようです。

西郷の行動様式には、かなり禅的なものの影響があるというのが筆者の見立てですが、禅僧の言動というものは、なかなかわかりにくいものなので、ここで簡単な解説をいれておきたいと思います。

橋本左内が西郷のもとを訪れたときの逸話は、禅僧の言行に多少とも触れたことのある者ならば、いかにもありそうな話だという印象を持つはずです。国事の議論に対して相撲の話で応じたというと、なんだか話をはぐらかしたような応接のように思えますが、しかし、こうした一見「はぐらかし」に見えるような応接は、禅の世界ではごく普通に見られるものなのです。

たとえば、「南泉鎌子《なんせんれんす》」という有名な話があります。南泉普願《なんせんふがん》という、三十年間山中にこもって修行した名僧のもとを、一人の修行僧が訪れた時の話です。このとき南泉は山中で草刈鎌を使って作務《さむ》をしていました。修行僧は、その人が南泉であることを知らずに、「南泉のところへはどう行けばよいのか」と道を尋ねます。これに対して南泉は、手に持った鎌を指して、「これはわずか三十銭で買ったものだよ」と答えます。修行僧は、「鎌のことなど尋ねていない。南泉への道はどう行けばいいのか」といらいらしながら言うのですが、南泉は「長年使い込んで、とてもよく切れるよ」と答えた、そういう話です(『聯灯会要《れんとうえよう》』巻四)。道を尋ねた修行僧に、鎌をもって答えたところは、国事に対して相撲で応じた、橋本左内・西郷隆盛の問答とよく似ているとは思いませんか。

「南泉鎌子」話の眼目は、修行僧が南泉への「道」を尋ねたところにあります。修行僧は文字通りそこへ行く道筋を尋ねただけなのでしょうが、南泉はあくまでもまっとうに、自分の道、つまり悟りへといたる自分の修行のあり方で答えたのです。安物の鎌であったが、長年たゆまず使い込んで今では見事に切れるというのは、まさにおのれの日々の修行のあり方を率直に述べた言葉なのです。その真意を汲み取れなかったこの修行僧は、まだまだ未熟ということになるわけです。

もう一度、左内と西郷のやりとりを見直してみましょう。国事の議論を申し込んできた左内に対して、西郷は、自分は相撲にしか関心がないと答えます。これが一種の禅問答であるとすれば、西郷の答えの真意は次のように読み取ることができるでしょう。国事に関する自分の考えは、武力を蓄えてそのときに備えることだ、と。これに対して、橋本左内は臆することなく、切々と思想・政略の重要性を説いてやみませんでした。思想の力を頼む橋本左内と、武力第一を主張する西郷隆盛。資質を異にする両雄による見事な禅問答がそこに展開されたと見ることができるように思われます。

庭方役としての活躍

西郷がはじめて左内と出会ったのは、安政二年のことですが、その前年、西郷は藩主島津斉彬に見いだされて、庭方役を拝命しております。庭方役というのは、幕府のお庭番をモデルとして斉彬が創設した役職で、藩主の手足となって他藩への使いなどを勤めるものでした。西郷が再度の流刑になった後、後任として庭方役を勤めた重野安繹は、次のように述べています。

機密の事は直談をして「サア手前は水戸老公へ往け、越前公へ往つて斯々《かくかく》〳〵《かくかく》中上げい」と云ふやうに走り使に使つた。それが南洲の勤であつて、役義は至つて低し、目の付かない処であるから、内外の嫌疑も受けない。併しながら機密に預つて居つた。(『西郷南洲逸話』)

このように、格式や煩瑣《はんさ》な官僚的手続きに縛られずに、有為の人材を登用して機密事項に預からせるために新設されたのが庭方という役職でした。西郷は安政元年(一八五四)、日米和親条約締結の直後から、藩主斉彬の急死(安政五年七月)による藩内情勢の変化で鹿児島に呼び戻されるまでの足かけ五年間、江戸や京都で斉彬の意を体して国事に奔走しました。このことが、中央政界に西郷の名が知られるきっかけとなります。安政年間といえば、通商条約締結交渉をめぐって国論が二分し、一方で将軍継嗣問題をめぐって井伊直弼ら徳川慶福擁立派と、水戸老公徳川斉昭や越前公松平慶永(春嶽)ら一橋慶喜擁立派が暗闘を繰り広げた激動の時期です。当時島津斉彬は、水戸、越前と結んで一橋慶喜擁立を推し進めており、西郷はたびたび水戸、越前藩邸への密使を仰せつかります。この任務の中で、藤田東湖ら水戸の尊王攘夷派や、橋本左内とのつながりが生まれてきます。また京都では、清水寺の僧・月照を通じて、慶喜擁立派の左大臣・近衛忠熙《このえただひろ》、中川宮《なかがわのみや》(久邇宮朝彦親王《くにのみやあさひこ》)らへの工作活動に携わりました。

この時期の西郷に関する有名な逸話を、二つ紹介しておきます。一つ目は、こういう話です。西郷はしばしば水戸老公のもとに使いに出されていましたが、あるとき斉彬から、「おまえはしょっちゅう水戸に使いして、老公の意見も知っているだろうが、開港鎖港についての老公の腹をおまえはどう見るか」と尋ねられます。「申し上げるまでもございません。わかりきったことではございませんか」と西郷が答えると、斉彬は、「それは攘夷実行、鎖港するということか」と重ねて問います。「その通り、一点の疑いもございません」というと、斉彬は、「まだ其位《そのくらい》のことか（注、お前の理解はその程度のことか）」とおっしゃられたという話です。

これは、重野安繹が西郷の直話として伝えるところですが、勝田孫彌『西郷隆盛伝』では、少しニュアンスの違う話として伝えられています。それによれば、斉彬が、攘夷派の水戸と結んでいながら、一方で積極的に西洋の文物を導入していることに不審を抱いた西郷が、「殿には蘭癖《らんぺき》（西洋かぶれ）の様子が見えて心配でございます」と申し上げたことになっています。これに対して斉彬は、それは万国の形勢を知らぬ者の言である、自分は外国の長所を取ってわが国の短を補おうとしているのだから、もっと「眼光を活大」にし、以後そのような狭い意見を述べてはならぬとたしなめたという話です。

いずれがより真に近いかは判断できませんが、少なくとも二つの伝えから共通してわかるのは、この時期の西郷が、外国との一戦も辞さないという単純素朴な攘夷論を奉じる典型的な武断派であったということです。しかしながら、水戸老公らの攘夷論は、一見単純そうに見えて、実は決して一筋縄ではいかない複雑な思考回路を秘めたものでした。それが景気のいい強硬意見の形を取っていたのは、そう言わなければ戦闘者である武士たちの感情が収まらないという事情によったからで、そのいわば建前の裏では、攘夷の現実的な不可能を前提として、いかにわが国を改革していくかというさまざまな可能性が模索されていました。西郷を、「其位のことか」と決めつけた島津斉彬も、世界情勢に暗い単純な武断派をなだめすかしながら、国の将来を真剣に考えぬいた心ある大名の一人だったのです。

さきにあげた橋本左内との逸話、またこの島津斉彬とのやりとりからは、西郷隆盛という人物の地金が、戦闘者の精神であったということがよくうかがえるように思います。安政年間は、斉彬の訓育を受け、橋本左内らの才知に触れることによって、次第に武断派の書生論から脱し、広く政治・外交・思想についての見識を深めていった、西郷にとって大いなる成長の時期であったということができるでしょう。

さて、もう一つは、この時期に主君斉彬が、西郷の力量に大いに期待を寄せていたことをうかがわせる有名な話です。これは、松平慶永（春嶽）の回想の中にみえる、次のような証言によるものです。

慶永に斉彬卿面晤《めんご》の節、私家来多数あれども、誰も間に合ふものなし。西郷一人は、薩国貴重の大宝也。乍併《しかしながら》彼は独立の気象あるが故に、彼を使ふ者私ならではあるまじくと被申候《もうされそうろう》。其外に使ふ者はあるまじと。（『逸事史補』）

斉彬の西郷に寄せる期待と信頼がどれほど深かったかが、よく伝わってくる言葉です。興味深いのは、「西郷には独立の気象があるから、自分以外の者には使いこなせないだろう」という部分です。

「独立の気象」は戦国武士が重んじた戦闘者の基本精神です。斉彬は、戦国武士的な気質の持ち主である西郷を愛し、独断的行動によってしばしば窮地におちいった西郷をかばいつづけました。西郷もまた、己を真に知る者は斉彬以外にないと考え、絶対的忠誠をささげました。

月照との入水事件

さて、安政五年（一八五八）四月に井伊直弼が大老に就任します。同六月には日米修好通商条約が調印され、また徳川慶福（のちの家茂《いえもち》）の継嗣決定が公表されます。さらに七月には徳川斉昭、松平慶永ら一橋派の大名が処罰され、九月に入ると一橋派・攘夷派メンバーの大量逮捕、いわゆる安政の大獄が始まります。井伊直弼の強引な政策が矢継ぎ早に繰り出される中、西郷は、彼の人生最大の衝撃事に見舞われます。島津斉彬は、一橋派への弾圧に対抗して、挙兵・上洛の意志を固め、七月八日から藩士を集めての大軍事演習を指揮していたさなかに発病し、七月十六日、五十歳で急死したのです。京都にあってその報に接した西郷は、ただちに殉死を決意しますが、月照に引き止められて思いとどまり、藩の命令で鹿児島に帰ります。この間西郷は、亡き主君の遺志を継ぐべく、挙兵計画を策したりしますが、隠居していた先々代藩主・斉興《なりおき》や藩上層部によって斉彬時代の政策が破棄されたため、次第に孤立していきます。錦江湾《きんこうわん》における月照との入水事件は、こうした流れの中で起こったものです。

さきに述べましたように、西郷の京都での慶喜擁立工作を手助けしたのが、清水寺の月照です（ちなみに、過激尊王攘夷派の志士として知られる僧、月性とは別人です）。安政の大獄が始まると、当然ながら月照の身にも幕府の追及の手が迫ってきます。西郷は、近衛忠煕《ただひろ》の依頼を受け、苦心の末月照を鹿児島へ脱出させました。しかし、幕府の強権にはばかる藩政府は、月照の藩外への追放を命じます。進退窮まった西郷は、錦江湾の船上から月照とともに海中に身を投じます。月照は死亡しましたが、西郷は息を吹き返します。この事件は安政五年十一月のことで、翌年春、藩政府は、幕府の嫌疑を恐れて西郷を奄美大島に流します。これが、西郷の一度目の流刑でした。

月照との入水事件は、西郷のさまざまな事績のなかでも、「よくわからない」行動の代表的なものだといえましょう。この一件について、重野安繹は、西郷の直話として概略次のようなことを伝えています。

月照和尚はまことに穏やかな人柄で、奇抜なところは少しもなかった。ただ、この和尚ならば死生を共にしようという考えが、初対面の時から起こった。前世の因縁ともいうべきか、不思議にこの和尚に惚れ込んだ。藩政府が滞在を拒絶した時も、和尚は思うところがあると言い、自分も所存があると言ったのだが、これは死生を共にするという意味で、はっきりそうと口には言わないが、以心伝心で共に死ぬ覚悟になった。それからは、心の中で思うばかりで、船の上でも愉快に話しなどをして、心岳寺の沖で右の通りの始末に及んだのである。（『西郷南洲逸話』）

以心伝心で共に死ぬ覚悟を固めていたというのは、たぶんその通りだろうと思います。実際、そのような関係は、『葉隠』などの武士道書にいくらでも見られるものでもあります。ただ、この事件のわかりにくいのは、その覚悟が、船の上で談笑している最中に、突然、入水という形で決行されたというところです。月照が小便をしているところを、西郷が後ろから抱き込んで飛び込んだという伝聞をもとに、「合意抱合の入水説」を否定する考えが出されるのも、そのわかりにくさと関係しているでしょう。逆に、船上で互いに潔く死のうと言い交わした上で、共に抱き合って入水したとする伝え（勝田孫彌『西郷隆盛伝』）も、このわかりにくさを解決しようとして話を潤色したもののように思われます。しかし、筆者としては、重野の伝えるところが最もそれらしいように思います。西郷が、沖合の船上から、島津家先祖歳久公とその殉死者たちを祀った心岳寺を指さし、どうぞご一拝下されと言い、それではと月照が合掌瞑目《がっしょうめいもく》したところを、「南洲が大手を伸し大抱《おおだき》に抱いて、其儘《そのまま》海中にざんぶと投じた」というものです。

僧月照の墓

この話がいかにも真実らしいと思われる理由は、これもまた禅の世界では有名なある話によく似ているからです。それは、寺に住せず、川に船を浮かべて法を説いていたので「船子《せんす》」と呼ばれた修行僧（船子徳誠《とくじょう》）の話です。船子和尚は、自分の衣鉢を継ぐ力量があるとにらんだ優れた修行僧と問答を交わします。善会《ぜんね》（夾山《かっさん》善会）というその修行僧は、次々に見事な答えを返します。最後に、船子和尚は、笑いながら次のように問います。

「真理にかなった言葉も、それに執着すれば、悟りから遠ざかってしまう。今、深い淵に潜む大物を釣ろうとして千尺の糸をたらし、魚は針から三寸のところまで来ている。さあ、答えてみろ。」

善会が、答えを言おうとするや、船子は竿《さお》で彼を水中に突き落とします。その瞬間、善会は大悟し、船子もまた船をひっくり返して水中に没し、そのまま行方が分からなくなったと、そういう話です。（『景徳伝燈録』巻十四）

この話の眼目は、水中に沈むことを機縁として、お互いの悟りの境地が通じ合ったというところにあります。西郷と月照は、以心伝心で死の覚悟を確かめ合っていました。その覚悟を成就する場を求めていた西郷は、海上から寺を見たときに、ふっと船子和尚の入水の故事に思い至ったのではないでしょうか。重野安繹によれば、本来なら剣を使って死ぬべきであったが、相手が出家であるから、剣以外の方法がよかろうと考えてのことだったと、蘇生した後に西郷は述べたそうです。船子の故事に当てて考えれば、談話をしながらの突然の入水というやり方は、いかにも僧侶の覚悟にふさわしい仕方だったように思えるのですが、諸賢のお考えはいかがでしょうか。

第十章　西郷隆盛（二）——英雄としての振る舞い

前章では、西郷隆盛の「よくわからない」行動を、禅学の素養と関連付けて見てまいりました。とはいえ、西郷の日常的な振る舞いが一から十までわけのわからないものであったわけではありません。ここでは、彼の武人としての資質や道徳観などをめぐる、わかりやすい逸話を取り上げながら、「英雄」とは何かを考えてみたいと思います。

相撲と狩猟

西郷さんの人となりの特色が、武勇と情の深さにあったことは、多くの人が共通して述べているところです。おそらくこの二つは、彼の人柄の中で最も分かりやすい特徴であったといえるでしょう。西郷隆盛が、根っからの武人であったことは間違いないと思います。郷里・鹿児島の人々が語る西郷さんの思い出話は、何をおいても相撲と狩猟であったことからもそのことがうかがえます。

橋本左内との会見の道具立てもそうでしたが、相撲は、風呂の湯があふれて半分になるといわれたその巨体とあいまって、西郷のイメージとは切っても切れないものがあります。明治六年（一八七三）

に新政府の官職を辞して鹿児島に帰ったのち、ウサギ狩りのために三度ほど訪れた小根占村《こねじめむら》（現鹿児島県南大隅町）で西郷に宿を貸した平瀬《ひらせ》十助《じゅうすけ》は、後年、次のように語っています。

翁の左手に大きな疵の痕があつたので、どうせられたのかとたづねたら、「仁才《にせ》ン時喧嘩した時の怪我だ」といはれた。又向歯《むかうば》が一本かげてゐたのは「角力の時折つたのだ」と話された。（鹿児島県教育会『南洲翁逸話』）

西郷の腕の刀傷はたいそう有名ですが（ただし、左手とあるのはたぶん記憶違いでしょう）、相撲で上の前歯が欠けたというのは、あまり知られていないかもしれません。自宅の庭に土俵を作り、若者たちに相撲をとらせ、自分も加わって興じ入ったり、あるいは、よそを訪ねては「相撲を取つて見つしゃはんか」と催促するので、西郷が訪ねてくるとみなが辟易したとか、ともかく西郷と相撲をめぐる逸話は枚挙にいとまがありません。

相撲と並んで西郷が好んだのは、猪やウサギを狩る狩猟でした。いうまでもなく、古来、狩りは武士たちが武術を鍛錬するための、一種の軍事訓練の意味を持っておりました。ことに薩摩藩は、鎌倉時代以来の犬追物《いぬおうもの》の伝統を伝える数少ない藩の一つでした。西郷は、鹿児島にいる間は、暇さえあれば狩りばかりしていたようです。そして、たくさん獲物が取れた場合は、人々に分け与えて、「自分は食ふ事よりも狩る事が楽しみだ」と言っていたそうです（鹿児島県教育会『南洲翁逸話』）。このことからは、西郷にとって狩猟の醍醐味《だいごみ》が、作戦を立てて獲物を追いつめ、これを仕留めるという、戦いの興奮にあったことがうかがえます。

西郷さんと犬

上野公園の銅像でおなじみのように、西郷さんといえば犬を連れた姿を思い浮かべる方が多いかと思います。西郷が犬を愛したことはよく知られており、犬にまつわる逸話もたくさん伝えられています。

維新のころ京都や江戸で西郷が連れて歩いていた愛犬は、オランダから第十一代将軍家斉に贈られた西洋犬の血統を引くといわれる犬で、名前は「寅」といったそうです。京都祇園あたりでは、この「寅」と共に茶亭に上がって食事をするのが習慣になっていました。このことについて、祇園新地の芸妓《げいぎ》の面白い批評が伝えられています。

西郷隆盛と犬

木戸さんや、山県さんや伊藤さんや、歴々のお方々が折り折りお出でになつて妓を聘し夜深くまで歓を尽くされましたよ。西郷さんのみは、犬を引つ張つてお出になり犬さんと御一所に鰻食を召し上がれば直にお帰りになりました。西郷さんの所作は真に粋の中の粋を知つたお方、歴々中の一番おエライ様と伺ひました云々。（鹿児島県教育会編『南洲翁逸話』）

西郷が犬に鰻《うなぎ》を食べさせる場面は、鹿児島でもあちこちで目撃されており、多くの逸話が残されています。西郷の愛犬家ぶりをよくあらわす話ですが、しかし、彼は現代の愛犬家のように、ただペットとして可愛がるために犬を飼っていたわけではありません。彼は生涯のあいだ数多くの犬を飼いましたが、それらはみな狩猟に使う猟犬でした。有名な上野の銅像のモデルとなったのは、海軍中将仁《に》礼《れ》景範《かげのり》が飼っていた犬ですが、これは、当時江戸には西郷が好んだ薩摩犬がおらず、たまたま仁礼がそれを飼っていたためにモデルとして採用されたといわれます。また、仁礼の愛犬は、ふだんはおとなしいけれども、いったん獲物を追い始めれば相手を倒すまで帰らぬという剽悍《ひょうかん》な性質であったため、薩摩犬を代表すべき犬だとして選ばれたともいわれております。

ともあれ、西郷が飼っていた犬は、どれも可愛らしい愛玩犬ではありません。それらはみな優秀な猟犬であり、性質もむしろ獰猛《どうもう》で戦闘的だったと思われます。『南洲翁逸話』には、こんな話があります。

あるとき、西郷が狩りを終え、とある家に立ち寄り、犬を庭先に繋いで茶を所望した。近所の子供五、六人がものめずらしそうに集まってきた。西郷は、子供らに年齢や名前を聞き、雑談を交わしていた。そのうち縁から下りて、子供を捕まえて犬の前にさしだしたり、追い回したりしてからかった。そのときの子供は、七十八歳になったのちに、犬に吠えられたときの恐怖がいまだに忘れられないと語ったという。

西郷の愛犬なるものが、可愛らしいどころか、猛々《たけだけ》しく恐ろしい犬であったことがわかると思います。ですから、西郷が犬を大切に養ったのも、おそらくは古来の優れた大将が勇敢な兵士を大事にしたのと同じ気持ちからだったのでしょう。

このように、西郷と犬のエピソードは、彼の武人としての精神をあらわすものとして理解しなければなりません。「田猟」と題する彼の詩は、そのことをよく物語っていると思われます。「田猟《でんりょう》」「遊《ゆう》畋《でん》」は、「狩猟」、「獒《ごう》」は犬のことです。「運甓《うんぺき》」は、晋《しん》の陶侃《とうかん》という武将が、一朝有事の際に備えて、毎日瓦を百個運んで身体を鍛えていたという故事に拠るものです。書き下しと意訳を示します。

銃を提《ひっさ》げ獒を携えて敵を攻むるが如く
峰頭峰下慇懃に覓《もと》む
嗤《わら》うを休めよ兎を追う老夫の労
遊畋を以て運甓に換えんと欲す

（銃をひっさげ、犬を連れて、敵を攻めるように丁寧に、峰の上、峰の下の獲物を探る。ウサギを追いかける老人の苦労を笑うなかれ。狩猟によっていざというときのために体を鍛えているのだから）

武人としての凄味

話は少しそれますが、『遠野物語』などで知られる民俗学者の柳田国男《やなぎたくにお》は、旧姓は松岡といい、柳田の家に養子に入った人ですが、この柳田家は、信州飯田藩で代々風伝流の槍をよくする家筋でした。柳田は、一族の槍の先生であった人について、次のようなことを書いています。幕末頃の「武人」のイメージをよく伝える話だと思われますので、引用してみます。

> 特殊の身体つきをしており、後から見ても、横から見ても、身の構へで槍の使い手といふことがよく判つた。腹へうんと力を入れて腰をちよつと落としてゐる。そのために少しばかり背が低くなるが、その姿勢は槍を使ふ目的から起つて、士族の多くに行き亙つていた。こんな姿勢が皆から笑はれるやうになつたのは憲法発布よりずつと後の、明治も二十九年か三十年ごろからのことで、それまでは誰もそれを笑はなかつた。（『故郷七十年』）

もう一つ、これは、幕末の一時期、姫路で武家奉公をしていた養家の母の語った話です。

いよいよ姫路藩が降参して勤王党の方に明け渡すといふとき、皆で選んである家を指定し、その家から人質を出す場合を考へておいた。そしてその家の若い主人とか息子とか娘に腹を切る練習をさせた。実際には切らずにすんだが、小さい男の子などにも、士の名誉にかけていちばん綺麗に振舞ふやうに教え込んださうである。（同）

徳川太平の世の末期とはいえ、西郷隆盛が「武人」の名を得ていたのは、こういうような時代でした。槍を使う腰つきで歩くのが珍しい光景ではなく、子供に切腹の練習をさせるなどということがまだ行われていた当時ですから、一口に「武人」といっても、そのありようは、およそ現代の人間の想像を絶したものがあるだろうと思います。今日では、愛嬌ある笑顔のイメージばかりが強調される西郷ですが、彼もまた、穏やかな笑みの底には、近づくのも恐ろしいような凄味《すごみ》を秘めた武人であったはずです。

大島に流されていた間、西郷は島の名門である龍家の娘愛加那《あいかな》（のち、愛子）と結ばれます。その愛加那との間に生まれた男子、菊次郎《きくじろう》は、父の思い出としてこんなことを述べております。

今にも記憶して居ますが、父の両眼は黒眼勝にてソレは〳〵コワイものであつた。勿論父のことであつたからでもありませうが、眼丈は確かに人と違つて居ツたですから父に接するものは皆な両手を畳についたのみで、殆んど仰ぎ見るものはなかつた」（西郷隆盛全集編集委員会『西郷論集成』）

また、西郷の嫡子寅太郎《とらたろう》（母は西郷の三度目の妻、糸子《いとこ》）は、さらに恐ろしい思い出を語っています。

寅太郎が可愛がっていた小鳥が死んでしまったので、代わりの小鳥を買ってくれと母に駄々をこねて泣き騒いでいた時のことです。西郷は畑仕事をしていて、一服しようと縁先に腰掛け、寅太郎の泣くのをじっと見ていました。

母はすぐに煙草盆に火を入れて持つて行くと、父は黙々として煙草を喫ひながら泣き騒ぐ私を尚も凝視して居たが、余りに駄々の捏ね様が激しいので、突然私を鷲攫《わしづか》みにして、鉄の頑丈な煙管に、まだ真《ほん》の火を点けた許《ばか》りの煙草のつまつて居るのを、グイと首筋に当てがつた。

熱いの！　熱くないの！　恐いの！　恐くないの！　生来これ位恐ろしい事はなかつた。だが父は一喝だもしないのだ。さらでも恐ろしい眼がギロリと光つたのみであつた。（西郷隆盛全集編集委員会『西郷論集成』）

今日であれば児童虐待だと大騒ぎになるような話でしょうが、もちろんこれは、命のやりとり当然の前提とする、掛け値なしの武人の世界でのお話です。

明治天皇への一言

明治四年（一八七一）六月、西郷は木戸孝允とともに明治政府の参議に就任し、新政府の運営に携わることになります。歴史教科書的には、廃藩置県という根本的改革断行の牽引力《けんいんりょく》となったことが、参議・西郷隆盛の最大の功績であったとされます。しかし、西郷という人物ならではの、いかにも彼らしい活躍は、むしろ官制改革の一環としての宮中・宮内省の改革に見ることができるように思います。

慶応四年（一八六八）三月に英国公使パークスとともに明治天皇への謁見《えっけん》を許された書記官ミットフォードの回想によれば、その時の天皇のお姿は、真紅の長袴《ながばかま》を着し、描き眉に薄化粧をほどこし、歯はお歯黒で染められた、あたかも女性のような外見であったと伝えられています（長岡祥三訳『英国外交官の見た幕末維新』）。維新を成し遂げた武士たちからすれば、粉黛《ふんたい》したお公家《くげ》さんと多くの女官に取り囲まれ、伝統的な生活と祭祀を守ってきた宮中のあり方は、女々しく軟弱な弊風以外の何ものでもありませんでした。その上、ほとんど何の努力もせずに転がり込んできた権力に驕《おご》りたかぶった公家たちの傲慢なふるまいや風紀の緩みは、新政府の信用にもかかわる重大な障害となりつつありました。西郷が断固として改革しようとしたのは、「花奢風流ヲ専ト」し、「満朝婦人ノ如ク、遂ニ紀綱衰弛、皇道陵夷」（明治元年、宮・堂上・諸官人へ戒告）に至るような嘆かわしい風潮でした。宮中の軟弱な風を、武士的なものに改めようとする施策は、明治初年以来さまざまに講じられてきました。その基本的な方向性は、宮中から柔弱・女性的なものを一掃し、男性的・武人的な原理を持ち込むということでした。そのことをよくあらわしているのは、明治四年九月のいわゆる「服制改革の詔」です。これは、宮中において長い袖の婦人のような衣服を廃し、洋服採用を命じたものですが、その中では、次のようなことが述べられています。

わが神州は久しく武をもって治められてきた。天子みずからが武人の元帥となり、人々はみなその気風を仰いできた。神武天皇の創業、神功皇后の征韓の時代のさまは、決して今日のような軟弱な姿かたちではなかった。一日たりともこのような軟弱な身なりを以て天下に臨むことができようか。朕、今断然としてその服制を改め、その風俗を一新し、祖宗以来の尚武の国体を立てようと思う。

宮中に尚武の気風を持ち込む改革は、もちろん西郷一人の手によってなされたわけではありません。しかし、「柔弱の公卿を排除して剛健清廉の士を容れ陛下の聖徳英武を輔導」（勝田孫彌『西郷隆盛伝』）申し上げた点において、西郷の功績ははなはだ大きかったようです。ことに、「まだ一少年におわした明治天皇に、野武士のような荒削りの人々を接近せしめて、宮中に剛健な気分を漲らせたことなど」（森銑三《もりせんぞう》『明治人物夜話』）は、西郷があってはじめてなしえたことだといわれます。「明治天皇が落馬されて、いたいと仰しやつた時、西郷が傍から、どんな事があつても、痛いなどと仰しやつてはいけませんと云つたことがあると、わたしに天皇がお話になつたことがあります」というのは、西園寺公望の回想の中の有名な話です（『西園寺公望自伝』）。「痛いなどと仰しやつてはいけません」とは、まさに武人の凄味ある一言です。明治天皇は、西郷のこの言葉を一生お忘れにならず、最後のご病床でも、ついに苦痛の言葉を洩らすことはなかったと伝えられます。森銑三は、「明治天皇を御感化申し上げた人物としては、第一に西郷を挙ぐべきではないか」（『明治人物夜話』）と述べております。ミットフォードが謁見した女性のような姿の天皇は、のちに御真影に見られる軍服姿の大元帥へと変貌します。

もしかすると、西郷の武人としての最大の功績は、明治天皇の精神を、大元帥にふさわしいものに育て上げたところにあったといえるのかもしれません。

内田九一作『明治天皇』

命もいらず、名もいらず

西郷が武人として最も華々しく活躍したのは、明治元年（一八六八）の戊辰戦争です。勝海舟、山岡《やまおか》鉄舟《てっしゅう》との談判の結果、江戸城の無血開城を実現したことによって、彼の名声は一気に高まりました。戊辰戦争における功績によって明治新政府の要職に就いた西郷は、日本近代化のためのさまざまな改革を推進します。しかし、明治六年（一八七三）、征韓論が容れられずに下野、鹿児島に帰って悠々自適に生活を送ります。この間、若者の教育に力を入れ、

結城素明作『江戸開城談判』

戊辰戦争で斃れた先輩たちの遺志を継ぐ人材を育てるための学校（私学校など）を設置します。また、俸禄《ほうろく》を失った武士たちへの授産と、青年の心身鍛錬を兼ねて、自ら率先して原野の開墾に従事しました。鹿児島の青年たちの西郷崇拝熱は、こうした活動を通して培われていったといわれます。明治十年（一八七七）、西南戦争の引き金となったのは、西郷が愛し育てた私学校生徒による弾薬庫襲撃事件でした。

戊辰戦争における活躍から、西南戦争で五十一歳の生涯を閉じるまでの十年間、西郷隆盛の行動は、明治日本の動向を左右し続けました。世間は西郷の一挙手一投足に注目し、彼もまた立役者にふさわしく、大向こうをうならす派手な行動でそれに応えました。絶頂から晩年に至るまでの彼の行動は、自らの思想を詳しく語ることのなかった西郷の思想を知るための、最も重要な材料であるといえるでしょう。

西郷の行動を貫く特徴としてしばしば指摘されるのは、「自らの行動の前提に自身の死が置かれていた（まず自分が死ぬことを決めてから行動した）」（家近良樹『西郷隆盛』）という、独特の死生観です。江戸城開城の際でも、朝鮮への使者を願い出た時でもそうですが、確かに西郷には、まず自らを死地に投ずることによって事の解決を図るというところがあります。しかし、「生死を見ること何とも思はない。死を見ること帰するが如しといふ風」（重野安繹『西郷南洲逸話』）は、薩摩武士一般のたしなみであり、西郷の場合は、やや過激なところはありますが、それでも当時の武士の普通のあり方から大きく外れたものではありません。いいかえれば、死を何とも思わないとか、進んで死に突入するという死生観自体は、武士においてはあたりまえのものであって、特に西郷の専売特許に属するものではありません。西郷の思想の本質は、そういう死生観そのものではなく、むしろ、彼が自らの死において実現しようとしていたものが何であったかというところに求めるべきだと思われます。「命もいらず、名もいらず、官位も金もいらぬ人は、始末に困るもの也」（『遺訓』）という有名な言葉は、どなたもご存知のことと思います。西郷は、そういう「始末に困る」人とでなければ、艱難《かんなん》を共にして国家の大業に当たることはできないといっております。そうして、西郷自身がまさに、命も名も官位も金もいらない「始末に困る」人でありました。西郷の言葉を聞いた庄内藩士は、次のような質問をしました。「天下の広大な住まい（仁）に居住し、天下の正しい位置（礼）に立ち、天下の大道（義）を行う。志を得て為政者の地位に就いたならば、人々と共に正しい道を行い、志が得られなければ、一人でその道を行う。富の誘惑にもおぼれることなく、貧しさにも節を折ることはない。権威や武力による脅しにも屈することはない」（『孟子』「滕文公《とうぶんこう》」下）と孟子が述べているのは、今おっしゃったような人物のことでありますか、と。これに対して西郷は、「いかにも其の通り、道に立ちたる人ならでは、彼の気象は出ぬ也」（『遺訓』）と答えております。

「命もいらず、名もいらず」という境地は、何の裏づけもないところから出てくるものではありません。「道に立ちたる人」でなければ、そのような気迫は出てこないのだと、西郷は述べています。いいかえれば、「道」という生き方に徹することと、「生死を見ること何とも思はない。死を見ること帰するが如し」という境地は、一つのものだということです。

道を行う者

西郷の遺訓の中には、「道を行う者」「道に志す者」といった言葉がしばしば現れますが、それは彼自身の生き方の根本にある、「道」の自覚をあらわしております。西郷の主張する「道」とは、仁義礼智というごくあたりまえの道徳を行うことであり、決して難解な哲学的思想などではありません。西郷は、「物事には上手にできる人と出来ない人とがあるが、道を実践するについては上手も下手もなく、できない人もいない」(『遺訓』)と述べています。上手下手もなく、できない人もいないのは、「道は天地自然のものであり、人は道を行う存在である」(同)からです。人は誰でも生まれながらにして道を行う存在であり、政治、経済、文化、あらゆる人間活動は道徳の実現を目的とするというのが、西郷の信念でありました。

人間の本質は道徳性であるから、欲心を抑えて道心に従えば、本当の自分が実現されるというのは、江戸時代に広く行き渡った道徳観です。道徳教育の基本は、やりたい事(欲心が求めること)ではなく、やるべき事(道心が求めること)をせよという教えでした。西郷の思想は、こうした江戸時代のごく普通の道徳思想と何ら異なるものではありません。もし西郷の思想に独自性を求めるとするなら、それは思想の内容ではなく、このあたりまえの道徳を、完全に実行しようとしたところにあるといえるでしょう。

西郷隆盛は、自己のあらゆる行動において、なすべきと思われることをなすという原則を貫こうとしました。彼はまた、自己のみならず、他者や、国家にもこの原則の貫徹を要求し続けました。そのことは、「正道を踏み国を以て斃るるの精神（注、たとえそのことによって国が滅びようとも、正しい道徳を貫き通す覚悟）」がなければ、外国との交際はできないとか、「国の凌辱せらるるに当りては、縦令《たとい》国を以て斃るるとも正道を践み、義を尽すは政府の本務なり」（『遺訓』）といった言葉に端的に示されております。

西郷は、どのような場面においても、自分がいかに振る舞うことがなすべき行為にかなっているかを考え抜いて行動していたように思われます。ここはこうすべきというあり方を常に吟味しながら行為しているという意味では、西郷はいつでもきわめて意識的に行動していたといえます。西郷の行動が細心の配慮に基づいていることは、すでに多くの指摘がなされており、中には西郷の行動を、いやらしい演技であると見る論者もおります。たとえば、井伊直弼を擁護する書物『開国始末』を著して物議をかもした、立憲改進党系の政治家島《しま》田《だ》三郎《さぶろう》は、次のようなことを述べています。

> 西郷には、見せかけの演技が全くなかったわけではない。彼はちょうど、商店の主人が「堅い人だ」という評判を取るために、質素な木綿の着物を着て歩くのと同様、「あの人は英雄豪傑だ」と

言われるために、磊落な風を装ったことが少なくない。あるときは内閣で握り飯を食い、雨中裸足で役所に出向いて門番にとがめられたり、家賃わずか三円の家に住んで人を驚かせるなどのことから、その真意をうかがうことができる。（西郷隆盛全集編集委員会『西郷論集成』）

確かに、意識的な振る舞いは、意地悪な目で見れば、計算づくの「演技」と見られることもあるでしょう。しかし、西郷の「大度洪量」（勝海舟）を示すとされるさまざまな行動は、果たして自分を大人物に見せかけるための芝居だったのでしょうか。そうではないと、筆者は思います。

江戸城開城にまつわるエピソード

明治元年四月四日、西郷は、江戸城開城を命ずる勅書を渡すために、江戸城に乗り込みました。松平春嶽の『逸事史補』は、「此に一奇話あり」として、その模様を大むね次のように伝えています。

勅使柳原前光《さきみつ》、橋本実梁《さねやな》が西の丸に入り、田安中納言（注、徳川慶頼）がこれを応接した。命を伝えたのち、勅使二人はすぐに退城して旅館に戻った。このとき、西郷隆盛ほか何人か（注、海江田信義ら五、六名）が同行していたという。勅使は実に戦々恐々として、声もふるえ、鳥肌が立つようなありさまであった。西郷は大広間に着座していた。いつまでたっても帰らないので、大久保一翁がたまりかねて、「勅使はすでに退出しました。西郷公は何ぞ御用がございますのでしょうか」

と言った。西郷は、「帰るのを忘れていた。ただいま、この釘隠しの数を数えていた」と言う。のんびりしたありさまで、さすがは英雄の態度であると、大久保一翁は、感激して自分（注、春嶽）に話した。

この逸話に、優位な立場にある者の計算づくの「いやらしさ」を見て取る論者は少なくありません。しかし、少し考えれば分かることですが、たとえそれが芝居であったとしても、敵の只中に少人数で乗り込み、じっといつまでも座っていることができるためには、それだけでも人並み以上の胆力が必要です。事実、そのときの江戸城内では、「旗本一同は、たとひ我々は死するとも、江戸城は東照宮（注、家康）以来の城なれば、決して官軍に渡す事はならず」（松平春嶽『逸事史補』）と息巻いていたのです。釘隠しを数える西郷に、いやらしい演技を見るのは、死地に身を置くということを想像することすらできない大平の世の文化人の無責任な言い草というほかはありません。もちろん、このときの西郷の行動は、十分に意識されたものであったに違いありません。問題は、何のために西郷はそういう行動をとったのかということです。

西郷は、自分を英雄に見せかけて賞賛を浴びたいがためにそうした行動をとったのではありません。英雄に見せかけたいのではなく、彼は本当に英雄になろうと思って行動していたのです。西郷の考える「英雄」は、もちろん天下国家に道を実現する人物です。道を実現する英雄は、このような場合は何をすべきか、どんな態度をとるべきかを十分に考え、その通りに西郷は行動したのだと思います。

彼が江戸城に乗り込んだ、そのときの状況を考えてみましょう。西郷と幕臣とは、それぞれ勝者・敗者の立場で相対しています。勝者は相手の生殺与奪《せいさつよだつ》の権を握っており、敗者は命運を勝者に委ねなければならない立場にあります。たとえばこのとき、西郷が不安や恐怖の感情を表に出していたらどうなったでしょう。それは、当然ながら、城内の徹底抗戦派を勢いづけ、和談を壊すことになりかねません。あるいは、西郷が、落ち着きなく、せわしない態度を示していたらどうでしょう。幕臣たちは、自分たちの運命を預けることに不安を感じたに違いありません。

勝者には、勝者にふさわしい振る舞い方、つまり勝者としてのあるべき道があるはずです。いうまでもなくそれは、相手に対して非道な振る舞いはしないという信頼感を与え、敗者が絶望的な抵抗に走ることを防ぐようなものでなくてはなりません。西郷の行動は、まさにそのようなものとして選び取られたものであったと思います。大久保一翁《いちおう》が、「さすがに英雄のあり方だ」と感激したのは、単なる人物批評ではなく、この男になら自分たちの運命を預けても大丈夫だという信頼感の表現にほかなりません。

西南戦争と西郷

さて、おしまいに、西南戦争における西郷の行動を、駆け足で見てまいります。

明治新政府が成立してからの西郷の行動はかなり複雑で、簡単にまとめることは難しいのですが、彼が次第に新政府のあり方に失望していったのは確かなようです。『遺教』や『遺訓』の中にも、新政府のあり方に対する不満が表明されています。すでに述べたように、国の政治の目的は天の道を実現することにあるというのが、彼の基本的な国家観でした。しかし、明治政府の高官たちは、立派な家に住み、豪華な衣服を着て、美妾《びしょう》をかかえ、蓄財に励んでいるありさまでした。政府もまた、議論することといえば「金穀理財」のことばかりで、まるで「商法支配所」に成り下がっていると西郷は嘆いています（『遺訓』）。さきに引用した、たとえ国が滅びようとも正道を貫くべきだという発言は、このような文脈の中でなされています。利益第一で動く新政府（国益優先という西洋流政治手法を代表するのが大久保利通です）に対する西郷の道義的な批判は、維新で没落した士族たちの共感を集めます。新政府内における西郷と大久保の対立は、伝統的な道義国家観と西洋流の経済国家観、維新で没落した人々と成功した人々といったさまざまな対立を象徴していました。西南戦争は、こうした対立のきわまったところに起こった一大事件でした。

西南戦争における西郷の行動は、よくわからないといわれる彼の数々の行動の中でも、とりわけ謎が多いものです。西郷の真意については、これまでさまざまな推測がなされていますが、筆者としては、長州藩出身の軍人、三浦梧楼《みうらごろう》の見方がよく当たっているのではないかと思います。三浦は、若くして奇兵隊に入り、戊辰戦争にも従軍、その後、広島鎮台司令官となって神風連《じんぷうれん》の乱・萩の乱を鎮圧、西南戦争にも従軍して陸軍中将となった人物です。私学校生の挙兵に応じた西郷の心境を推測し、三浦はおおむね次のようなことを言っております。

私学校跡

> 西郷の美点は、情に厚い、慈悲深い、全く自分というものを眼中に置かないところにある。明治十年の事件でも、あの程度の成算や利害の分からぬような男ではない。どうなるということはちゃんと分かっていても、「長年結び合ってきた子分たちがみすみす淵に落ちようとするのを、自分ひとり傍観することはできない。逆賊と呼ばれようが何と言われようが構わない。これまでに自分を慕ってくれた子分たちに、思う存分やりたい放題にやらせればよい」と思ったのだ。（西郷隆盛全集編集委員会『西郷論集成』）

そうして、西郷の凡人に卓越した偉いところは、戦《いくさ》が始まってからも、何一つ口出しをせず、子分たちに任せきったところにあるのだと述べています。

もし西郷が指揮していたなら、あんな拙い戦はしないだろうし、「新政厚徳」だの贋札だのといった、反逆に類することはしなかっただろう。甘んじて子分たちの犠牲になることを覚悟していたから、何もかもなすがままに、あっちへ引っぱられこっちへ引っぱられして、平然として運命に倒れたところは、実に尋常の英傑のなしがたいところである（同）。

まさに、武人の心は武人のみが知るという通りで、西南戦争における西郷の心境を説いて余すところがないと思います。しいて付け加えるとすれば、西南戦争における西郷の行動は、これもまた、「道を行う」という、西郷の根本的な信念から出たものだったのではないかということです。

確かに、西郷の行動は、自分を慕う者たちへの情愛に貫かれていました。しかし、そのときに彼が取った行動の具体的な形は、自分を頼る者たちに対して、英雄はいかなる態度をとるべきかというところから出てきているように思います。『遺訓』の中に、「男子は人を容れ、人に容れられては済まぬものと思えよ」という言葉があります。頼ってくる者を受け容れるときには、自分のすべてを度外視して、全面的にそれを受け容れるというのが、西郷の考える天の道であるならば、ここでも西郷の行動は、生死を超えた道の実践であったといえます。ですから、彼がはじめから、負けて死ぬことを承知の上で挙兵に応じたというのは、本当の話であると思います。もちろん、西郷がこの戦いで勝利を得られるという甘い見通しを持っていた

西郷隆盛終焉の地

とする説もあります。しかし、想像をたくましくするなら、彼はたとえこの戦いが勝利に終わっても、やはりそこで自分は死ぬつもりでいたのではないでしょうか。

正義が自分にあるにしても、形の上では反逆という非道を行った責任を取る。そういう、どこまでも道に従う精神こそが、西郷隆盛の本質であったと思われるからです。そして、どちらに転んだにせよ、西郷が英雄として最期を迎えるべき人物だったことだけは、まず間違いないことであったと思います。

第十一章　島津斉彬――名君の資質

「四賢侯」とか「九明侯」など、幕末に名君と称された大名は何人かおります。中でもとりわけ名君の誉れ高いのは、松平春嶽が「英明なるは、実は近世最第一」（『逸年史補』）と讃えた、第十一代薩摩藩主島津斉彬です。斉彬といえば、教科書的には、西洋の科学技術を積極的に取り入れた開明的な大名として知られております。藩主の座にあることわずか七年、安政の大獄の直前に五十歳で急死しますが、彼の示した方向性は西郷隆盛、大久保利通によって受けつがれます。西郷・大久保を使いこなし、維新の基本構想を先取りしたといわれる島津斉彬の、名君としての資質について考えてみたいと思います。

幕末における名君の条件

周知の通り、幕末維新の大変革は、海防問題・黒船来航という純粋に軍事的な問題を直接のきっかけとして始まりました。十八世紀後半から日本近海に出没し始めた西洋列強の基本的な志向は、いうまでもなく、アジア、日本の半植民地化（うまくいけば完全植民地化）でした。西洋列強による主権侵

黒田清輝筆『島津斉彬』

害行為は、ペリー来航の百年も前からしつこく繰り返されていました。ペリーが江戸湾で行った空砲射撃は、明らかに軍事的威嚇行動であり、沿岸の無断測量は戦闘の予備行動にほかなりません。軍事的圧力を行使したのは、米国だけではありません。他の列強も、たびたび露骨な主権侵害、威嚇行動を繰り返していました。たとえば文久元年（一八六一）には、ロシア軍艦が一時対馬を占拠するという衝撃的な事件が起こっています。幕末日本の最大の課題は、何よりもこうした軍事的な危機をいかにして乗り越え、国の独立を保つかということにありました。

こういう危機的状況にあって、日本にとって幸いだったのは、外圧に対応すべき責任ある立場の人々が「武士」だったということです。武士は、自ら武器を取って戦う武人であり、軍事のプロフェッショナルです。軍事の専門家であったからこそ、列強の軍事的な脅威を敏感に察知し、その実力を冷静に認識し、戦争の可能性までをも想定した現実的な対応をとることができたのです。そもそも徳川幕府の体制自体が、外敵と戦う征夷大将軍をトップとする戦時動員体制を、そのまま政治組織にしたものでありました。参勤交代は、有事に備えた動員演習を制度化したものですし、「幕府」というのも、もともとは軍司令部を意味する言葉です。志士たちに大きな影響を与えた吉田松陰、佐久間象山の本業は兵学であり、彼らの思想は本質的には列強に対抗するための軍事思想でした。
今日の歴史学では、幕末日本が武士政権（つまり軍事政権）の支配化にあり、明治政府もまた実質的に武士（軍人）の政権であったことは、さほど強調されることはありません。むしろ、長く続いた太平の中で武士は戦闘者の気質を失い、ほとんど官僚化していたのだという漠然とした印象が支配的になっているように見えます。しかし、官僚化したとはいえ、武士の行動様式、ものの考え方は、民主社会の市民とは決定的に異なっていると思います。たとえ太平の世の武士であっても、しつけ・鍛錬の厳格さは、とうてい近代人の真似《まね》できるものではないからです。たとえば、大名が江戸城に登城する際、供回りの大半は下馬先から奥へは行けないので、そこで待機することになります。家来たちは、主人が出てくるまで、何時間でも、「野天に莫蓙《ござ》を敷いて、それにチャンと座つて居る。雪が降つても仕方がない。形を崩さずしてチャンと待つて居らねばならぬ」のです。玄関につくと、長い刀を家来に預けますが、この刀番も、「主人が退出するまで刀を持つて立つて居らねばならぬ。中々つらひことである」と、幕末の広島藩主浅野長勲《あさのながこと》は回想しております（『維新前後』）。浅野長勲は、参勤交代についても次のように述べています。

宿屋は陣屋立である故に本陣と云ふのである。武器を備へ付けて、夜でも寝ないのが原則であるから、次の間で小姓が本を声高に読んで居る。八ヶ間敷《やかまし》くて寝られるものでない。一人も寝て居らぬ事を態々《わざわざ》世間に示す為に斯様な形式をするのである。（同）

条約問題をはじめとする外圧に対応したのも、国の独立を守るために改革に奔走したのも、そのほとんどは、このような戦闘者としての規律と精神を保った武士たちでした。第六章で、「もしも両刀階級の者をこの日本から追い払うことができたら、この国の人民には服従の習慣があるのであるから、外国人でも日本の統治はさして困難ではなかったろう」（坂田精一訳『一外交官の見た明治維新』）という、アーネスト＝サトウの言葉を紹介いたしました。サトウの言うとおり、張りつめたすきのない精神の持ち主である武士たちが国の舵取りをしたからこそ、日本は曲がりなりにも植民地化を免れることができたのではないかと思うのです。

維新の最大の実働部隊は、戦闘者である武士でした。そのことが、おのずから幕末維新変革の大きな方向性を決定していきました。幕末維新の政治的な動きは、複雑を極めています。しかし、西洋諸国の軍事的脅威に対抗できる体制を作るという大きな目的は、開国・攘夷、佐幕・尊王といった立場の違いを超えて、武士たちのあいだで共有されていました。この目的を達成するためには、強力な指導体制のもとでの軍の統一、軍備（特に海軍力）の強化、軍備増強のための資金獲得などが必要となります。幕末の政治運動は、方法論にこそ違いはあれ、基本的にはこうした軍事的改革を目標としたものでした。たとえば、将軍継嗣問題や公武合体論、討幕運動など、具体的な結論は皆異なっていますが、根本のところでは、西洋に対抗するための強力な軍事的指導者を誰にすべきかという問題につながっていました。開国論と攘夷論も、正反対の議論のように見えますが、西洋の軍事技術をとり入れて軍備を強化するという点では基本的に一致しています。

幕末の政局は、常にこうした軍事的目標とのからみで動いており、最終的に政局を左右していたのも、結局のところは幕府や諸藩の持つ軍事力でした。幕末において政局の主導権争いを左右したのは、軍事力と人材であったといわれます。この二つを抱えていたのは無論、幕府や藩であり、いわゆる志士たちも、決して個人の力だけで活動していたのではなく、何らかの形で幕府や藩の力を後ろ盾にして動いていました。こうした状況を踏まえてみるならば、幕末において名君と呼ばれるための条件が、軍事的指導者としての優秀性という一点に絞られるのは明白かと思います。そして、ここで取り上げる島津斉彬の名君たるゆえんは、まさに軍事的指導者としての資質において、他の諸大名から抜きん出ていたというところにあるのだと思われます。

斉彬誕生前後の薩摩藩

島津斉彬は、文化六年（一八〇九）九月、島津斉興《なりおき》の長男として江戸の藩邸で生まれました。母周《かね》子《こ》（賢章院）は、鳥取藩主池田治道の娘で、和歌をよくし、また漢籍にも深く通じており、幼少の斉彬の教育にひとかたならぬ努力を傾けました。

斉彬誕生の前後、名門薩摩藩は、財政破綻とそれに起因する内訌《ないこう》とによって混乱の極みにありました。話は、斉彬の曽祖父島津重豪《しげひで》が藩主であった頃にさかのぼります。重豪が藩主となった宝暦五年（一七五五）、薩摩藩は木曽川の治水工事の借金をはじめとする九十万両近くの債務を抱えていました。その後も、桜島噴火による農業被害、度重なる江戸藩邸の火災、さらに重豪の三女が第十一代将軍の正室となったほか、多くの有力大名と縁組政策を取ったことによる出費などで債務は膨らむ一方でした。歴史教科書の定番的な記述では、重豪は、オランダの文物を積極的に収集した先進的・開明的な大名として紹介されます。彼が、手紙の中にローマ字を交えたり、ローマ字つづりの色紙を書いたのは有名な話です。薬草栽培や綿羊の飼育、博物誌や地誌の編纂を手がけたほか、自身も中国語学書を著しております。造士館、演武館、医学院を設立したのも重豪の業績です。典型的な「蘭癖《らんぺき》」(西洋かぶれ)大名であった重豪の開化政策は、一方で、苦しい財政を一層悪化させることになりました。

島津重豪公肖像画

天明七年(一七八七)に重豪は隠居し、子の斉宣《なりのぶ》が藩主となります。しかし、斉宣が幼少(十一歳)であることを理由に、重豪はひきつづき政務に関与しました。この間も藩の借金は増え続け、斉宣が三十一歳になった文化四年(一八〇七)には、藩の債務は百二十万両以上に膨れ上がります。危機感をいだいた斉宣は、樺山久言《かばやまひさこと》、秩父季保《ちちぶすえやす》を家老に取り立て、抜本的な藩政改革による財政再建をはかります。何事にも積極的で、豪奢《ごうしゃ》を好む重豪とは対照的に、斉宣は、欲心を去り、分をわきまえ、天の道に従うという近世の朱子学的道徳に忠実な人物であったようです。彼は、重豪時代の積極的(悪くいえば浪費的)政策を次々に廃止し、ついには重豪の私生活にまで緊縮政策を及ぼそうといたします。ところが、これが重豪の逆鱗《げきりん》に触れ、文化五年（一八〇八）樺山・秩父ら改革派の家臣七十七人が、切腹、遠島などの処分を受け、翌年には藩主斉宣も隠居に追い込まれます。改革派の多くが、朱子学の基本テクスト『近思録《きんしろく》』の勉強会のメンバーであったことから、このお家騒動は「近思録崩れ」と呼ばれたりもします。島津斉彬が生まれたのは、まさにこの近思録崩れ直後の混乱のさなかでした。

斉宣に変わって藩主となったのは、斉宣の子斉興です。斉興は、重豪の指導の下に財政再建に努力しますが、効果は上がらず、天保元年（一八三〇）には、藩の借金はついに五百万両という巨額に達しました。当時、薩摩藩の年間収入は十数万両といわれておりますから、金利が三パーセントだったとすれば、利払いだけで藩の年間収入が吹っ飛ぶ計算になります（実際の金利はもっと高かったようです）。そこで重豪・斉興は、側用人の調所広郷《ずしょひろさと》を抜擢《ばってき》し、財政改革の責任者に任命します。調所が、新たな資金調達先の開拓や砂糖の専売制実施などの実績を上げたのを見て、重豪は、「十年間で五十万両を蓄える」、「臨時出費に備えた資金を別に蓄える」、「古い借用証文を回収する」という三つの無理難題を押し付けます。天保四年（一八三三）重豪は死去しますが、斉興はその後も調所に改革を続行させます。斉興、調所コンビによる財政再建は、奇跡ともいわれる成功を収めます。この間、調所は、商人たちを恫喝して、借用証書を二百五十年賦償還というとんでもない通帳に切り替えさせるなど、かなり強引な手段もとったようですが、最終的には二百万両に及ぶ蓄えを積み上げることに成功します。幕末における薩摩藩の行動を支えた経済的基盤は、斉興、調所による天保改革によって築き上げられたといえるでしょう。

奸智に長けた政略家

文化九年（一八一二）、斉彬（幼名邦丸《くにまる》）の世子《せいし》（嫡子《ちゃくし》）の届けが幕府に出されます。そのときから、嘉永四年（一八五一）、四十三歳で藩主に就任するまで、斉彬は約四十年の長きにわたって世子としての生活を送ります。後に藩主となって名君とうたわれるに至る下地は、この世子時代に培われます。

少年時代の斉彬は、「天稟聡明、一を聞いて十を悟るそのご様子は成人に等しい」（『斉彬公史料』第一巻・「福永仁右衛門紀事」）といわれる賢い子供だったと伝えられています。曽祖父重豪はことのほか斉彬を寵愛《ちょうあい》し、ことあるごとに「邦丸（斉彬の幼名）の成人した後が見たい」、「邦丸こそ明君といわれる者になるであろう」といっていたそうです（同）。特に記憶力は抜群で、一度読んだり聞いたりしたことは、すみずみまで記憶していたといわれます。体格もたくましく、八歳の頃から弓馬の術を学び、とりわけ馬術を得意としていました。もちろん、藩主の伝記資料にはこの手の賛辞が連ねられるのが通例ですが、交友のあった大名たちの感想なども考え合わせてみれば、斉彬が人並み以上の資質に恵まれていたのは確かだと思います。しかし、そうした個人的な資質以上に重要なのは、彼が曽祖父重豪の感化のもと、西洋文明への関心や積極的・戦略的な思考法、あるいは政治的謀略の手腕といった重豪的な性向を濃厚に受けついでいたということです。「開明的な賢君」というのが斉彬に対する一般的な評価であると思いますが、この評価は無意識のうちに、善良で円満な人格をイメージさせてしまうのではないでしょうか。斉彬の肖像画からも、聡明で柔和な人柄を思い浮かべる人は多いのではないかと思います。実をいうと黒田清輝《くろだせいき》の筆になる斉彬の像は、曽祖父重豪の像とよく似ています（少なくとも筆者はそう思います）。そして、重豪が必ずしも円満・柔和な人物でなかったのと同様、斉彬も、円満な人柄とは別に、奸智《かんち》に長《た》けた政略家というもう一つの顔を持っていたと思うのです。

斉彬は世子であったころから、たびたび隠密を使った秘密工作や、幕府の目を盗んだ情報収集を行っています。謀略・隠密工作は、長く幕府に仮想敵視されてきた薩摩藩のいわばお家芸です。斉彬は三十歳頃から盛んに最新の海外情報を収集しますが、それは早くから薩摩藩が長崎通詞を抱き込んで作っておいた裏ルートを通じてのものでした。薩摩藩は幕府の中にも同様のルートを持っており、徳川斉昭宛の書簡では、幕府天文方が訳した西洋砲術書をこっそり入手したということも述べられています。天保十年（一八三九）の蛮社の獄で投獄され、その後脱獄して潜伏していた蘭学者高野長英《たかのちょうえい》の動向も把握し、ひそかに援助していたとも伝えられます。隠密を駆使した政治工作の手腕は、後に触れる藩主就任前のお家騒動（高崎崩れ）や、黒船来航後の政局の中で遺憾なく発揮されます。また、細かいことですが、他見をはばかる文書をローマ字で記したりするところにも、重豪譲りの情報管理感覚がよく現れています（資料1参照）。

松平春嶽の片腕として活躍した中根雪江《なかねゆきえ》は、斉彬の人物を「謀慮深遠英邁ニシテ、奸雄ノ才逞シキ御方」であると評しています（『斉彬公史料』第二巻・「昨夢記事抄」）。幕末のような動乱の時代に必要なものは、戦国大名が身につけていたような深謀遠慮であり、奸智です。幕末の政局の中で斉彬が諸大

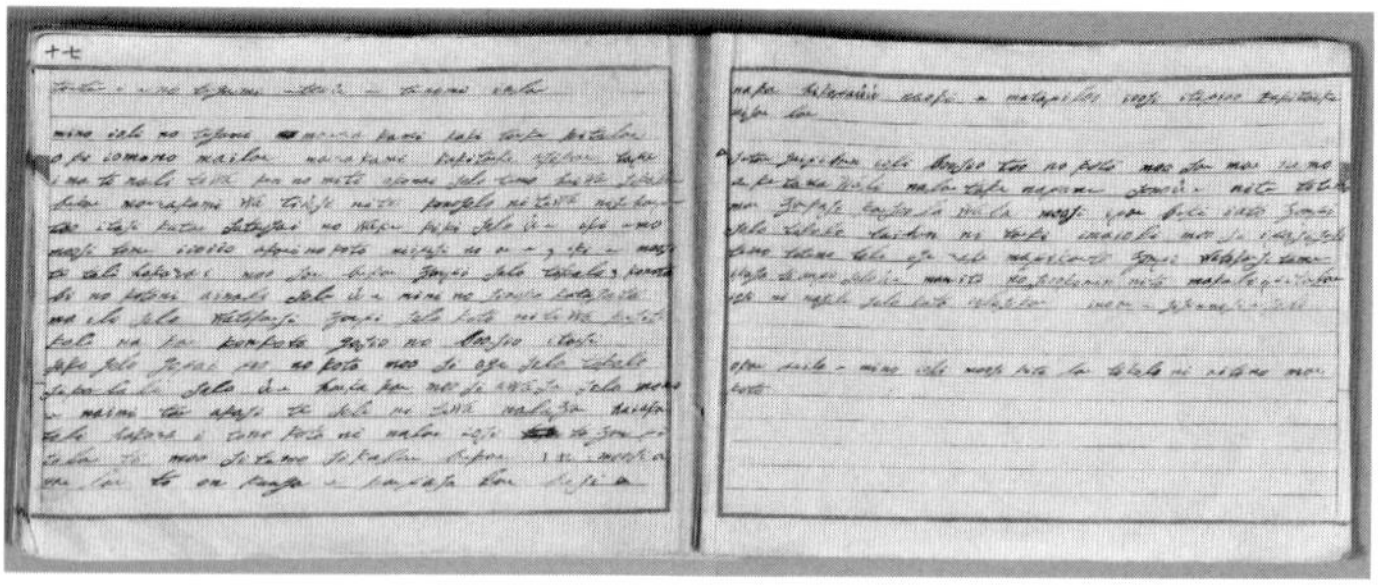

島津斉彬のローマ字日記

taka no koto, a zaboe sin mati, no io si hizen
date e moosi iakoe genboku e mo koewasi koe
moosi ialoe

高の事（高野長英）、麻布新町の由、肥前（筒井政憲）
伊達（伊達宗城）へ申し遣る、玄朴（伊東玄朴）へも詳しく
申し遣る

資料1　島津斉彬ローマ字日記（一部）

出典：鹿児島県歴史資料センター黎明館編『斉彬公史料』第四巻、鹿児島県、昭和五十九年（一九八四）。

解説：高野長英が麻布新町の潜伏しているとの情報を、西丸留守居役筒井政憲、宇和島藩主伊達宗城に伝え、また、佐賀藩の蘭方医、伊東玄朴にも詳しく知らせたとある。

名に抜きん出た人望を集めることができたのも、曽祖父重豪から受けついだそのような知恵によるものでした。さらにいえばそれは、関ケ原敗戦後をしぶとく生き延びてきた薩摩藩伝統の知恵であったのかもしれません。

斉彬が、曽祖父から受けついだもう一つの大きな遺産は、人間関係です。中には、重豪の政策をめぐって生じた藩内の対立というマイナスの遺産もあります。しかし、重豪が多額の出費をいとわずに張りめぐらせた婚姻関係は、斉彬を支える人脈を作ることになります。名門にふさわしく江戸時代を通じて島津家の縁戚関係は華麗なものですが、とりわけ重豪は結婚政策に力を注ぎました（資料2参照）。斉彬四歳の時に結ばれた、徳川斉敏《なりとし》（一橋家）の娘英姫《ふさひめ》との婚約も、重豪の意向によるものといわれます。のちの斉彬の活動に関連する人物を、幾人か紹介しておきます。すでに述べましたように、徳川家斉の正室広大院は重豪の三女です。このほかにも、重豪の子女、孫娘は、摂関家の

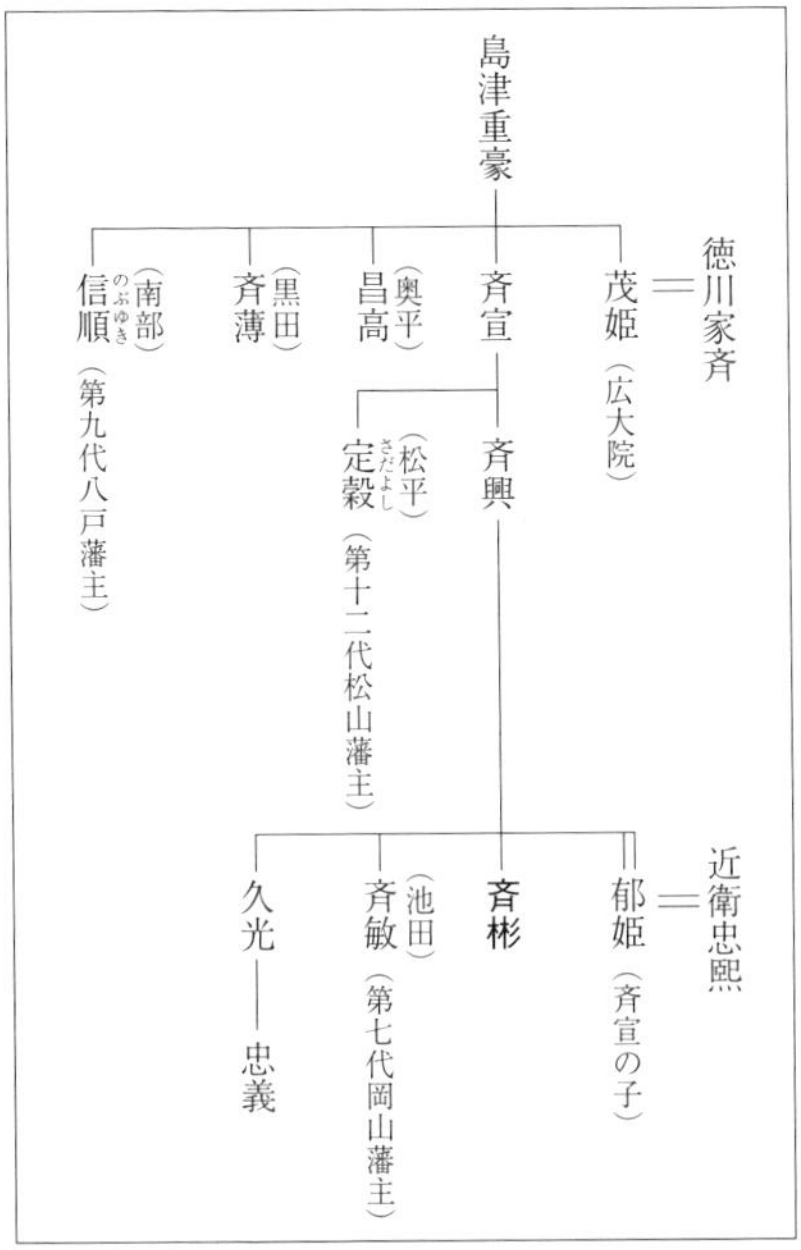

資料2　島津家略系図

近衛忠熙《ただひろ》はじめ桑名、大垣、土佐などの藩主に嫁いでおります。また、中津藩第五代藩主で有名な蘭癖大名の奥平昌高《おくだいらまさたか》、これまた蘭癖で知られる福岡藩第十一代藩主黒田斉溥も重豪の子です。斉彬は十八歳の時、重豪に連れられて、奥平昌高とともにシーボルトと会見しています。黒田斉溥と奥平昌高は、やはり重豪の子の八戸藩主南部信順とともに、その後の政局の中で、斉彬の有力な後援者の役割を担っていくことになります。

西洋軍事技術への関心

島津斉彬の曽祖父重豪は、当時としては大変な長命を保ち、天保四年（一八三三）、八十九歳で没しました。斉彬が、二十五歳の年のことです。世子時代の斉彬は、豪放闊達《ごうほうかったつ》な蘭癖大名重豪の感化もあって、なみなみならぬ熱意をもって海外事情や西洋の科学技術を学び取っていきます。当時著名な蘭学者たちとの交流や、西洋事情に関心を持つ大名たちとの交友関係は、多くはこの世子時代に培われたものです。

斉彬の西洋に対する関心は、徹底して実用的であったところに特徴があります。斉彬が学び取ろうとしたものは、西洋の優れた技術、とりわけ軍事技術でした。彼は、そうした技術を単に知識として学ぶだけでなく、自らそれを実際に身につけ、実用に供しようとしました。この点において彼の西洋への関心の持ち方は、蘭癖大名の間によく見られる異国趣味とは、決定的に異なっています。彼は、趣味人・文化人ではなく、明らかに実践の人でありました。斉彬が西洋に求めたものは、役に立つ技術、端的に言えば西洋の進んだ軍事技術であって、西洋近代文化そのものではなかったのです。

斉彬の西洋に対する関心のありかをよく示しているのは、弘化二年（一八四五）頃から嘉永三年（一八五〇）頃にかけて数多く出された徳川斉昭宛の書簡です。世子時代、斉彬が、西洋事情に関して最も盛んに情報交換をした相手は、徳川斉昭でした。開明的・進歩的と評される斉彬と、強硬な保守的攘夷論者とされる徳川斉昭との組み合わせは、何となく奇妙なものに思われるかもしれません。しかし、西洋諸国をいつかは戦わなければならない相手として見ていること、また、西洋に対して圧倒的な劣勢にある日本の軍事力の根本的な再編制・強化が急がれなければならないという認識において、二人の考え方は全く一致していました。日本近海に出没する異国船の動向に、早い時期から強い危機感をいだいていたのは、水戸藩と薩摩藩でした。文政七年（一八二四）五月には水戸領内の大津浜にイギリス船員が上陸、水戸藩はこれを捕えて尋問したのち船に送り返します。この対応が水戸学者たちの批判を浴び、攘夷の機運が高まるきっかけとなります。同じ年の八月、薩摩領トカラ列島の宝島にイギリスの捕鯨船員が上陸して略奪を働き、一名が射殺されます。この二つの事件は、翌年の異国船打払令が出されるきっかけとなったといわれております。また薩摩藩は、慶長十四年（一六〇九）以来琉球を実質支配下においていましたが、その琉球に東アジア進出の足がかりを求めて来航する異国船への対応にも手を焼いていました。こうした西洋列強の脅威に対して、徳川斉昭は、政治的・思想的な働きかけを通して幕藩体制の強化を図るという方向に動いていきます。これに対して島津斉彬は、西洋技術の導入による軍備強化という直接的な方策をとっていきます。この点は、隔年で長崎警備を担当し、異国船の傍若無人な振る舞いに煮え湯を飲まされてきた佐賀藩が、鍋島直正《なべしまなおまさ》（閑叟《かんそう》）のもとでとった方策と共通するものがあります。

徳川斉昭との交流

徳川斉昭宛の手紙の具体的な中味を、いくつかご紹介いたしましょう。斉彬三十七歳の弘化二年五月二日付けの書簡（『斉彬公史料』第一巻）では、「先日、薩摩産の愛玩犬と豚肉を進上したところ、直筆の御返書とお手製の菓子を賜り、大変ありがたい」、「先日拝領した刀を試したところ、一の胴が土壇まで通り、切れ味申し分ないので早速拵《こしら》えをつけるよう申しつけました」という記述に続けて、琉球の情勢は誠に心配であるが、その後は異国船も現れていないという報告が記されています。そして、琉球に上陸して居座っている「異人」の様子や、異人とのやりとりなどを内密に申し上げようと思うが、本日は書き取っている余裕がないので、近日中にお知らせするということが書かれております。試し斬りの記事から分かるように、斉彬は、決して柔弱な文化人ではありません。むしろ、荒々しい戦国武士の気質を受けついだ、典型的な武人であったことが分かります。また、そうでなければ、根っからの武人であった西郷隆盛が斉彬に心酔することはありえなかったでしょう。

この手紙の本題は、異国船の動向とそれへの対策についての意見交換ですが、琉球問題はその後も徳川斉昭宛の手紙の中で繰り返し言及されています。同じ年の十月十二日付の書簡（同）には、琉球の情勢を述べたあと、所持している蘭書についての斉昭の問い合わせに答えて、次のように記しています。

自分の所持している中に、珍しいものはありませんが、明日中に一覧を記してご覧に入れようと存じます。翻訳書では一部、『海上砲術全書』と申します『ゼー＝アルチルレリー』、これは天文台で翻訳ができましたものを、ごく内々に頼みこんで、先月末に手に入りました。御用がございましたら、ご覧に入れるようにいたします。他へは何とぞ秘密にしてくださいますようお願い申し上げます。

「ゼー」は「海」、「アルチルレリー」は大砲で、『ゼー＝アルチルレリー』はオランダ海軍兵学校の砲術教官カルテンが著した『海上砲術教諭手引』（一八三二年刊）のことです。この書物は、アヘン戦争の結果に衝撃を受けた幕府が、天文台蕃書和解《ばんしょわげ》御用掛に命じて翻訳させたもので、天保十四年（一八四三）、宇田川榕庵《うだがわようあん》、箕作阮甫《みつくりげんぽ》ら六人の訳者によって訳本が完成しました。斉彬は、完成の二年後に秘密のルートでこれを手に入れていたことが分かります。『ゼー＝アルチルレリー』については、その後も何度か書簡の中で言及されます。また、同じ頃の斉昭宛書簡には、英蘭戦争でたびたびイングランド艦隊を破ったオランダ海軍の英雄、デ＝ロイテルのことや、松代藩主真田幸貫《ゆきつら》（佐久間象山を抜擢した人物です）が「陸地のアルチルレリー」を入手したという情報なども記されています。

やや後になりますが、嘉永二年（一八四九四月三日付）の手紙（『斉彬公史料』第一巻）には、彼が最近手に入れた蘭書の目録が示され、次のようなことが記されています。

蘭書の目録については、別紙で差し上げます。ほかにもよい書物がございましたが、高値で、またあまり役に立たないものでしたので、残念ながら購入いたしませんでした。このことは、先日（長崎奉行の）井戸対馬守にも話したところ、来春からは相応の価格になるよう努力してみますとのこと、お笑い種ということで申し上げます。

その蘭書の目録によれば、このとき限られた予算で斉彬が購入した書物は、すべて軍事関連（花火術、大砲、築城、海岸防御、火薬、兵学校）のものでした。このように、斉彬が西洋に求めたものは、基本的に軍事技術でした。斉彬の一貫した軍事的関心は、やがて藩主就任後に推進することになる集《しゅう》成館《せいかん》プロジェクトとなって結実していきます。

藩主の座をめぐる抗争

アヘン戦争の衝撃以来、風雲急を告げる東アジア情勢の中で、わが国においても、海外事情や西洋科学技術に関する深い識見を持った人材が各所で求められるようになります。とりわけ、西洋文明に通じ、名門の世子でもある斉彬の活躍を期待する声は、薩摩藩内はもちろん、幕府・中央政界の中でも高まっていきます。

たとえば、斉彬の人物を高く評価していた老中阿部正弘は、まだ藩主になっていない斉彬に、琉球問題（フランス艦隊来航後、フランス人、イギリス人宣教師が強引に居座っていた問題）の処理を一任しています。薩摩藩内でも、斉彬の襲封《しゅうほう》を求める声は日ましに高まっていきます。

しかし、どのような組織においても、権力が交替する際には、大なり小なりもめごとが起こるものです。薩摩藩の場合も、いかに人格・識見ともに優れているからといって、そうすんなりとは斉彬に藩主の座が譲られない複雑な事情がありました。

すでに述べましたように、蘭癖大名島津重豪治世の破綻した財政を回復するため、斉宣、斉興と二代にわたって緊縮財政政策が続いていました。斉宣が亡くなったのは天保十二年（一八四一）、斉彬三十三歳の年、斉興に至っては斉彬よりも長生きしております。保守的な財政規律派の祖父と父が、重豪の闊達《かったつ》な気質を受けついだ斉彬の、いわば重石となっていたのです。しかも、調所広郷の手腕によって財政再建に成功した斉興は、自らの長期政権への自信を深めていました。斉興の念願は、長く政権を担った実績によって、島津家では二人（初代藩主の家久《いえひさ》と重豪）しか前例のない従三位の位階を賜ることであったといわれます。斉興を支持する保守派の家臣らは、しきりに斉彬の襲封を妨害しました。斉彬擁立派の一人木村時澄《きむらときずみ》が、福岡藩主黒田斉溥に提出した報告書には、次のようなことが記されています。

修理大夫様（斉彬）は、オランダ砲術、その他諸技芸、物産・地理学など、追々国中に広めたいとのお考えで、翻訳書数十部お取り寄せになり、また、国許の砲術方などに下賜されたものもございます。これらのことについて、伊集院平（反斉彬派の代表人物）らは、修理大夫様にはことのほか物好きを遊ばされ、無駄な品を大量に入手なさっているなどと、しきりに殿（斉興）の耳に入れているとのことでございます。（『斉彬公史料』第四巻・「内訌記」）

斉彬が藩主になれば、重豪時代の浪費が復活し、自分の立てた財政再建という功績が無になるという不安を斉興にいだかせようとする工作であったとされています。

調所広郷、二階堂行健《にかいどうゆきたけ》ら財政規律派の反斉彬工作には、もう一つ、斉彬の異母弟島津三郎久光《しまずさぶろうひさみつ》の存在が絡んでいました。久光の母は、斉興の側室由羅《ゆら》ですが、斉興は正室の周子の亡くなったあと正室を迎えなかったので、由羅は実質的に斉興の正夫人の地位にありました。斉彬擁立派の中には、由羅が、調所派と結んで斉彬襲封を阻止し、久光を藩主の座につけようと運動していると考える者もいました。

こうした情勢の中で、斉彬は、側近の山口不及《やまぐちふきゅう》を隠密に任命し、国許の動静を探らせるとともに、調所一派の追い落としを図ります。数多く残る山口宛の密書では、機密保持の手段を事細かく指示するなど、奸智に長けた謀略家という斉彬の一面をうかがうことができます。彼が、どのような材料を利用し、どういった工作を行ったかは（ことの性質上当然なのですが）、よくわかってはいません。しかし、嘉永元年（一八四八）八月の調所出府に先立つ七月二十九日の山口宛書状には、次のようなことが記されています。

笑（調所笑左衛門）のこのたびの出府は、少し危ないことと思われる。阿部（正弘）が何か言うらしいと聞いている。出府した上、御内用（藩主の金庫責任者）を取り扱わせたりしては、ますますもって不都合かと思う。（『斉彬公史料』第一巻）

老中から詰問されると斉彬が予想した問題は、おそらく、琉球問題に関する調所の対応であったと考えられます。幕府は、不法に居座っているイギリス人宣教師の問題を早急に処理するよう、たびたび薩摩藩に命じていました。しかし、兵力を派遣しての抜本的解決は、多額の出費をともなうことから、調所はごまかしの報告を繰り返した上、薩摩藩から清国に物品を送って、その見返りに口利きを頼むことを画策しました。実行されれば、これは禁制の密貿易になってしまいます。こうした情報にやきもきしながら、斉彬はたびたび阿部と善後策を協議していきます。おそらく、斉彬は隠密情報をもとに、幕府が調所を罰する方向へ意図的に誘導していたのだと

島津久光

考えられます。はたして、斉彬の「あぶない」という予言の通り、調所は十二月、江戸で吐血、急死します。密貿易の嫌疑が藩主に及ぶのを防ぐための自殺であるといわれています。嘉永二年一月二十九日の山口宛書状には、こんなことが書かれています。

このたびのこと、実に時節到来の事にて、都合よく参り申しました。この節いろいろ承るところによれば、さまざまなことがございました。美濃（黒田斉溥）には大いに骨折りでした。阿部（老中）もよく心得ておられました。（『斉彬公史料』第一巻）

高崎崩れと藩主就任

調所の死に続き、二階堂行健も罷免され、斉彬は、調所一派の追い落としに成功しました。残るのは、久光擁立を目指す勢力と、隠居を渋る藩主斉興にどう引導を渡すかという問題です。このうち、斉興引退に関しては、調所が死んだ時点で、すでに斉彬には方策が出来あがっていました。前述山口宛書状と同じ日付の村野伝之丞宛の手紙には、すでに阿部老中と黒田斉溥の間で話はついていていつでも実行できるが、斉興の機嫌を損ねないよう、時期を選び、花道を作って隠居してもらう手はずになっているというようなことが書かれています。大変な騒動は、もう一方の久光擁立派の動きをめぐって引き起こされます。

嘉永元年五月、二年六月と、斉彬の次男、四男があいついで夭折《ようせつ》します。次男の病床の床下から調伏《ちょうぶく》の人形が発見され、由羅のしわざだという噂がひろがります。斉彬は、容易ならざることであると、人形の出所を隠密に調べさせます。四男病死の直後には、「あまりのことに、例のわけ（注、調伏のため）か」と憤り、「例の人（注、由羅）を闇討ちにすればよいと思うほどだ」と、山口不及宛書状（嘉永二年六月二十九日）に記しています（『斉彬公史料』第一巻）。

こうした風説に激昂した斉彬擁立派の家臣らは、由羅一派の排除を企てますが、事前に情報が漏れ、十三名が切腹するなど、総計五十人以上が厳しく処罰されました。この事件は、首謀者の一人高崎温《たかさきはる》恭《たか》の名から「高崎崩れ」、あるいは「お由羅騒動」などと呼ばれます。西郷隆盛の父は、このときの切腹者一名を介錯しますが、その形見の血染めの肩衣を隆盛に与え、隆盛は大いに悲憤慷慨《ひふんこうがい》したと伝えられます。また、このとき大久保利通の父も遠島になり、利通一家は塗炭の苦しみを味わうことになりました。

自らを擁立する勢力が一斉に処罰され、普通ならここで斉彬の藩主就任も危うくなってくるところです。しかし、ここから斉彬の並々ならぬ政治力が発揮されていきます。彼はまず、黒田斉溥を頼って福岡に亡命した高崎党の藩士に、斉溥への事情説明の仕方を指示し、福岡藩の仲介で事態収拾を図ります。かねてから斉彬と親しかった黒田は、亡命藩士をかばい、さらに老中阿部正弘、宇和島藩主伊達宗城（宗城夫人は、斉彬母周子の姪）と連携して、斉彬擁立に動き出します。南部信順《なんぶのぶより》、奥平昌高ら親類衆も斉彬を支持します。詳しく述べる紙幅はありませんが、このあたりの斉彬の人の動かし方には実に巧妙なものがあります。斉彬と黒田の意を受けた幕閣、諸侯は、藩内の取締り不行き届きや琉球問題の責任をちらつかせながら、斉彬のかねての目論見《もくろみ》どおりに、渋る斉興を一挙に隠居に追い込むことに成功します。

武田信玄が父信虎を追放して家督を継承したように、戦国の世では、跡目を継ぐのも実力次第という例は少なくありません。徳川太平の世においても、お家騒動は大名家の風物詩のようなものでした。しかし、自分で絵を描いて人を動かし、有能で功績のある父親を追い落とした若様というのは、あまり例がないように思います。

このような世子時代の斉彬の事績を追っていくと、彼が単なる西洋趣味の貴公子ではなかったことがよくわかります。彼の西洋への関心の根底にあったのは、軍事的に敵に勝利するための力の追求でした。

そして一方、藩内の権力闘争の過程で明らかになったのは、彼が政治的・外交的な争いを勝ち抜く政治力の持ち主でもあったということです。西郷隆盛が理想とした戦闘に勝つ力と、のちに大久保利通が衣鉢を継ぐことになる政治的腕力と、この二つの力を武器として、斉彬は第十一代薩摩藩主の座に着いたのです。

国論のまとめ役

島津斉彬が薩摩藩主の座にあったのは、嘉永四年（一八五一）二月に襲封してから、安政五年（一八五八）七月、五十歳で急逝するまで、七年半足らずの短い期間でした。しかし、この間に彼は、のちに「御一新の功業の起りは順正《じゅんしょう》（注、正しくは「聖」）公即斉彬公を以第一とす」（松平春嶽『逸事史補』）といわれるほどの大きな足跡を幕末の歴史に刻むことになります。

斉彬が藩主に就任した直後の薩摩藩は、激しい党派抗争の余燼《よじん》がくすぶる中での藩内の人心統一という大きな課題を抱えていました。また、斉彬が藩主であった期間は、ペリー来航（嘉永六年六月）から日米修好通商条約調印、将軍継嗣問題での一橋派の敗北（安政五年六月）へと至る、幕末の日本が最初に迎えた大きな困難の時期と重なり合っています。しかし見方を変えれば、こうした数々の困難は、彼の人物・力量や、世子時代に培った知識を試す絶好の機会を提供したものともいえるでしょう。

斉彬の人物・見識は、早くから幕閣・諸大名の注目を集めていました。斉彬の側近であった山口不及は、文政十二年（一八二九）のこととして、次のような逸話を伝えています。

殿様がまだ二十一歳になられたときのことである。公儀そのほかで言われていたことは、「兵庫頭殿（当時の斉彬の官名）は、大大名にしておくのは惜しい人物である。彼を小身の大名にして老中に就任させ、天下の国政を掌らせたいものだという評判であったそうである。それというのも、江戸城大広間などで何か大名たちのもめごとがあると、皆が若殿様にご相談されたとのこと。すると若様は、直ちに考えを働かせて速やかに裁いてみせたので、公儀でも、まだ若年なのに並大抵の大名ではないと評判され、大大名には惜しい人物だと皆が申したとのことである。（『斉彬公史料』第三巻・「山口不及殿様御直咄覚之記」）

当時、西洋の軍艦が日本のいたるところに出没している中で、実際に自分の藩の沿岸を脅かされていた大名たちの危機感は深刻なものがありました。しかし、徳川幕府体制の下では、外様《とざま》大名は国政には参与できず、外国との条約交渉の場に加わることもできませんでした。また、藩が独自に軍事力を増強することも厳しく制限されていました。その一方で、圧倒的な海軍力を有し、日本全体を脅かす列強の圧力に対しては、幕府の力だけでは到底対抗できず、大きな軍事力を持つ外様の大藩の協力が不可欠なものであることも明らかでした。こうした中で斉彬に期待されたのは、大名たちをまとめあげてその意見を幕府中枢に通じ、国論統一の要となることでした。

薩摩という大藩の藩主となった斉彬は、かねてから親しかった老中阿部正弘と連携しながら、こうした幕閣・諸大名の期待に見事にこたえていきます。幕府外国奉行配下の通訳を勤め、のちに明治を代表するジャーナリストとなった福地《ふくち》源一郎《げんいちろう》は、斉彬と阿部正弘の「頗《すこぶ》る親密の交際」について、およそ次のようなことを述べています。

かつて幕府の故老が語ったところによれば、薩摩守が世子だったところ、藩内に党派があって、守もひそかにその鎮圧に苦心し、それとなく幕府の圧力を借りて将来の政権基盤を強固にしようと望み、阿部伊勢守と交わりを結ぼうという考えを起こされた。一方、伊勢守もまた、この人こそそのちに大廊下大広間において、国主大名会議の牛耳をとるべき豪傑であると鑑識したので、勉めて交流を深め、幕府と薩摩の交情を温めることを謀ったという。（『幕末政治家』）

交際のきっかけが、ここに言われているような理由であったかどうかは定かではありませんが、阿部と斉彬の関係が「頗る親密の交際」であったのは、「事実に於て歴然」としていました。「幕府方では伊勢守を初めとして、最も順聖院《じゅんしょういん》（注、斉彬の法名）を信じて機密を打明かして相談になる」（重野安繹『西郷南州逸話』）という阿部との関係をはじめ、「水戸の老公、越前の春嶽公、肥前の鍋島閑叟公、土佐の容堂公、宇和島の宗城公などと云ふ、当時の学力あり識力ある有為の諸侯方」や、「学力もあり仕事も出来る」（同）幕府の下級役人たちとも交流しながら、中央政界において斉彬がめざしたのは、国難の中での日本全体の人心の統　でした。

道徳を根底に置いた学問

藩主時代の島津斉彬の事績としては、わが国最初の洋式軍艦昇平丸を建造するなどして、日本の近代海軍創設の先鞭をつけたこと、反射炉、溶鉱炉を中核とする近代的工場群「集成館」事業を推進したことなどが、よく知られています。また、西洋諸国の情勢や科学技術についての豊富な知識に裏付けられた、冷静で現実的な対外政策の建言は、当時においては群を抜いた先見性を示していました。それらに見られるように、斉彬の政治的行動の特徴は、深い学識と合理的思考に支えられているところにあります。とはいえ、もちろん彼は、決して単なる才智の人であったわけではありません。斉彬を師として崇《あが》めた松平春嶽がいうように、根本のところでは、「才智よりは道徳を重んぜらるる人」（『逸事史補』）でした。

確かに彼は知識を重んじ、和漢西洋さまざまな学問をみずから深く学びました。しかし、どのようなことを学ぶ場合においても、学問・知識は「天下国家の政務」の役に立てるため、ひいては、「人道」を実現するためにあるというのが、彼の基本的な学問観でした。以前に少し触れましたが、あるとき（安政二、三年頃のことと伝えられます）西郷隆盛が、斉彬の洋学への傾倒に対して諫言《かんげん》をしたことがあったそうです。そのとき斉彬は、支那・天竺であれ、オランダをはじめとするヨーロッパであれ、「その長ずるところを取って、わが国の短を補い、日本をして世界に冠たる国となし、国威を輝かすことを眼目としているのだ」（勝田孫彌『西郷隆盛伝』）と諭して、西郷を大いに感服させたと伝えられています。

尚古集成館

当時の薩摩藩には、学問をする者を「書物をかぶって戦陣へ出るのか」などと言って軽蔑し、学校の外での立身の道を絶つような風習があったといわれます。斉彬は、無学で武勇のみを尊ぶ風習を憂慮して、学問の普及に心を砕きました。安政四年（一八五七）十月には、「内外に多くの困難を抱え、激変する時代においては、学問の力に頼らねば実用の力が得られない」という考えから、藩校造士館・演武館に親書（『斉彬公史料』第二巻）を下し、学風の矯正を図りました。この手の教育的な訓戒は、しばしば、形式ばかりで内容のない空疎なものとなりがちですが、この親書は決してそのようなものではありません。学問の根本をしっかり押さえた上で、それを時代の現実の中でどのように活《い》かしていくかが考え抜かれた、見事な学問論となっています。

そもそも学校を設置する目的は、「全ク人道ヲ修治スルノ為」であり、「正学ヲ講明イタシ物理ヲ明ラメ候儀ハ、惣テ人倫ニ基キ、日用実行ノ為」だと、斉彬は述べています。斉彬の考えでは、「天理自然」の「人道」とは、君臣・父子・夫婦のあるべき道と、仁義礼智の徳を守り、ものごとの道理を明らかにし、各人の本分を尽くしながら、祖先を敬い、自分の生まれた国のために道を開くことです。そして、和漢・西洋、どのような学問も、人道の実現に役に立たないものはないと斉彬は考えます。「正学」（儒学）は、人として正しいあり方や政治の道を学ぶ、根本的な学問です。日本の古典や歴史を学ぶ「国学」は、祖先の業を引き継ぎ、自分の国を立派にしていくために欠かすことができません。複雑な国際情勢に対応していくためには、「彼を知り己を知る」こと、つまり、西洋諸国の歴史や実情についての知識も必要です。海外の優れた技術を学ぶのは、もちろん、外国の「長を取って」わが国の「短を補う」ためです。このように、斉彬の学問観においては、あらゆる学問が、わが国に人道を実現するという究極目的に向かって体系づけられております。あらゆる知識は、天下国家を治め、人道を実現するためにあり、学んだことは日々の職務・生活の中で実行されていかなければならないというのが、彼の基本的な考えでした。

日本の底力を引き出す

「民が富めば君も富む」、「彼の長を取り、我が短を補う」、「彼を知り己を知る」、「人心一致は万里の長城よりも固し」。この四つは、斉彬がほとんど口癖のように繰り返していた言葉だったと伝えられています。斉彬が推し進めた、西洋の知識・技術の研究や集成館事業は、明治の富国強兵・殖産興業政策の魁《さきがけ》ともいえるものですが、彼にとってそれらは、「民が富めば君も富む」、「彼の長を取り、我が短を補う」、「彼を知り己を知る」という古人の教えを実行することにほかなりませんでした。四つの言葉はいずれも斉彬の政治的行動の特色をよく示していますが、中でもとりわけ斉彬の政治理念の本質をあらわしていると思われるのは、「人心一致」の教えです。

激しい藩内抗争の後に藩主に就任した斉彬は、反対派に対する報復的人事を努めて抑制し、人心の一致を図りました。松平春嶽は、斉彬の人となりを、度量が大きく、「怒りたる顔色」を見せたことがない（『逸事史補』）と評しておりますが、斉彬自身も、上に立つ者は「愛憎」があってはならないと考えていました。あるとき彼は、徳川斉昭を評して次のようなことを語ったと伝えられています。

水戸殿はよい人で学問もあるが、唯一の疵は愛憎が激しいことだ。そのため、国の中が混乱をきたすのだと思う。主君たる人は、愛憎がないのを専要とする。国中の者が主君一人に目をつけて頼みに思うものであるから、主君に愛憎があっては頼みにならない。ついには人気が離れ、背いていくことになり、その果ては国の乱れとなるのは、和漢古今その例が少なくない。「一視同仁（すべての人を公平に思いやること）」というのが、民を治める要である。自分は、若い頃、歴史の講説を聞いて以来、今もって肝に銘じて忘れずにいる。（『斉彬公史料』第三巻）

斉彬は、「人を使ふことの上手で、尤《もっと》も人を知ることの明らかなる人君であった」（重野安繹『西郷南州逸話』）といわれます。西郷隆盛と勝海舟を引き合わせるなど、斉彬が中心となってできあがった人間関係は、老中・大大名から幕府・諸藩の下級武士までを含む幅広いものでしたが、それらはやがて、維新功業の中心的な人的ネットワークを形作っていきます。斉彬は、「十人が十人に好かれるような人間には人材はいない。本当に役に立つ人間は、必ず一癖あるものだ」（『斉彬公史料』第三巻）と述べたといわれます。彼が、西郷や勝のような一癖ある豪傑を見出すことができたのも、彼自身が、愛憎を離れた「一視同仁」の境地に立っていたからに違いありません。

藩内政治はもとより、日本全体の国政レベルでも、斉彬の行動を支えたのは、「人心一致」の理念でした。安政年間という国難の時期における斉彬の政治的なスタンスは、対外的には開国を容認して戦争を避け、対内的には人心を一致させて国力を蓄え、将来の国威発揚を図るというものでした。その具体策の一つが、一橋慶喜の擁立です。外国の脅威が迫る中で最も恐るべきことは、国内の人心の乱れである。したがって、人望があり、器量に優れた人物を将軍後継者にすえて、上は天皇から、下は天下人民に至るまで、「上下一同人心安堵」を図ることが、目下の急務であるというのが、彼の基本的な立場でした（『島津斉彬上書』）。

西郷隆盛が、斉彬の意を受けて一橋慶喜擁立運動に奔走したのは、周知の通りです。この企てはしかし、井伊直弼ら南紀派の巻き返しにあって失敗に終わりました。斉彬自身も、徳川慶福が継嗣に決定した直後に急死します。けれども、時代の趨勢に対する斉彬の読みは、決して外れてはいませんでした。

この当時、斉彬が最も恐れ、警戒していたのは、人心分裂による内乱でした。「異国の脅威よりも内乱の方が、自分の考えるところ、よほど深刻である」から、ともかくもまずは「自国の固めを第一」にしなければならないと彼は考えていました（安政五年四月二十八日、早川五郎兵衛宛書簡・『斉彬公史料』第三巻）。このような状況認識は、和漢の歴史、西洋諸国の治乱興亡の歴史についての深い学識と、戦いの得失を冷静に見きわめる戦闘者としての優れたセンスにもとづいた、彼一流の判断でした。彼の死後、薩摩藩は、「順聖院様御深意」を合言葉に、人心一致して幕末の難局に臨むことになります。日本国内の大勢もまた、無益な戦いを極力避けながら、国の統一を実現しようとする方向に動いていきます。幕末維新のクライマックスである江戸城の無血開城が、斉彬の愛弟子ともいうべき西郷隆盛、勝海舟によって成し遂げられたというところにも、「人心一致」を理念とした斉彬の執念のようなものが感じられてなりません。

勝海舟がずばり「斉彬公はえらい人だったよ」（『氷川清話』）と言っているように、斉彬は幕末において傑出した名君でした。そして、彼の名君たるゆえんは、何よりも、対外的・軍事的な危機の中での卓抜した大局観にあったように思われます。目下の急務、最優先事が何であるかを鋭く見抜き、不要不急なことや無駄な争いを避けながら、人心を一点にまとめあげていくことにかけては、当時の大名で彼に並ぶものはいなかったように思います。彼の、大きく物事を見る目を培ったのは、もちろん学問の力です。そして、身につけた学問を実行に移す際に彼が指針としたものは、薩摩藩教学が説いてきた伝統的な道徳でした。

斉彬は、学問を推奨する一方で、「薩摩の武士は無学であるが、万一乱世になれば、忠義の者が多く出るであろう。これは全く正直の力である」（島津忠寛の親話、『斉彬公史料』第三巻）と伝統的な道徳を賞賛してもいます。道徳と学問の力によって、「日本ノ玄機（注、奥深い働き）ヲ引起コシ、日本ノ日本タル所ヲ示サン」（同）ことをめざした斉彬は、まさに智徳兼備の名将であったといえるのではないでしょうか。

第十二章　西周――軍人精神の創設

文久二年（一八六二）六月、幕府は十五名の留学生をオランダに派遣します。西周《にしあまね》は、そのときの幕府派遣留学生のひとりでした。教科書的な説明では、西周という人物は、啓蒙知識人の団体である明六社のメンバーで、哲学という訳語をつくった洋学者ということになっています。しかし、当時彼は陸軍省に所属し、主たる業務として近代兵制の導入に携わっていました。ここでは、教科書ではあまり触れられない、軍人精神の創設者としての西の素顔に迫っていきたいと思います。

オランダ派遣留学生、西周

万延元年（一八六〇）、幕府は、日米修好通商条約批准のため、初めての公式使節をアメリカに派遣します。使節の搭乗するポーハタン号には、航海実習のために幕府軍艦咸臨丸が随行していました。咸臨丸には、軍艦奉行木村喜毅《きむらよしたけ》、艦長勝海舟はじめ、福沢諭吉《ふくざわゆきち》、中浜万次郎《なかはままんじろう》ら日本人九十六名が乗り組んでいました。勝海舟はこのことを、「おれが咸臨丸に乗って、外国人の手は少しも借らないでアメリカへ行ったのは、日本の軍艦が、外国へ航海した初めだ」（『氷川清話』）と自慢しています。翌文久元年（一八六一）には、開港延期交渉のため、ヨーロッパにも使節が派遣されます。これらを皮切りに、幕府は七回にわたって欧米へ使節を派遣しました。そして、派遣使節や随行した洋学者たちの実地見聞をきっかけとして、本格的な海外修学を望む声が高まっていきます。

文久元年七月、幕府は蒸気軍艦二隻をアメリカに発注し、あわせて航海や造船技術習得のための留学生派遣を決定します。しかし南北戦争の激化により、アメリカが引き受けを撤回してきたため、相手先をオランダに変更し、文久二年六月、幕府海軍操練所の伝習生などから選ばれた十五名に、オランダへの留学派遣が命じられました。その時のメンバーの一人に、のちに山県有朋のブレーンとして『軍人勅諭』作成に携わるなど近代日本軍の精神的基盤の創設にかかわり、また一方で、「哲学」という訳語を作った啓蒙思想家としても知られる、西周（維新前は周助《しゅうすけ》と名乗る）がいました。

西周

西周は、文政十二年（一八二九）、石見国《いわみ》（現島根県）津和野《つわの》藩医の子として生まれました。世代的には、西郷隆盛（西より二歳年長）、大久保利通（一歳年少）らと同世代ということになります。西家は代々医師として津和野藩主に仕える家柄で、森《もり》鷗外《おうがい》の生家とは親戚筋に当たります。天保十年（一八三九）、西が十一歳のときに藩主に就任した亀井茲監《かめいこれみ》は、洋式銃の導入、海防の強化など兵制改革に力を入れる一方、和漢洋の学術を奨励し、多くの藩士を江戸や大阪に遊学させました。西もまた、

文久年間和蘭留学生一行の写真（津田真道関係文書）

二十一歳のときに三年間の儒学修業を命じられ、大阪、岡山に遊学しています。

嘉永六年（一八五三）のペリー来航は、西の人生の最初の転機をもたらしました。多くの諸藩と同様、津和野藩でも「異国船手当て」のため、つまり情勢を把握するために、急遽《きゅうきょ》数名の藩士を江戸に派遣します。西も、その一人に選ばれました。江戸に着いた西は、オランダ語や算術を熱心に学びますが、やがてはそれに飽き足りず、より本格的に洋学を学ぶために、藩庁、父、同僚に書置きを残して脱藩を決行します。津和野藩から「永の御暇」を言い渡された西は、大阪時代の学友宅を転々としながら勉学を続け、安政二年（一八五五）、当時の著名な蘭学者手塚律蔵《てづかりつぞう》の塾に入ります。手塚は、開国派老中堀田《ほった》正睦《まさよし》（佐倉藩主）に仕えて蘭学を講じ、また長州藩の有志たちの西洋研究の指導にもあたっていました（そのため、長州の攘夷派に襲撃されたこともあります）。西は、塾の下働きやオランダ語の家庭教師などで生活費を稼ぎながら勉学を続けます。のちに勘定

〈海軍関係〉
内田恒次郎（正雄）　軍艦操練所教授方・大学南校、『輿地誌略』訳出
榎本釜次郎（武揚）　海軍操練所教授・五稜郭で抗戦、明治政府で大臣職を歴任
沢太郎左衛門（貞説）　軍艦奉行支配・蝦夷共和国開拓奉行、海軍兵学校教官
赤松大三郎（則良）　威臨丸渡米組・海軍中将、横須賀鎮守府司令長官
田口俊平（良直）　関宿藩士・海軍操練所御用掛（慶応三年没）

〈技術者〉
古川庄八　水夫頭・榎本武揚軍に参加、海軍技師
上田寅吉　船大工・横須賀造船所軍艦造工場
大川喜太郎　鍛冶職人・オランダで死去
中島兼吉　鋳物師・製鉄所経営
大野弥三郎（規周）　測器師・造幣局技師
山下岩吉　水夫・横須賀造船所製帆工場長

〈医師〉
伊東玄伯　奥医師伊東玄朴の養子・宮内庁大侍医
林研海　幕府御典医の子・陸軍軍医総監

〈法律・経済〉
津田真一郎（真道）・蕃書調所教員・『軍人勅諭』起草にあずかる、貴族院議員、男爵

資料3　文久二年幕府派遣オランダ留学生

注：氏名・前歴・留学後の経歴の順で示す。
出典：石附実『近代日本の海外留学史』などを参考に作成。

奉行や陸軍奉行を勤め、戊辰戦争では最後まで主戦論を唱えた小栗《おぐり》上野介《こうずけのすけ》（忠順《ただまさ》）も、この頃の教え子の一人でした。また、手塚に勧められ、中浜万次郎（ジョン万次郎）の塾で英語を学びますが、そこでは榎本釜次郎《えのもとかまじろう》（武揚《たけあき》）と知り合いになります。

安政四年（一八五七）、西は、老中久世広周《くぜひろちか》の命で、蕃書調所《ばんしょしらべしょ》教授手伝並《てつだいなみ》を仰せつかります。蕃書調所は、幕府が安政三年に設立した、当時日本で最も充実した洋学の研究・教育機関でした。のちに洋学所、開成所と名称が変更され、維新後は開成学校として再編、東京大学の前身となります。教員に

は、幕臣、陪臣、庶民の身分にかかわりなく優秀な人材が集められ、ここで教え、学んだ人材の多くは、のちに明治近代国家の建設に大きな役割を果たすことになります。西と共にオランダに留学した法学者津田真道《つだまみち》、わが国最初の統計年鑑を作成し、国勢調査の生みの親となった統計学者杉亨二《すぎこうじ》、東京大学初代総理加藤弘之《かとうひろゆき》、明治政府の経済政策を支えた経済学者神田孝平《かんだたかひら》らは、いずれも蕃書調所の教員経験者です。また、勝海舟も一時蕃書調所の頭取助を勤めていました。

維新の功業というと、ややもすればいわゆる志士たちの活動に目を奪われがちです。しかし、維新の目標である近代的な国家は、切った張ったの政治闘争だけで作れるものではありません。上層部はともかく、近代国家建設の実務を担った明治新政府の中・下級官僚には、多くの旧幕臣が含まれていました。彼らの多くは、外国奉行のもとで翻訳や外交実務に携わり、あるいは、蕃書調所や軍艦操練所で西洋の知識・技術を身につけた人材でした。徳川幕府のもとでの洋学研究の蓄積と人材育成がなければ、おそらくわが国があれほど急速な近代化を成し遂げることはできなかったでしょう。その意味では、明治維新の最大の功労者は、幕府の洋学研究・教育機関であったといっても過言ではないと思います。

人々の意識を変革する

文久二年（一八六二）五月、西周は、学術修業のためオランダ留学を命じられます。このとき選ばれた留学生は、榎本釜次郎ら軍艦操練所の教員五名、造船・航海関係の技術者が六名、医師が二名、そして蕃書調所教員からは津田真道と西の二名、総勢十五名でした。

オランダに渡った一行は、それぞれの目的に応じ、兵学校、医学校、幕府発注の軍艦開陽丸を製造している造船所などに配属されて実習を積みました。西と津田は、ライデン大学のフィセリング教授の下で、自然法学（法律の根拠に関する哲学的な研究部門）、国際法学、国内法学、経済学、統計学を学びます。西洋近代の社会科学を体系的に学んだのは、おそらくこの二人が初めてであり、のちに彼らの知識は、近代的精神にもとづく政治制度や文化の創出に大きく貢献することになります。

慶応元年（一八六五）十二月、西は、出発以来三年半にわたる留学生活を終えて帰国します。翌年三月、幕府直参に列し、開成所（もとの蕃書調所）教授職に就任、九月には徳川慶喜に召しだされて京都に赴きます。日本で初めて「哲学」という訳語が用いられたのは、京都での待命中に開いた私塾での講義の中でした。「百一新論」というそのときの講義からは、西のその後の仕事の大まかな方向性をうかがい知ることができます。

西周『百一新論　巻之上』

元治元年（一八六四）、四国艦隊に敗れた過激攘夷派の長州藩は、近代化路線に舵を切ります。この頃には、西洋近代文明を取り入れた富国強兵策の必要性は、もはや誰の目にも明らかでした。とはいえ、初めのうちは、西洋文明を取り入れるといっても、それはあくまでも西洋の進んだ科学技術に留まるのであって、制度や思想については、従来のものを変えずに維持していけるものと考えられていました。佐久間象山の「東洋道徳・西洋芸術」や、島津斉彬の「採長補短」は、いずれも、日本固有の精神、社会制度の上に、西洋の科学技術を移植するという考えをあらわしています。しかし、横井小楠が早くから気づいていたように、科学技術を移入すれば、それに応じて社会制度もおのずと変わっていきます。そして、制度が変われば、制度を成り立たせている大本のものの考え方、人々の意識も必然的に変わっていかざるをえません。

西洋の科学文明を導入すると、なぜ社会制度や思想も変わらなければならないのでしょうか。簡単な例で考えてみましょう。たとえば、幕末には多くの藩が洋式の銃を導入しました。これは、西洋の進んだ技術の導入に当たります。しかし、洋式の銃を運用するには、それにふさわしい部隊編成が必要になり、戦国以来の家格・身分組織である「組」は、中隊、大隊といった近代的な部隊組織に改変されます。さらに、洋式銃隊が主力となれば、身分にかかわりなく、全ての侍に洋式銃による同一の武装をさせた方がよいということになります。銃は身分の低い鉄砲足軽だけのものなどと言っていては、全員が等しく銃で武装している軍隊にかなうわけがありません。洋式銃の導入という一事をとってみても、組織の近代化、戦闘員の平等といった、制度やものの考え方の改革が必要となってくるのです。同様のことは、すべてについて言えるわけで、結局のところ、科学技術による富国強兵策そのものが、近代的精神にもとづく制度と不可分なものなのです。

いうまでもなく、制度やものの考え方の変革には、大きな抵抗が伴うものです。明確な効果が期待される洋式銃隊の導入でさえ、多くの武士が強い心理的抵抗感を示したといわれます。ましてや、あらゆる社会組織が能力主義・平等主義の人間観にもとづいた法によって組み立てられている西洋の社会制度は、それを理解することすらきわめて難しかったにちがいありません。しかし、西洋的な近代国家を建設するのであれば、制度の改革を避けて通ることはできません。そのことをどのように説明し、納得させて、人々の考え方を改めていくか。こうした啓蒙の仕事が、明治初期の洋学者たちに課された課題だったのです。

啓蒙思想家としての手腕

話を「百一新論」に戻します。この講義の趣旨は、儒教、キリスト教、仏教などさまざまな教え（百教）は、めざす目的においては一つである（百教一致）ことを論じることにあります。そして、さまざまに異なる教えを一段高い見地から概観して、それらが同一であることを明らかにし、普遍的な教えの方法を立てるのが、「ヒロソヒー、訳して哲学」の仕事であることが主張されます。しかしながら、そうした道徳・宗教の論はあくまでも表向きのことで、この講義で西周が伝えようとしているのは、もっと別なことでした。西の本当の狙いは、国家の統治が人間の定めた法にもとづいて行われるという、西洋近代国家の根本原理を理解させることだったのです。

「法の支配」とか「法治主義」（細かく言うと、この二つはかなり違う内容なのですが、そのことは措きます）という考えは、今日の人にとっては常識に属しますが、幕末の人々にとっては、ほとんど理解を絶したものでした。そもそも儒教（とくに朱子学）的なものの考え方が社会制度の根本にあった徳川時代においては、「法によって治める」というのは「法家」という異端の教えであり、誤った考えの代表とされてきました。天下を治めるのは徳と礼、つまり儒教の教えであり、その教えは天から与えられた自然のものというのが、当時の人々の政治や制度についての常識だったのです。ついでに言えば、近代国家の形態である中央集権制もまた、封建制を理想とする儒教的常識からすれば、郡県制という好ましくない統治形態（焚書坑儒《ふんしょこうじゅ》を行った秦の制度）に類するものでした。

西は、このように当時の常識とはまったく異質な西洋の法概念を、実に巧妙なやり方で講義しています。彼は、誰もが知っている儒教の歴史を説きながら、法による統治の必然性、教えと法の違い、法の目的、教えの限界、さらには当時そういう概念すら存在しなかった「権利」の考え方までを、巧みに説明します。一つだけ、例を挙げておきます。権利と義務について、彼はおおよそ次のように説明しています。

権利と義務を、儒教ではどちらも「義」と呼んで区別していないが、西洋では両者を区別している。『論語』に、「義あってしかして後に取る」（憲問篇）というのは、取る側から見た「義」で、与える側から言う「義」とは異なる。取る側から見た「義」を、西洋では「権」と言っている。例えば、質を置く人がいれば、置く人と取る人のそれぞれに「権」と「義」が生ずる。置く人は、預けた品物を期日まで損じないように求める権利があり、また期日には利息をつけて金を払う義務がある。逆に、預かった人には、期日までに金を返還させる権利と、預かった品物を損じないように保管する義務がある。（『百一新論』）

西洋の思想をただ紹介するのではなく、それまでの常識と異質な思想とを巧みに連続させながら納得させていくところに、啓蒙思想家としての西の手腕を見ることができるでしょう。このように、誰もが知っていることとの間に違和感を持たせないようにしながら、まったく新しい発想を植えつける手腕は、例えば、福沢諭吉の『学問のすすめ』にも見られるところです。福沢が、努力して出世するという、誰もが認める考え方を導きの糸として、「天賦人権」というまったく新しい思想を人々に納得させてしまったのはよく知られている通りです。「百一新論」の講義録は、鳥羽伏見の戦いの混乱の中で散逸してしまいますが、明治六年（一八七三）、この講義に感銘を受けた聴講者の一人、会津藩士山本覚馬が、自身の速記録を携えて西を訪ね、出版に至ったというエピソードが残されています。会津藩砲兵隊を指揮し、維新後は失明というハンディを背負いながら、京都府政や同志社の設立などに尽力した山本覚馬もまた、幕末維新の英傑の一人です。

徳川慶喜の側近として

慶応三年（一八六七）五月、西は、二条城奥詰を命じられます。徳川慶喜に側近として付き従う生活は、明治元年（一八六八）六月にお役御免となるまで続き、徳川家が静岡に移された際には、沼津兵学校の教員に招かれます。この幕末最後の局面での彼の活動や交友関係は、のちの明治陸軍との関わりへの伏線をかたちづくっていくことになります。

さて、慶応三年十月十三日、老中板倉勝静《いたくらかつきよ》は、二条城に在京諸藩の重役を集め、大政奉還の諮問案を回覧に付します。薩摩、土佐、安芸各藩の重役は、特に願い出て将軍徳川慶喜に謁見し、その英断に感服する旨を言上、薩摩藩家老小松帯刀《こまつたてわき》は、政権返上後も、外交と国家の重大事を除いた通常の政務は引き続き将軍が執るべきとの意見を申し述べました。

この日、西周は、にわかに召しだされて諮問案回覧の場に立ち会い、小松帯刀が将軍に対して陳述している場面を目の当《ま》たりにします。諸藩重役が退出した後、西は、慶喜から、英国の議員制度や三権分立のことについての説明を求められました。このときの説明を文書化したと思われる、『議題草案』という文書が残されています。その内容は、将軍を元首とし、三権分立、議院制にもとづいた政体を説いたもので、徳川慶喜がめざした方向性の一端をうかがうことができます。翌十四日、慶喜は大政奉還を朝廷に奏上、十月十五日に勅許されます。この直後、西周は、英国公使パークスに宛てた慶喜の書簡（大政奉還後も、政務の運営に大きな変更はないことを伝えたもの）の英訳を命じられています。

大政奉還は、新しい国家体制の主導権を徳川家が握っていくために取られた起死回生の策でした。もともとの発案者は坂本竜馬であるといわれ、尊王派であると同時に徳川家への忠誠心も厚い前土佐藩主山内容堂《やまうちようどう》の強い働きかけで実現したものでした。山内容堂の狙いは、討幕強硬派である薩摩・長州を出し抜いて、天皇を元首とし、将軍を政府の事実上のトップとする諸藩連邦政権を樹立することにありました。この目論見はいったん成功したかに見えました。しかし、すでに討幕決行を約していた薩摩・長州両藩は、大政奉還が奏上された同じ十月十四日に、討幕の密勅を手に入れて巻き返しにかかります。十二月九日、西郷隆盛が指揮する薩摩藩兵らが御所を固める中で、いわゆる「小御所会議」が開かれ、徳川慶喜に対し、官位を減じ領地の返納を命じる決定がなされます。

　この十二月九日、西周は、開成所時代の友人寺島陶蔵《てらしまとうぞう》（のちの外務卿寺島宗則《むねのり》）と酒盃を交わして旧交を温める予定でいました。ところが昼前になって二条城内が騒然としているという知らせが入り、寺島には断りを言って急いで登城したところ、城中には新撰組が詰めていて、普段とは様子が一変しています。聞けば、薩摩藩兵が宮城を固め、一触即発の状況にあるとのことです。十一日、いったん宿所に帰って片づけをし、商店のツケの支払いなどを済ませ、妻子に別れを告げて、再び登城します。十二日には、天子のお膝元で事を構えるのは穏当でないということで、大坂城への退去が決まり、西も銃を携えて行列に加わります。急な決定であり、また将軍に付き従う者たちは、

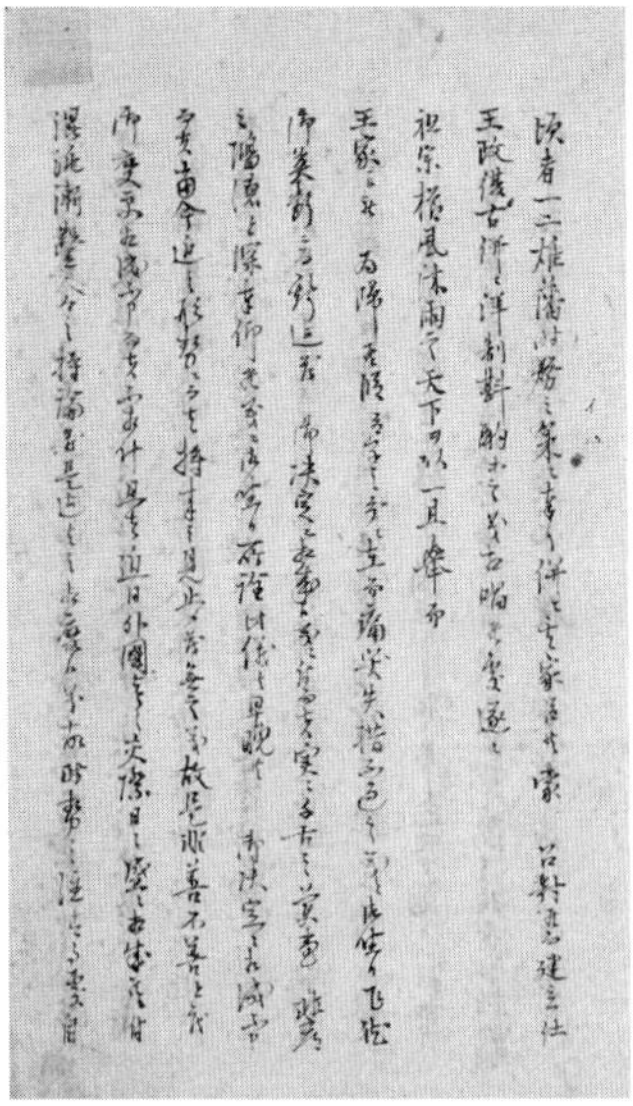

西周『議題草案』

幕臣や、会津、桑名など諸藩の侍の混成部隊で、統率は混乱を極めていました。自伝によれば、このとき西は、かねて訳書の講読の席で顔見知りであった桑名候（松平定敬《さだあき》）を通じて合言葉を定めるよう言上し、その意見が採用されたと述べています。西は、やがて明治陸軍の統率思想確立に大きな役割を果たすことになりますが、このエピソードは、彼が近代的な軍隊組織について早くから関心を抱いていたことを示すものといえるでしょう。

大坂城へ入ってまもなく、西は、奥御祐筆詰を命じられ、翌慶応四年（一八六八）元日には、御目付を仰せつかります。以下、西の足取りを駆け足で見ていきます。一月三日夕刻、鳥羽・伏見で幕府軍と朝廷側の部隊が衝突、西は、大坂城天守からその兵火を目の当たりにします。この戦いのあいだ、西は、戦況報告、増援部隊の手配、負傷者の収容などに従事します。六日午後には、増援部隊をともなって守口に赴きますが、淀、津両藩の裏切りによって、幕府軍はすでに総崩れとなっていました。やむなく、大坂城に戻ってみると、城中は「人々耳目みなここにあらず。色みな土のごとし」（西周『自伝草稿』）というありさまです。同僚に聞くと、親指を動かして、「これ昨夜遁逃す」、つまり、将軍は少数の供を連れて遁走《とんそう》したあとでした。このあと西は、傷病兵の収容・引率を命じられ、陸路和歌山へ脱出、そこから船で江戸に帰還します。江戸に戻ってまもなく、再び奥詰に転じ、寛永寺に謹慎中の徳川慶喜の身辺に仕え、慶喜が水戸へ下った際にもこれに付き従いました。明治元年（一八六八）閏《うるう》四月、江戸に戻り、再び御目付を拝命、五月の彰義隊《しょうぎたい》の変では、脱出してきた彰義隊士をかくまっています。

明治陸軍と西周

明治元年五月、徳川慶喜の静岡移封が決まったのを機に、西周は隠居を決意しました。ところがそこへ、かつて手塚律蔵の洋学塾の同期生であった大築尚志《おおつきたかゆき》が、新たに設立する沼津兵学校頭取への就任を要請してきたのです。大築は、のちに陸軍中将となり、日本砲兵の始祖と仰がれた人物です。また、静岡藩に徳川家の兵学校を設立しようとしていたのは、一時期西と御目付部屋の同役であった阿《あ》部邦之助《べくにのすけ》でした。西は、就任を受諾して沼津に移住します。これが、彼と明治の陸軍とのむすびつきの始まりとなります。

明治三年（一八七〇）九月、西は、勝海舟の推薦によって兵部省出仕を命じられ、翻訳局に勤務することになります。勝は、兵部省充実のための人材を集めていた山県有朋の求めに応じて、西を推薦したのでした。明治五年の兵部省廃止後は陸軍省に属し、陸軍大丞《だいじょう》、陸軍省第一局第六課長などを経て、明治十年（一八七七）一月、陸軍省参謀局第三課長兼第一局第六課長となります。陸軍において西が担当したのは、兵制書の翻訳、兵語辞典の編纂、西洋式兵制の研究と導入、法規の整備など、近代的陸軍の制度構築に関わるさまざまな業務でした。

戊辰の内戦を鎮定し、まがりなりにも国内の統一を成し遂げたとはいえ、この時期、明治政府の軍事的基盤ははなはだ不安定なものでした。そもそも政府は自前の軍隊を持っておらず、その軍事力は、薩摩、長州、土佐、芸州など有力諸藩の藩兵に依存していました。天皇直属の御親兵でさえ、諸藩から差し出された兵士によって構成されていました。戦国武士団の流れを汲む諸藩の寄り合い所帯の軍隊は、近代的な国家の常備軍とはさまざまな点で相容《あいい》れない部分があり、これが、軍を統率する上で厄介な問題を引き起こしていました。たとえば、藩兵が忠誠を尽くす対象は、天皇でも国家でもなく、あくまでもそれぞれの藩主です。このことは、軍の指揮命令系統を一元化する上で、大きな妨げとなっていました。また、身分・家柄の上下関係にもとづく武士社会の組織原理は、身分と関係なく軍人としての階級によって上下関係を定める西洋式軍隊の組織とはズレがありました。上官が百石取の家柄出身、部下が千石取の家柄出身のような場合、往々にして上官の命令が軽視されるような事態が起こったといわれています。さらに厄介だったのは、旧藩の武士たちが、武人であると同時に、政治や行政の仕事も兼ねていたということです。政治をする者と、武力を持って戦闘する者とを区別する考えがないということは、政治行動が簡単に軍事行動と結びつく危険をはらんでいるということです。政府に反対する政治活動が軍隊と結びついて大規模な内戦を引き起こした代表例が西南戦争であるのは、言うまでもないことと思います。

そういうわけで、明治初年から十年代にかけて、明治政府にとって最も差し迫った課題は、一元的な指揮命令系統に従う政府直属の軍隊を完成させることにありました。明治政府にあって近代的な軍隊の建設を推進したのは、長州出身の山県有朋です。その山県のブレーンとなって、陸軍部内の統制と軍紀の確立に寄与した最大の功労者が、啓蒙思想家西周でした。

明治十一年（一八七八）二月から五月にかけて、西は、陸軍の将校クラブ偕行社《かいこうしゃ》で、「兵家徳行」と題する連続講演を行いました。その趣旨は、近代的軍隊のありかたにふさわしい、新たな軍人精神の基礎を示そうとするものでした。講演の中で西は、古今の戦法の変遷史は、「メカニズム」の進歩として捉えることができ、メカニズムが精密・精巧の頂点に達したのが西洋近代の軍隊であると述べています。「メカニズム」の進歩には、二つの意味があります。一つは、「器械」としての武器の進歩です。刀や槍から鉄砲へ、さらには機関銃へという、兵器の機械化の歴史がそれに当たります。そしてもう一つは、「人を器械の如く用いる考え」、つまり、用兵における統率の精密化です。「千軍万馬も大将一人の自ら手足を動かす如く指揮する考え」のことを、西は「節制」という語で示しています。これは、今日の言い方では、「統率」とか「統制」というものに当たるでしょう。源平合戦や西洋の十字軍時代の騎士の戦いなど、古い時代の用兵は、概して「一騎立ちの戦い」が中心でした。しかし、近世以降は次第に「節制の考え」が主流になり、ナポレオンの時代以後の近代的軍隊では、全軍を精密機械のように統制する戦い方（「節制の兵」）が常識となったと西は捉えています。したがって、建設途上にある近代日本軍も、兵器の近代化はもちろん、精密な統制に基づく用兵を確立しなければならないと、西は考えます。

西によれば、統制された用兵にとって重要なのは、「規則」と「操練」です。軍のあらゆる行動について、「画一の定規」のような規則を定め、「操練」によって決められた動きができるようにすることが、統制の基本であると彼は述べています。もちろんこのことは、西にいわれるまでもなく、軍の関係者にとっては常識に属することでした。山県を初めとする軍首脳は、西洋列強にならって、徴兵、動員、軍団配備、訓練、軍紀、被服、医療など、あらゆる分野での規則の制定、つまり近代的兵制の確立を急いでいました。欧亜兵制研究担当の参謀局第三課長として、西もそれらの業務に関係していましたが、しかし、彼の啓蒙思想家としての本領が発揮されたのは、制度そのものよりも、その制度に対応する軍人の精神にかかわることがらでした。

軍人精神の創設者

「兵家徳行」の中で、西はおおむね次のような考えを述べています。

近代的な軍隊の強みが規則と訓練に基づく統制から生まれることは、西南戦争で実証されている。西南戦争では、「百姓兵」と嘲られた官軍が、精強な武士たちの軍勢を破ることができたのは、ひとえに統制の力によるものである。とはいえ、そこにはなお考えるべき点がある。それは、人数・装備において劣る反乱軍が、一年余りを持ちこたえ得たのはいかなる力によるものであったのかということである。

前近代的な西郷軍の強み、それは、「士心合一」にあったと西は考えます。大将は部下と苦難を共にし、部下は命を捨てて大将に従うという、生死を超えた心のつながりで全軍が一体となっていたことが、西郷軍の、ひいては伝統的な日本の武士団の強さの根源であったと、彼は考えたのです。そして、建設途上の我が陸軍において不足しているのは、まさにこの「心から」なる軍の一体性であると彼は考えたのです。

主君の命令に絶対的に服従するのは、武士社会においてはごくあたりまえの道徳でした。しかしそれは、各人が同一の権利を持つ近代社会の「常道」とは相反するものです。西が目論んだのは、近代社会の原理と相反する絶対的服従の道徳を、近代化された日本陸軍の中に復活させることでした。すなわち、近代的なメカニズムで作られた軍隊の中に、古い武士社会の忠誠の道徳を注入しようと試みたのです。

兵器や戦法など軍隊の外形は近代的に、しかし、それを動かす精神は武士的な道徳に、というのが西の構想でした。山県有朋、西周のコンビによって推し進められたこの構想は、明治十一年の『軍人訓戒』を経て、明治十五年（一八八二）一月四日に発布された『軍人勅諭』によって完成を見ることになります。

『軍人訓戒』『軍人勅諭』は、いずれも西が草稿を作ったものです。それらに共通する新しい日本軍の統制思想の骨子は、おおむね以下のようになります。第一は、兵が忠誠をささげる対象を明確化したことです。武士団においては、忠誠の対象はそれぞれの主君（藩主）でしたが、近代日本軍においては、その対象は天皇の人格に一元化されます。しかし、最終的な命令権者が天皇であることを規則で示すだけでは、兵の心からなる絶対的服従を得ることはできません。そこで、「訓戒」、「勅諭」では、兵馬の大権は本来武士の棟梁《とうりょう》ではなく天皇にあったことが、歴史的に説明されています。こういうところにも、制度の意味をわかりやすく説明して、抵抗なく新しい考え方を受け入れさせる啓蒙

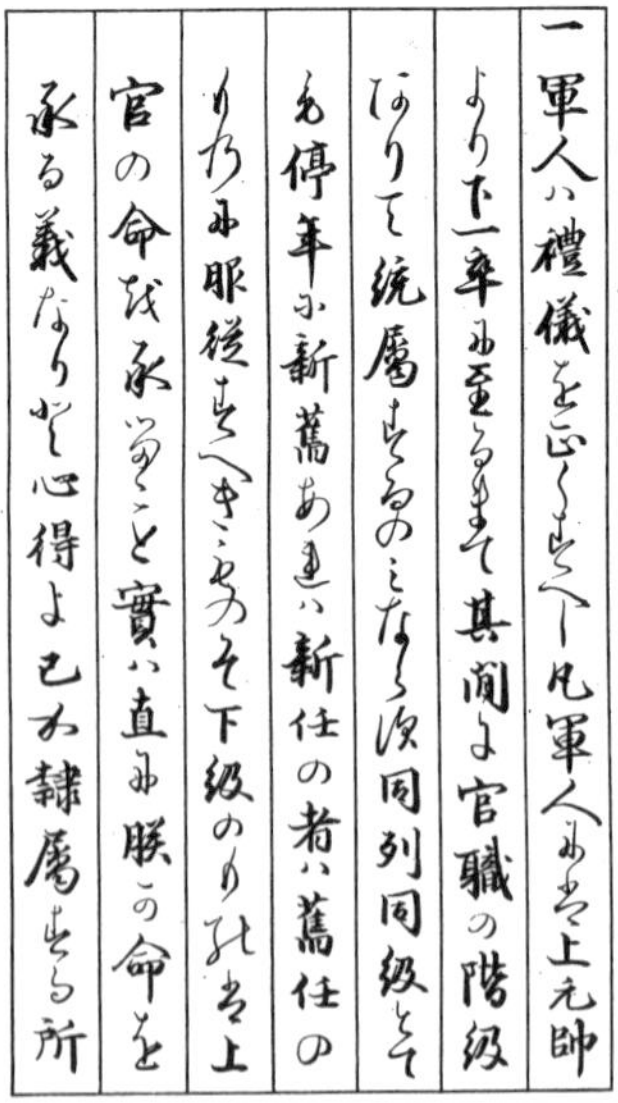
一軍人ハ禮儀を正しくすへし凡軍人にハ上元帥より下一卒に至るまて其間に官職の階級ありて統屬するのみならす同列同級とても停年に新舊あれハ新任の者ハ舊任のものに服従すへきものそ下級のものハ上官の命を承ること實ハ直に朕か命を承る義なりと心得よ己か隷屬する所

単行書・軍人への勅諭

思想家としての西の手腕が発揮されています。そして第二は、軍隊を一般社会から切り離して、独立した別の世界にしたことです。先に述べたように、政治的な争いが直ちに軍隊に結びついてしまうことが、当時の明治政府が抱えた大きな問題でした。この問題に対して、制度の上では、軍の統率を行政官庁（陸軍省、海軍省）から切り離し、参謀総長・軍令部総長を介して天皇に直属させる解決策が取られました。いわゆる、「統帥権《とうすいけん》の独立」です。「訓戒」「勅諭」は、一般政治社会からの軍の独立を、軍人のあるべき道徳として、精神面にも貫徹させようとしています。たとえば「勅諭」の第二項「軍人は礼儀を正しくすべし」は、各人が権利を主張し、自由に振舞う一般社会の道徳とは異なる「服従の道徳」が、軍人精神の基本であることを説いています。また第四項の「軍人は信義を重んずべし」は、一般社会の政治的関係や私的人間関係と軍人社会のそれとはまったく別のものであることが説かれています。これらは、いずれも、「兵家徳行」以来の西の基本構想が、教えとして表現されたものです。

このように、近代的な軍隊の制度を、軍人一人ひとりが心から理解し、納得できる論理を構築したことが、維新における西周の最大の功績であったということができるでしょう。

西周の業績は、教科書的には、明治初期の啓蒙団体である明六社の一員として、西洋近代思想を紹介したことにあるといわれています。西は、陸軍省に籍を置きながら、『明六雑誌』に哲学や道徳の論考を発表しています。しかし、西の啓蒙活動が最もその実《じつ》を挙げたのは、近代日本の軍人精神確立への寄与でした。西周にもっともふさわしい肩書きは、やはり、軍人精神の創設者というものではなかったかと思うのです。

第十三章　タウンセンド＝ハリス――日本の真の幸福を願って

明治維新後の幕府悪玉史観では、安政の通商条約は、列強の軍事的圧力に屈して押し付けられた屈辱的な不平等条約であるとされてきました。しかし、実際の条約交渉過程では、国際正義を基準とした正々堂々のやり取りが繰り広げられていました。そのドラマを、個人の人格を賭けて交渉に臨んだ一人の素人外交官に焦点を当てて見ていきたいと思います。

初代総領事ハリス

安政五年（一八五八）六月、日米修好通商条約が勅許を得られぬままに調印されます。このことが、井伊直弼暗殺から幕府の瓦解へといたる幕末動乱の引き金となったことは、これまでにも述べてきた通りです。この条約によって、日本は実質的に国際社会の一員に組み込まれることになりました。近代の日米関係の記念すべき第一歩となるこの条約の原案を作成し、粘り強い交渉によって調印にこぎつけた功労者が、下田駐在の初代アメリカ総領事タウンセンド＝ハリス（一八〇四～七八）でした。

ペリー提督の率いる艦隊が極東の「島帝国」に派遣されるとの報は、西洋諸国に一大センセーションを巻き起こしました。鎖された神秘の国への好奇心に駆られた「ヨーロッパ及びアメリカの文人、学者及び職業旅行家達」は、こぞって遠征隊への参加を希望しました（土屋喬雄・玉城肇訳『ペルリ提督日本遠征記』一）。しかしペリーは、軍律にもとづく厳格な統制が保てないという理由から軍人以外の参加を認めず、殺到する請願を断固として拒否しました。中には、かつて長崎のオランダ商館に医師として滞在し、地図の海外持ち出しが発覚して追放されたシーボルトのように、人物が信用できないという理由で拒絶された者もいました（ペリーは、シーボルトがロシアのスパイであると疑っていました）。当時、貿易商として上海に滞在していたタウンセンド＝ハリスもまた、このとき同行を希望しながら認められなかった者の一人でした。

タウンセンド＝ハリス

ハリスはもともと、政治家でも軍人でもない、ごく平凡なニューヨークの一市民でした。家庭が貧しかったため、大学で学ぶことができず、兄が経営する陶磁器輸入会社で働きながら、もっぱら図書館で語学や文学、動植物学を勉強しました。中年になって経済的に余裕が出てくると、貧しい若者のための教育事業や、消防などの社会事業に打ち込み、四十二歳のときに、ニューヨーク市教育局の委員長に任命されています。

少年期のハリスの人格形成は、祖母の感化によるところが大きかったといわれています。祖母は、独立戦争のときに大きな被害を受けたことから、イギリス人をはなはだしく憎んでいました。祖母が繰り返しハリスに教えたのは、真実を語ること、神を畏れること、イギリスを憎むことの三つであったといわれています。後に見るように、祖母から受けたこの教えは、条約をめぐるハリスの交渉態度にも、確かに生かされていたと思われます。

一八四七年、母親の死をきっかけに、平凡で穏やかだった彼の人生に大きな転機が訪れました。ハリスは教育局の職を辞し、折からの不況で倒産した家業も整理して、東洋での貿易事業に乗り出していきます。一八四九年、四十五歳の年から約六年間にわたって、ハリスは、太平洋、インド洋各地で冒険的な貿易事業に従事します。このときに得られたアジア各地についての知識は、後に外交官として活躍する際の大きな武器となりました。また、アジア各地を遍歴する中で、内情をほとんど知られていない神秘の国日本に強い関心を抱くようになりました。

さて、ペリー遠征艦隊への同行を断られたハリスは、これにくじけることなく、今度は極東駐在の外交官ポストへの就任運動を始めます。一八五五年には、ペナン島から、急遽アメリカへの帰国の途につきます。彼の狙いは、前年に結ばれた日米和親条約第十一条に記された「下田に居住する領事」のポストでした。国務長官ら有力者の推薦（ペリーもその一人だったといわれます）や、大統領との直接の面談が功を奏して、ハリスは駐日総領事及び通商条約締結の全権委員の地位を獲得します。アジアについての広い知識を有すること、社会事業家としての実績を有すること、熱心な民主主義者であることが、有利な条件として働いたといわれます。大統領フランクリン＝ピアスは、国務長官宛の手紙で、ハリスの高い人格と広い知識に大いに満足したことを述べ、一刻も早い日本への派遣を促しました。鎖国日本に最後の風穴を開けることになる素人外交官は、こうして誕生したのです。

日本の第一印象

ハリスの外交官としての活動の概要は、彼の日記から知ることができます。以下、残された日記（一八五五年五月二十一日から一八五八年二月二十七日）をもとにハリスの足跡をたどってみましょう（坂田精一訳『ハリス日本滞在記』）。

一八五五年十月、ハリスは日本に赴任するためニューヨークを出発、翌年四月、ペナン島で、アームストロング提督率いる軍艦サン＝ジャシント号に乗り込みます。ここで、かねて通訳官として雇ってあったオランダ人ヘンリー＝ヒュースケン（一八三二～六一）と合流します。当時日本人はオランダ語以外の西洋語を理解しなかったので、日本語、英語をいったんオランダ語に翻訳して交渉に当たる必要があったからです。ヒュースケンは後に、攘夷派薩摩藩士らによって暗殺されますが、そのときのハリスの対応がわが国の窮地を救ったのはよく知られた話です。五月には、シャム国との通商条約締結という、別途与えられていた任務を果します。シャムでは、イギリス外交官ジョン＝ボウリング卿やハリー＝パークス卿と、東アジア情勢についての情報交換をしています。約一ヶ月間のシャム国との交渉は、ハリスにとって相当のストレスとなったようです。交渉相手となったシャムの役人たちにハリスが抱いた印象は、きわめて好ましからざるものでした。ハリスの見るところ、彼らは、上位の者にはひたすら諂《へつら》い、下手に出る者はとことん平伏させようとする「低級卑劣な人々」でした。ハリスは、「私はこれまで、彼らのような国人には会ったことがないし、また二度とこの国へ派遣されることの決してないように望んでいる」と記しています。しかし、程なく迎えることになる日本との交渉が、身体不調で重態に陥るほどのストレスをもたらすものになることは、この時点ではまだ想像もされていませんでした。

安政三年（一八五六）七月二十一日、サン＝ジャシント号は下田港に投錨《とうびょう》、艦上を訪れた下田奉行所の役人に対し、ハリスは、次のように記された書状を託しました（西暦では八月二十一日。以下、日付は和暦によります）。

フリゲート艦サン＝ジャシントは、インド、シナ、日本海を担当するアメリカ海軍提督アームストロングの麾下《きか》に属し、アメリカ合衆国総領事を日本帝国の陸上に駐在させるために渡航したものである。

翌日、下田に上陸したハリスは、下田在柿崎村にある仮宿泊所に当てられた寺院（玉泉寺）と、航海中に死亡したアメリカ人を埋葬する墓地を訪れます。すべてが清潔であるというのが、彼の日本上陸の第一印象でした。

柿崎は小さくて、貧寒な漁村であるが、住民の身なりはさっぱりしていて、態度も丁寧である。世界のあらゆる国で貧乏に何時も付き物になっている不潔さというものが、少しも見られない。彼らの家屋は、必要なだけの清潔さを保っている。

また、下田奉行の一人、岡田備後守忠養《ただやす》（もう一人の奉行井上信濃守清直はこのとき江戸にいました）と会見した七月二十五日の日記には、次のような感想が記されています。

我々一同はみな日本人の容姿と態度とに甚だ満足した。私は、日本人は喜望峰以東のいかなる民族よりも優秀であることを、繰りかえして言う。

この時代の欧米人は、世界の国々を文明国、半ば野蛮な「半文明国（半未開国）」、そして「未開国」の三つに区別していました。中国やトルコ、シャム、日本は、この「半文明国」に分類されていたのです。そして、当時の欧米の外交官はみな、半ば野蛮な「半文明国」日本を、文明諸国の一員に組み入れるのだという使命感に燃えて、日本を訪れたのでした。ペリーも、初代イギリス公使オールコックも、そのような感慨を記しています。ハリスもまた、「私は、日本に駐箚《ちゅうさつ》すべき文明国からの最初の公認された代理者となるだろう。このことは、私の生涯に一つのエポックをつくるものであり、日本における諸事物の新しい秩序の発端となるであろう」と、意気込んで日本に乗り込んできたのでし

最初のアメリカ領事館（下田の玉泉寺）

た。彼が述べている「新しい秩序」というのはもちろん、半文明国にはまだ存在しない西洋の文明秩序のことです。ところが、いざ上陸してみると、日本という国は、彼が想像していたような半文明国のありさまとはいささか様子が違っていました（オールコックも同じような印象を受けています）。土地や住まい、住民の身なりの清潔さ、役人たちの態度の礼儀正しさは、ハリスに大変良い印象を与えました。この印象は、滞在を重ねるにつれていよいよ強くなり、やがて、わずかではありますが、彼の心の中に、西洋文明に対する疑問すら芽生えさせることになります。宿舎玉泉寺の庭にはじめて領事旗を掲げたその日、早くも彼は、この国を文明国の仲間に引き入れることが、本当に日本人の幸福になるのだろうかと自問しております。

　この日の午後二時半に、この帝国におけるこれまで「最初の領事旗」を私は掲揚する。厳粛な反省——変化の前兆——疑いもなく新しい時代がはじまる。敢《あえ》て問う——日本の真の幸福になるだろうか？

孤立無援の戦い

このように、ハリスにとっての日本の第一印象は、まことに申し分のないものでした。しかし、下田奉行と折衝を重ねていくうちに、ハリスは次第に日本の役人に対する不信感を募らせていきます。何を申し入れても、奉行たちは一向に誠意ある回答を示さない。事あるごとに、江戸に問い合わせると称して、何日も待たせる。こうした一時しのぎと引き延ばしの繰り返しに、彼はたびたび怒りを爆発させています。日記には、「嘘つき」「日本人の虚偽と、欺瞞《ぎまん》と、お世辞と、丁寧さとの、途方もない芝居」といった言葉が散見されるようになります。

亜米利加人登城大目付下田奉行案内図

　肝心の交渉を一向に進めようとしない日本側の態度に、ハリスが業を煮やしたのはまことにもっともなのですが、実は日本の側にもいたしかたない事情があったのです。そもそもハリスの来航は、幕府にとってはまったくの想定外の事態でした。確かに日米和親条約には、「調印後十八ヶ月後には、合衆国は下田駐在の領事を任命できる」旨が記されています。しかし幕府は、翻訳の行き違いからか、この条項を「必要がある場合、両国が協議して領事を置く」ものと理解しており、調印後に自動的に領事が赴任してくるものとは思っていなかったのです。とはいえ、実際に領事が来てしまったのですから、行きがかりは捨てて、外交官として処遇し、交渉に入ればよいとも考えられます。しかし、幕府には、それも簡単にはできない事情がありました。和親条約を結んだということは、日本が、国際法の秩序に組み入れられたことを意味します。しかし幕府は、この条約は、あくまでも漂流民救助の延長として、お慈悲によって外国船に水・燃料の補給を許すものだと説明して、反対勢力（攘夷派）をなだめすかしていたのでした。「和親」は、正規の外交関係樹立を意味する「通信」とは違うというのが、幕府の立場だったのです。

「通信」「通商」を含まない和親条約でさえ、締結に際しては攘夷派の猛烈な反対を招きました。幕府は、水戸、尾張などの攘夷派を刺激することを恐れ、正式な外交交渉に入ることを穏便に拒絶するよう、下田奉行所に指示しました。下田奉行は、「嘘つき」という罵りを甘受しながら、誠意ある回答を示さないという辛い役目にひたすら耐えていたのでした。ハリスは、背後にある政治的事情をうすうすは感じていましたが、詳しい事情は知る由もありませんでした。何しろ日本は、当時「情報の入手の世界中で最も困難な国」（安政四年四月二十二日日記）だったのです。

しかし、このような幕府の「ぶらかし」外交に憤ったのが、ニューヨークの善良な一市民であったのは、おそらく日本にとって幸いなことでした。もしこれが、半分野蛮な人民を文明国民と親しませる企てが「流血の惨事なしに成功するようにと神に祈った」軍人ペリーだったなら、間違いなく軍事的示威行動に移っていたことでしょう。ハリスを運んできたサン＝ジャシント号は、ハリスが領事旗を掲揚したその日に出港していきます。このあとハリスは約一年間、本国からの通信も軍艦の後ろ盾もないままに、言葉による説得だけを武器にしてたった一人で幕府との交渉を進めます。この間の日記には、「アメリカの軍艦が長い間やってこないのはどうしたわけか」（安政四年四月十二日）とか、「日本に着いてから今日で九ヶ月になる。私は本国からまだ何の音信も受けていない。アームストロング提督はどこにいるのか」（安政四年四月二十八日）といった、彼の孤軍奮闘をうかがわせる記事が見られます。体調もトラブル続きで、丹毒、吐血などの病苦に悩まされます。

幕府の外交態度には強い不信感を抱きながらも、彼の日本を見る目は変わらず温かでした。日本の美しい風土や、楽しげに満ち足りた庶民の姿は、交渉のすすまないことへの苛立《いらだ》ちを慰めてくれたようです。

　この土地は貧困で、住民はいずれも豊かでなく、ただ生活するだけで精いっぱいで、装飾的なものに目をむける余裕がないからである。それでも人々は楽しく暮らしており、食べたいだけ食べ、着物にも困ってはいない。それに、家屋は清潔で、日当たりもよくて気持ちがよい。世界の如何《いか》なる地方においても、労働者の社会で下田におけるよりもよい生活を送っているところはあるまい。

（安政三年十月八日日記）

ハリスは、正直と勤勉を尊び、放逸と怠惰を何よりも嫌う、敬虔《けいけん》なピューリタンでした。彼の公正な目は、「この国の住民は親切な性質をもって」いることを見て取ります。日本人は心の底では外国との交際を望んでいるが、専制支配と鎖国の「祖法」がそれをはばんでいる。こう確信したハリスは、自分の知りうる限りの真実を語り、国際間の正義を諄々《じゅんじゅん》と説くという態度に徹して、粘り強い交渉を続けます。人格を賭けた彼の努力は、次第に幕府の役人たちの信頼を獲得し、やがて、日本の進路を決定する「大演説」となって実を結ぶことになるのです。

不正と虚偽を憎む

安政三年八月六日、サン＝ジャシント号は、ハリスを「光栄の中に独り」残して出港していきました。この日から、彼の文字通りの孤軍奮闘が約一年間にわたって繰り広げられます。下田の玉泉寺に設けられた領事館の人員は、ハリスと通訳官のヒュースケン、料理や裁縫、洗濯に携わる四名の清国人、馬丁、園丁など日本人四名、合わせて十名でした。日本人のうちの助蔵、瀧蔵という二人の少年はたいそうハリスの気に入り、後の出府の際には、ハリスの駕籠脇《かごわき》に付き添うことになります。一方でハリスは、香港で雇い入れた清国人召使の非行に大いに悩まされたようです。なかでも裁縫師は、日本に到着する前から、賭博にふけって給金の前借をしたり、無断外出を繰り返したりしていました（ハリス自身は賭け事には一切手を出しませんでした）。日記には、こんなことが記されています。

私の裁縫人は無頼漢であることが分かる。彼は働こうとしないし、いくら賃金を下げられても平気だと放言する。（安政三年八月八日日記）

ある時はこんなこともありました。料理人と裁縫師が、下田の薬屋へ行き、ハリスの名前を笠にきて、わずかにあった薬用のアヘンを全部買い取ってしまったという苦情が寄せられたのです。調べてみると、アヘンは吸引用に溶かされたあとでした。ハリスは、「牢獄の方がよいか、その薬を引き渡す方がよいか」（安政三年十月二十七日日記）と迫って、ようやくそれを手放させたのです。この「性《しょう》悪《わる》な裁縫師」（安政三年十一月十二日日記）は後にロシアの軍艦に雇われますが、その際、「彼は厚かましくも、人物証明をよく書いてくれ」（安政三年十一月十四日日記）と頼む始末でした。ハリスはあきれ果てて、その「道徳的節操の欠如を、一体誰が測ることを望み得ようか」（同）と嘆息しています。

不正や虚偽を極度に嫌う性格の持ち主であったハリスは、こうした「道徳性の欠如」に対しては常に厳しい態度で臨みました。日記の中には、「性悪な」裁縫師ばかりでなく、不真面目な宣教師、不道徳な小説、二枚舌のシャム高官、賭博好きな英国人の気風、一夫多妻の風俗などへの遠慮ない批判の言葉が繰り返し現れます。ちなみに、ハリスが幕府の周旋で側室を置いたといういわゆる「唐人《とうじん》お吉《きち》」の説話は、小説家による全くの創作で、事実ではありません。このように、曲がったことの大嫌いであったハリスが最初に着手したのは、物品購入の自由と通貨の交換比率の問題でした。

この当時、アメリカ人が日本で物品を購入した際には、商人の請求書を日本の役所に提出し、役人が代金を（日本の通貨で）支払い、購入者はその代金相当のドル貨幣を役所に納めるという手続きになっていました（和親条約の付属条項）。そしてこのときの日米通貨の交換比率は、銀一分（銭千六百文）に対して、銀一ドルと定められていました（安政元年五月のペリーと下田奉行の協定）。つまりアメリカ人は、日本の通貨を手に入れて、自由に物品を購入することができない仕組みになっていました。日本側からすれば、それを許せば、事実上貨幣や物品の輸出、つまり通商になってしまうからです。役所を介しての取引ですから、当然のことながら商人は暴利をむさぼりました。

さらに不条理だったのは、通貨の交換比率です。混ぜ物のことは目をつぶって重量だけで比較しても、銀一ドル＝銀一分はあまりにも不当であり、少なくとも一ドルは銀三分（銭四千八百文）と交換しなければなりません。すでにペリーがこの不当な交換比率について、本国に詳しく報告していますが、日本の通貨の値打ちは政府が押す刻印によって決まるのだという、日本側のかたくなな態度に押し切られたと述べております（軍艦を率いたペリーでさえ、押し切られた案件は、確かにあったのです）。これでは、同じ買い物をした場合、アメリカ人は日本人の三倍の対価を支払わねばならないということになります。

不正に対しては並々ならぬファイトを燃やすハリスは、この問題をしつこく追及し、約八ヶ月にわたる交渉の末、ついにアメリカの金貨、銀貨は、同じ重量の日本の金貨、銀貨と交換するという協約を勝ち取りました（安政四年五月、下田協約）。

歴史を動かした大演説

こうした実務的な交渉を着実に進めながら、ハリスは、本来の重大任務である通商条約締結に向けて、積極的に活動を展開していきます。安政三年九月二十七日には、日本の「外国事務宰相」（老中堀田正睦）宛に書簡を送ります。その内容は、大統領親書を手渡し、あわせて日本の運命にかかわる重大案件について直接告知するために、江戸に赴きたいというものでした。この書簡には、軍艦で出府すれば人心に動揺をきたすであろうから、徒歩で江戸へ行くつもりであるということが申し添えられていました。

しかし、あくまでも外国との交渉を避けようとする幕府は、この書簡に対して返事を書かず、下田奉行に命じて口頭で拒絶をさせます。この無礼な対応に、ハリスは激怒しました。日記には、「真正な親善の申出には親切に応ずるつもりであるが、しかし、言葉だけではどうにもならない。彼らは地上における最大の嘘つきである」（安政三年十二月十三日）という、激しい言葉が書き連ねられています。彼は直ちに、再度の老中宛の書簡を送ります。そこでは、アメリカ大統領に委任された者からの書簡に対しては、名宛人からの返事があるべきであり、第三者に口頭で返答させるのは国際間の礼儀に反すること、自分はある国（イギリスを指す）からもたらされようとしている災いを防ぐために出府を要請しているのであり、それは緊急を要することなどが述べられていました。しかし、この要請もまた、重大事を含め一切は下田奉行に任せてあるという老中からの書簡によって拒絶されてしまいます。

もちろん、ハリスのいうところは正論であり、要求が正当であることは、幕府も了解してはいました。しかし幕府は、攘夷派の動向などの国内事情から、簡単に出府を認めることができませんでした。そこで幕府は、ハリスをなだめるために、実務的な要求についてはなるべく受け入れる方向で対応するよう、下田奉行に命じました。通貨交換比率の改定などを盛り込んだ下田協約は、そうした妥協の産物だったといえます。

ちなみに、この協約には、後の日米修好通商条約にも引き継がれた、いわゆる領事裁判権を定めた条項があります。日本で法を犯したアメリカ人は、アメリカの法によって、アメリカ官憲が処罰するというこの規定は、主権国家間の関係としては明らかに不平等な取り決めです。しかし、この条項は決して強要されたり、だまされたりして盛り込まれたものではありません。もちろんハリスは、これが不平等な規定であることは承知していました。しかし、同様の規定は、イギリスやロシアとの和親条約の中にすでに盛り込まれていました。そこでハリスが、他の国に認めたことはアメリカにも認めるという、和親条約の最恵国条款にのっとってこれを要求したところ、日本側は全く異議なく同意したというのが真相でした。これにはハリスも、内心大いに驚いたと言っています。

私の次の要求は、日本で罪を犯したアメリカ人は領事の審理をうけ、もし有罪であるならばアメリカの法律によって罰すべしというのであった。これは何らの異議もなく同意されたが、私は快心とともに、実は大いに驚いたのであった。（安政四年二月三日日記）

日本側がすんなりと領事裁判権を認めた背景には、鎖国時代の国法がそもそも外国人を対象としていなかったという事情があったといわれます。のちにハリスは、この不平等な条項は、時勢のやむを得ざるところであったとはいえ、決して両国にとって本意ではなかったと述べています（福地源一郎『幕府衰亡論』）。

さて、下田協約において一定の外交的成果が得られたとはいうものの、肝心の出府問題は再三再四の要請にもかかわらず、一向に進展の気配を見せませんでした。この間、アメリカ軍艦の入港もなく、国務長官からの連絡も来ない中で、ハリスは孤立無援の戦いを続けていました。身体の不調にも悩まされ、気力がくじけそうになることもしばしばでした。日記には、「アームストロング提督は、どこに、おお、何処《どこ》にいるのか。私は病み、そして彼を待ちあぐんでいる」（安政四年五月九日）というような、弱気な言葉も現れるようになります。

当時、極東のアメリカ海軍は、アロー戦争（英仏と清の戦い）への対応に忙殺されており、下田への入港がなかったのもその影響でした。また、長崎のオランダ商館長は、幕府に対して、英仏軍の次の標的は日本であるとたびたび警告を発していました。こうした状況の中、幕府はハリスの出府はいずれ容認せざるをえないものと考え、道中の手配や、登城・拝礼の作法の準備を始めていました。

安政四年七月二十日、ハリスが待ち望んでいたアメリカ軍艦ポーツマス号が、下田に入港します。下田奉行からの急報を受けた幕府は、ハリスが軍艦で強行出府の挙に出ることを恐れ、七月二十四日、出府を許可することを決定しました。十月七日、騎馬で下田を出発したハリスは、天城峠を越えて三島に至り、三島からは東海道を下って、十月十四日江戸九段坂下の蕃書調所に入ります。この間の道中での感想を、一つだけ紹介しておきます。

見物人の数が増してきた。彼らは皆よく肥え、身なりもよく、幸福そうである。一見したところ、富者も貧者もない——これが恐らく人民の本当の幸福の姿というものだろう。私は時として、日本を開国して外国の影響をうけさせることが、果してこの人々の普遍的な幸福を増進する所以であるか、どうか、疑わしくなる。私は、質素と正直の黄金時代を、いずれの他の国よりも、より多く日本において見出す。生命と財産の安全、全般の人々の質素と満足とは、現在の日本の顕著な姿であるように思われる。（安政四年十月十二日日記）

鎖国の継続が不可能なのは、世界の趨勢《すうせい》からして明らかです。しかし、開国し通商することによって得られるのは、所詮は経済的な利益に過ぎません。質素な生活に十分満足し、幸福に暮らしている日本人に対して、これ以上の儲け話を説くことにどれほどの意味があるのだろうかと、ハリスは疑っているのです。彼の危惧は、あるいは取り越し苦労だったのかもしれません。しかし、少なくとも今の時代が、「質素と正直の黄金時代」でないことだけは確かだと思います。

外交の極意は「正心誠意」

安政四年十月二十一日、譜代大名ら数百人が列座する中、ハリスは第十三代将軍徳川家定に謁見し、大統領からの信任状を奉呈します。ハリスは、合衆国全権としてここに派遣されたことを光栄に思い、両国の永続的な親睦のために努力する旨の挨拶を述べました。これに対して、将軍は、「よく聞える、気持ちのよい、しっかりした声で」、「遠方の国から、使節をもって送られた書翰に満足する。同じく、使者の口上に満足する。両国の交際は、永久につづくであろう」と答えました。列座した高官たちは、ハリスの堂々とした態度に感銘を受けたようです。翌日ハリスのもとを訪れた井上清直《いのうえきよなお》は、謁見の式に臨んだ者みな、ハリスの「気魄の偉大さ」に驚嘆していると告げています。また、ハリスは、城中の様子、将軍や大名たちの服装などを冷静に観察し、細かく日記に記録しています（とはいえ実は、このとき彼はひどい風邪で肺に炎症を起こし、出された食事を一口も食べることができない状態でした）。

翌日、病の癒えぬまま、彼は、老中堀田正睦宛に一通の手紙を書きます。その内容は、日本の利害にかかわる重大な情報を、老中またはそれに代わる高官に直接に伝えたいというものでした。十月二十六日、老中邸を訪れたハリスは、堀田正睦と、外国使節接待委員たち（土岐頼旨《ときよりむね》、井上清直、川路聖謨《かわじとしあきら》、岩瀬忠震《いわせただなり》ら）を前に、二時間以上にわたる大演説を行います。その要旨は、次のようなものです。

（1）アメリカは武力で領土を奪ったことのない平和的国家であり、日本の真の友人である。
（2）蒸気船が発明されて世界情勢は一変し、鎖国を続けていくことは不可能である。
（3）以前香港で面会した際、イギリス総督ボウリング卿は、大艦隊を率いて日本と談判する予定であると言っていた。アロー戦争が終結すれば、英仏は直ちに日本に矛先を向けてくるであろう。
（4）英国は、日本にアヘンを押し売りしてくるであろう。合衆国大統領は、そのことを憂慮している。

（5）アメリカと条約を結び、首都に領事を置けば、列強の野心を抑止することができる。

（6）外国との紛争には米国が仲裁にあたり、また軍艦、武器、兵士を供与する。

（7）自由貿易は、日本にとって多くの利益をもたらす。

（8）危機は迫っており、一刻も早くアメリカと通商条約を結ぶべきである。

このように述べてハリスは、今、自分のような平和的な使節が要求することを拒否し、あとで艦隊に屈服して屈辱的な条約を結ぶようなことになれば、政府の威信は大いに失墜するであろうと迫ります。そうして、「一隻の軍艦も伴わずして、殊更に単身江戸に乗り込んできた私と談判することは、日本の名誉を救うものである」と説き、通商条約締結のための交渉に入るように促します。

ハリスの演説は、閣老たちに大きな衝撃を与えました。ことに海防掛の面々は、「冷汗を流して」これを聞いていたと伝えられます（中根雪江『昨夢紀事』）。とはいえ、幕府高官たちは、ハリスのいうところをただ鵜呑《うの》みにしたわけではありません。彼らは演説の記録を持ち帰り、その真偽を細かく点検しました。勘定奉行の川路聖謨らが作成した報告書では、アメリカにも、メキシコを攻撃して領土を奪った前歴があること、アメリカ商船も大規模なアヘン取引を行っていること、ヨーロッパの現状において、領事の駐在は必ずしも侵略への抑止力とはならないことなどが、的確に指摘されています。

幕府は、ハリスの言葉に外交的な誇張が含まれていることは承知した上で、条約締結に向けた交渉に入ることを決断します。当時の幕臣で、明治を代表するジャーナリスト福地源一郎は、この間の経緯を、おおむね次のように評しています。

このような話を聞くのは、堀田老中も幕府の俊秀も生まれて初めてのことであり、肝をくじかれ、魂を奪われ、迷いの夢が覚めたような心地がしたのはもっともなことである。閣老らは、大いに悟るところあり、以後開国を国是として突き進んだ精神は、このときハリスの演説に痛棒を喫せられて生まれたものである。演説記録を見れば、ハリスが自国のために謀った部分や、虚偽を交えたところもある。しかし、大体においては、日本のために親切に忠告した高論卓説であると認められる。

（福地源一郎『幕府衰亡論』）

福地源一郎

明治の評論家徳富蘇峰もまた、幕府当局者がハリスと出会ったことは、日本にとって幸せであったと評し、ペリーの軍艦よりもハリスの舌鋒の方が、当局者の心を動かすには有力であったと述べています（徳富蘇峰『近世日本国民史』第三十六巻）。

安政四年十二月二日、堀田正睦は、ハリスに通商条約の交渉に入ることを告げます。日本側の全権委員には、井上清直と岩瀬忠震が選ばれます。以後、両全権とハリスとの間で、十三回にわたる交渉が続けられました。

交渉の前後を通じて、ハリスは、まさに親切な忠告者として、日本側が不明とする点について懇切なレクチャーを繰りかえしています。日本側もまた、分からないことは正直に分からないと述べ、全幅の信頼を寄せてハリスの意見を仰いでいます。日記には、貿易の条項をめぐるこんなやり取りが記載されています。


このような問題を取り扱った経験がないので、この件については全く暗いと彼らは語った。彼らは、こう言った。貴下は疑いもなく、今我々のために非常な苦心を払って貿易規定を作成されている。我々は貴下の廉潔に全幅の信頼をおいているので、それらを原案のまま認めると。（安政四年十二月二十六日日記）

こうして、誠実な外交官たちが率直な議論を重ねた果てに、安政五年（一八五八）一月十日、日米修好通商条約の原案が合意に達します。この合意が引き起こしたさまざまな問題、すなわち、条約勅許問題、井伊直弼による違勅調印、さらには桜田門外の変に至る国内政治の混乱は、もちろんハリスのあずかり知るところではありません。

最後に、その後のハリスの足跡を簡単にたどっておきます。

安政五年の暮れ、ハリスは公使に昇任し、文久二年（一八六二）四月に退任するまで、約三年半日本に滞在します。万延元年（一八六〇）の遣米使節派遣を斡旋《あっせん》したのも、ハリスの業績です。万延元年十二月には、通訳官ヒュースケンが、攘夷派の暴徒に殺害されるという事件が起きます。このとき、英仏蘭の公使は、日本政府には外国人の安全を守る能力がないとして、国旗を巻いて江戸を退去します。しかしハリスは、日本側の苦しい事情を慮《おもんぱか》って江戸に留まり、各国公使を説得して、日本を外交断絶の危機から救います。帰国後のハリスは、公職を離れて穏やかな老後を過ごし、明治十一年（一八七八）二月二十五日、七十四年の生涯を閉じました。その墓碑には、「日本国民の権利を尊重したので、彼らから『日本の友』という称号を得た」旨の文言が刻まれているとのことです。

明治四年（一八七一）、岩倉使節団の随員としてニューヨークを訪れた福地源一郎は、ハリスと面会し、彼から、通商条約の交渉にあたった日本側全権について、次のような感想を聞かされています。

井上、岩瀬の両全権は、綿密に条文の是非を検討し、自分を閉口させたこともあった。彼らの議論のために、自分の草案を抹消し、添削し、ときにその主意まで改めたこともたびたびであった。このような全権を持ったことは日本の幸福である。（福地源一郎『幕府衰亡論』）

有能な幕臣、井上と岩瀬は、明治の時代に活躍の場を得ることはできませんでした。また、アメリカも、南北戦争の混乱のため、その後の日本への影響力において、後発のイギリスに遅れを取る結果となりました。しかし、彼ら誠実な外交官たちの人格を賭した交渉の姿には、今でもなお学ぶべきことが多いと思います。おしまいに、ハリスと日本全権の交渉についての、勝海舟の批評を紹介しておきたいと思います。

外交の極意は「正心誠意」にあるのだ。ごまかしなどやりかけると、かえって向こうから、こちらの弱点を見抜かれるものだよ。

維新前に岩瀬、川路の諸氏が、米国と条約を結ぶときなどは、五州の形勢が、諸氏の胸中によくわかっていたというわけではなく、ただ知ったことを知ったとして、知らぬことを知らぬとし、正心誠意でもって、国家のために譲られないことは一歩も譲らず、折れ合うべきことは、なるべく円滑に折れ合うたものだから、米国公使もつまり、その誠意に感じて、のちには向こうから気の毒になり、相欺くに忍びないようになったのさ。（『氷川清話』）

第十四章　勝海舟――わかる人にはわかる

晩年に勝海舟の談話を記録した巌本善治《いわもとよしはる》は、海舟の人となりをおよそ次のように評しています。

「先生の人柄をよくあらわすのは、『天命を待つ』の『待』の一字である。脂汗を流し、血の涙を絞りながら苦心・経営して辛抱強く事の成るのを待ち、事が成れば、何事もなかったように跡をくらますのだ」（『氷川のおとづれ』）と。海舟は、殺気立った時代には似合わぬ、冷静な大局観の持ち主でした。そのために彼は、生涯、周囲の無理解に苦しめられました。それでも腐ることなく、辛苦に耐えながら、ひたすら行動で答え続けたところに彼の真骨頂があるのではないでしょうか。「わかる人にはわかる」ことを信じて突き進んだ、海舟の生き方に迫ってみたいと思います。

冒険惨憺は余が常事也

勝海舟（一八二三～九九）は、晩年の語録『氷川清話』の中で、「安政二年におれが始めて海軍に出てから維新のころまでに、ずいぶんいろいろの危難に遭遇して、これがためにおれの胆もすわったのだ」と述べています。海舟は、生涯に二十回ほど敵に襲撃されたと述べていますが、それ以外にも、海上での遭難を何度か経験しています。まさに、「冒険惨憺《さんたん》は余が常事也（注、危険を冒したり悲痛な目に遭うのは、私の普通のあり方だ）」（『断腸之記』）というような人生を送ってきたといえます。

文久から明治にかけての動乱期には、戦争や藩内抗争、刺客の襲撃などで多くの志士たちが命を落としました。運よく生き残った者たちでも、多くは、九死に一生を得るような危難を一度ならず経験しています。志士と呼ばれるような人物は、みな一様に、死生の境をかいくぐりながら、功業を成し遂げました。しかし、そうした中にあっても、勝海舟ほど繰り返し危難に遭遇し、たびたび悲痛な思いにさいなまれた人物も珍しいでしょう。海舟の足跡をたどってみると、悲惨な目に遭うこと自体が彼の「功業」であったのではないかとさえ思われます。

勝海舟

勝海舟は、明治十一年（一八七八）、五十六歳のときに、『断腸之記』と題して、かつて経験した危難の中でも「最も悲憤惨然たる、心胆裂くが如き難危」を集めた文書を記しています。海舟は大変に筆まめな人で（というよりは、一種の記録魔といってよいと思います）、辞令や上司の指示、外交や財政に関する公文書など、ありとあらゆる種類の文書を写し取っています。明治の御代《みよ》になってからは、それらをもとに、『開国起原』『吹塵録《すいじんろく》』『海軍歴史』などの大部の書を著しました。また、動乱のさなかにも詳細な日記をつけ、晩年には座談で自分の経験をさまざまに語っています。こうした海舟の事績や識見を伝える数ある資料の中にあって、『断腸之記』はごく短く、目立たない文章に過ぎません。その内容も、座談などで語られる有名な逸話と多くが重なっております。しかし、この書の題名にある「断腸」という言葉は、海舟という人物の生き様の核心を、はからずも言い当てているように思われるのです。

海舟は、人生のさまざまな局面で「断腸」の苦しみに遭遇し、それに耐えながら事の成就を待ちました。「断腸」（はらわたのちぎれるほどの悲痛な思い）は、おそらく海舟の人生を象徴するキーワードです。彼は、自分が経験してきた「断腸」の歴史を、三つの時期に分けてとらえています。

余、悲惨難危に遭遇す、其初、多く一身に関す。中歳に及びては、多く政機より発す。其末路に到りて、邦家の機に関す。何ぞ遭遇の奇なる。

（注、私が悲惨な危難に遭遇した経験の初めは、多くは自分の身に関する危険であった。中ごろには政治に原因する危難に遭うようになり、しまいには、国家の危機が、自分の危難になるようになった。まったく不思議なことだ）（『断腸之記』）

一身に関する危険に遭遇した初めの頃とは、安政二年（一八五五）の海軍伝習所設立から、万延元年（一八六〇）の咸臨丸太平洋横断にいたるまで、海舟が創設期の日本海軍にかかわっていた時期をさします。次の「中歳」は、おおむね文久二年（一八六二）から慶応二年（一八六六）まで、幕府海軍を指揮し、また長州、薩摩、会津などとの交渉役を勤めていた時期です。「末路に到りて」とは、いうまでもなく慶応四年（明治元年＝一八六八）の戊辰戦争の時期を指します。まずは、彼の人生の最初の画期となった海軍創設時代について見ていきたいと思います。

剣術と蘭学の修業

勝海舟は、文政六年（一八二三）一月三十日、微禄の旗本、勝小吉《かつこきち》の子として生まれました。実名は義邦《よしくに》、通称は麟太郎《りんたろう》、元治元年（一八六四）に安房守《あわのかみ》の官名を許され、明治二年（一八六九）、「安房」を、音が通じるところから「安芳《やすよし》」と改めています。「我家、寒微（注、貧しく身分が低い）、其禄、衣食を供するに足らず、又、我性質至愚、故を以て出身の途なし」（『断腸之記』）と述べられているように、立身出世の見込みのない下級旗本の家で育ちました。「性質至愚（注、生まれつき到って愚か）」というのは、もちろん謙遜ですが、詩歌、漢学、書など、当時の武士の基礎教養とされた文筆の道には全く関心がなかったのは確かなようです。

その代わりに打ち込んだのは、剣術修業でした。「全体、おれの家が剣術の家筋だから、おれのおやじも、骨折って修業させようと思って、当時剣術の指南をしていた島田虎之助という人についた」（『氷川清話』）とあるように、海舟の父方の本家の男谷信友《おだにのぶとも》は、直心影流《じきしんかげりゅう》の剣客でした。海舟は、男谷道場出身の島田虎之助《しまだとらのすけ》の道場に住み込んで剣術修業に励みました。二十一歳の頃には、免許を得て、師範代として出稽古に赴くほどの腕前になります。のちに遭遇する幾多の危難を乗り切ることができたのは、ひとえに剣術修業によって培われた体力、気力の賜物であったと、彼は述べております。

海舟の立身の糸口となったのは、二十代前半から学び始めた蘭学の素養でした。海舟が蘭学を学び始めたのは、あるとき、江戸城中で、オランダから献納された大砲を見たことがきっかけであったと伝えられています。このような兵器でなくては国防の役に立たないと感じ、また、その砲身に刻まれた文字を何としても理解したいと思って、海舟は、著名な蘭学者箕作《みつくり》阮甫《げんぽ》に入門を請います。乱髪でぼろぼろの衣服をまとい、長刀を腰につけ、わずかな金を包んで唐突に入門を請うてきた若者を見て、阮甫は驚きます。蘭書を読んだことがあるかと問えば、ないと言い、出身を尋ねれば、「幕臣である」との答え。阮甫は頭を振って、「蘭学は気の短い江戸人には到底学ぶことができないから、あきらめるように」と諭します。

阮甫に断られた海舟は、福岡藩の蘭学者永《なが》井《い》青崖《せいがい》を訪ね、今度はめでたく入門を許されます。青崖は、蘭学好きで知られた福岡藩主黒田斉溥の所蔵する蘭書の翻訳に携わっていました。その恩恵をこうむって、海舟は思う存分新刊の蘭書を読み漁ることができました。このほかに彼は、幕府馬役でオランダの獣医学を学んだ都甲市郎《つこういちろう》左《ざ》衛門《えもん》をしばしば訪れて、教えを請うたといいます。

この蘭学修業時代に、海舟が蘭日辞書『ヅーフ・ハルマ』を筆写したのは有名な話です。『ヅーフ・ハルマ』は、オランダの出版業者フランソワ＝ハルマが刊行した蘭仏辞書に、長崎のオランダ商館長ヘンドリック＝ヅーフが日本語の注解を入れたものです。海舟はこの辞書を、ペンもインクも自分で作って二部写し取り、一部を売って生活費に充てました。

また、こんな話もあります。当時、洋式の兵学書は大変貴重で、高価なものでした。あるとき、町の本屋で新刊の珍しい兵学書を見つけた海舟は、どうしてもこれを手に入れたくなりました。価格は実に金五十両、諸方を奔走してようやく金を準備したところ、すでにその書は誰かに買われた後でした。買主は誰かと尋ねれば、四谷大番町の与力何某《なにがし》とのこと。海舟は早速買主のもとを訪れ、譲ってくれるように頼みますが、相手は聞き入れません。そこで海舟は、「この本は、昼間はあなたが読まれるだろうが、眠っている間は用はないであろう。ですから、あなたが眠っている夜の間、私が借りて筆写したいが、どうであろうか」ともちかけました。相手は海舟のしつこさに驚いて、戸外に持ち出さないことを条件にこれを許可します。海舟は毎晩一里半の道を通って、ついにこれを写し終えました。持ち主は海舟の熱意と努力に感動し、「この書はあなたのような人にこそふさわしいから」と、原本を譲り渡します。海舟は、写本とともに永く大切にしていましたが、のちに入用があって写本のほうを売却したところ、三十両の値がついたということです。

蘭学を学びながら、海舟は直ちにその知識を実地に試していきました。彼は自宅に鍛冶《かじ》職人を雇い、蘭書を見ながら小銃の製作を試みます。また、諸藩の注文を受けて、野戦砲も製作します。これを聞きつけた大久保忠寛《ただひろ》（一翁《いちおう》）は、これは只者ではないと、自ら面談を求めてきます。大久保忠寛は、蕃書調所《ばんしょしらべしょ》頭取、外国奉行などを歴任した有力者で、のちに勝海舟とともに、最後の幕政運営に当たることになります。この大久保との結びつきが、海舟の立身の直接のきっかけとなります。

海軍伝習所時代の体験

安政二年七月、海舟は、蒸気船の運用などを学ぶ伝習生幹部（重立《おもだ》ち取扱い）として長崎へ派遣する旨の命を受けます。伝習生の監督は、のちに大目付、若年寄等に任ぜられ、戊辰戦争では箱館にこもって抗戦した永井尚志《なおのぶ》でした。伝習生には、幕臣のほか、薩摩、長州、肥前などの藩士も含まれていました。薩摩の五代友厚《ごだいともあつ》、川村純義《かわむらすみよし》、肥前の佐野常民《さのつねたみ》なども、伝習生の一員でした。海舟は、自らの辞令をはじめ、教師の俸給表、事務方や学生の名簿、伝習の課程や規則、予算の請求文書など、ありとあらゆる記録を保存しており、それらは著書『海軍歴史』の材料とされています。

『海軍歴史』によれば、教授内容は、朝八時から昼食をはさみ、夕方四時までが、航海術、造船学、砲術、船具学、測量術、機関学などの学科講習、その間に随時艦上での実地訓練を行うというものでした。これらの授業は筆記を許さず、すべて暗記させるというのがオランダ人教師の方針で、おまけに間に通訳をはさんでのやりとりでしたから、教える側も教わる側も大変な苦労をしたと、海舟は述べています。

毎日八時から十時、二時から四時と二度づつ学科があつて、学科が六つサ。航海、測量、帆前船、算術、地理、天文、といふやうな工合サ。それが、教師がボールドにかくのを、通訳が反訳するのサ。筆記もさせない、暗誦サ。そして、翌日は、前日のを聞くのだ。それで、三十人の中で、出来る者は少ない。（中略）ワシは、二ヶ月程すると、話も出来るやうになつた。聞くことは前から出来た。かはりの時に、己は頭取にせられて、任せるといふことになつた。（『海舟語録』）

こうして、海舟は海軍軍人としての技量を着実に上達させていきます。その一方で、持ち前の磊落《らいらく》な気性から、乱暴者の評判を高めていくことにもなります。

長崎在勤の目付、木村喜毅《よしたけ》（芥舟《かいしゅう》、のちに咸臨丸渡米の際の軍艦奉行）から、航海の練習が短すぎるのはよろしくないといわれたときには、木村を乗せて荒天下をどんどん沖まで出て、ついに「もうよい、もうよい」と音《ね》を上げさせたこともあったといいます。「乱暴で困る」といわれる一方、「ワザは出来るといふ評判」も出てきた海舟が、最初の「断腸」の危難を経験するのは、長崎に来て二年目のことでした。

安政四年（一八五七）の秋、伝習生と教師が交替する間の休暇を得た海舟は、ゴットル船（カッター、一本マストの練習用帆船）での外洋航海を試み、はるか五島列島の近辺で暴風雨に遭遇してしまいます。この船はコントロールを失い、暗礁に当たって浸水しはじめ、もはやこれまでという状況に陥ります。このとき海舟は大声で、「愚かにも教師の命に従わず、自分を過信したために、諸君をこんな危険な目に遭わせてしまった。何の面目があって、再び生きて帰れようか」と叫びました。この言葉をきっかけに皆は勇気を取り戻し、無事に海岸へ漕《こ》ぎ寄せることができたと、海舟は述べています。

報告を聞いたオランダ人教師は、「以後、船の指揮は君に任せよう。机上の学習をいくら積んでも、実際の危難は一様ではない。一度死生の境をくぐれば、その機微がおのずと自得できるものだ」と言ったそうです。海舟はこの教示に感服し、「万般の事、活用の妙」の機微は言葉では伝わらないということを、深く悟ったということです。

海軍伝習所時代に海舟がぶつかった危難は、これだけではありません。咸臨丸で対馬へ航海したときは、異国船の侵入と間違えられて、危うく射殺されかけます。また、伝習所を辞して江戸へ向かう途中、伊豆大島付近で暴風雪に見舞われ、「難破の遁《のが》れざるを悟り、衆と共に海中の鬼とならんとす」（『断腸之記』）と覚悟を決めたこともありました。このときの、あとから思えば全身に鳥肌が立つような危難との遭遇によって、海舟は、生死の境に臨めば「利達富貴の妄念、自から消滅す」（同）という、一種の悟達の境地を体験します。のちの海舟の行動にあらわれてくる「大胆に無用意に打ちかかる」「世の中は方針通りには行かない」「あきらめず根気よく努力する」といった人生観は、こうした「断腸」の体験の中で培われ、自得されていったものなのです。しかし、こうした「一身に関す」る辛苦は、その後に襲ってくる政治上の「悲惨難危」に比べれば、まだほんの序の口に過ぎなかったのです。

太平洋横断

安政六年（一八五九）の冬、幕府は、アメリカに軍艦を派遣するという「日本開闢以来初めての大事業」（福沢諭吉『福翁自伝』）を決断しました。事の発端は、前年、日米修好通商条約の締結に際し、日本側が、批准書の交換はワシントンで行いたいと申し出たことにありました。そこで、批准書交換の使節団を、アメリカ軍艦ポーハタン号で運び、使節団に事故があった場合の交代要員を日本の軍艦で随行させることが計画されたのです。

長崎での海軍伝習を終え、軍艦操練所頭取の職にあった勝海舟は、軍艦奉行水野忠徳《みずのただのり》から、使用する軍艦の選定、乗組員の人数・配置、食料・燃料・経費等の航海予算計画の立案を指示されます。『海軍歴史』にはその詳細な内容が記録されていますが、そこからは、当時において海舟が海軍のあらゆる実務に精通していたことがうかがい知れます。しかし、後に海舟がいやというほど味わうことになる苦難の前兆は、早くもこのときに現れていたのでした。

海舟が長崎にいる間、中央の政局は大きく転換していました。安政五年（一八五八）四月、南紀派の首領井伊直弼が大老に就任するや、海舟を引き立て、また海舟も大いに期待を寄せていた大久保忠《ただ》寛《ひろ》、岩瀬忠震《ただなり》、永井尚志《なおのぶ》ら、一橋派に属する優秀な人材はことごとく罷免されていました。井伊直弼の独裁体制の下、幕府官僚たちは保身に汲々《きゅうきゅう》とし、アメリカ派遣事業は国内政局の渦にのまれて、いつ立ち消えになってもおかしくない状況でした。そんな中で、軍艦の選定は、最初は海舟の推した朝陽丸《ちょうようまる》に決まりますが、その後水野の後任の軍艦奉行井上清直《きよなお》の意見で観光丸《かんこうまる》に変更され、さらにアメリカの意見によって咸臨丸に代えられます。また、乗り組むメンバーの間では、「船中之規則、階級」をめぐって、ああでないこうでないと議論がやみません。業を煮やした海舟は、一書を呈して仲間を説得します。その中には、およそ次のようなことが書かれています。

この事業の計画当初、幕府の諸部局はこれに反対し、また未熟のやからは、軍艦を万里に派遣することの危険をあげつらい、まさに中止の決定が下されようとしていた。幸いにして、幕閣の英断により派遣が決定された。それなのに、我々が再び瑣末《さまつ》な手続き論にこだわり、議論に日を重ねれば、いつまた中止の横槍が入るかもしれない。今、我国千古未曾有《せんこみぞう》の盛挙が停止されたなら、次の機会は幾年のちに来るか分からない。だから私は、これまでの議論が小さく、また誤っていることを知って、自分の意見は何も言わなかった。規則などは、あとから少しずつ作っていけばよいのである。しかし機会は、逃してはならないのだ。ただ、一片の赤心と骸骨（注、まごころと公に捧げた身、の意）をもって、危険に立ち向かおうではないか。（『海軍歴史』）巻の七）

海舟を悩ませているのは、大局を見据えた大英断の足を引っ張る、瑣末な形式論や官僚主義です。やがて海舟が繰り返し見舞われる「断腸」の苦難は、すべてこうした俗吏の優柔不断や、天下の形勢を見ない瑣末な俗論によってもたらされてくるのです。

さて、万延元年一月十九日に浦賀を出帆した咸臨丸は、三十七日間の航海期間中、晴天を見ることわずか五、六日。初春の季節風のため船中を歩けないほどに船が動揺するといった難航を重ね、ようやくの思いで二月二十六日にサンフランシスコに到着します。軍艦奉行の従者という資格で咸臨丸に乗り組んでいた福沢諭吉が「勝麟太郎という人は艦長木村の次にいて指揮官であるが、至極船に弱い人で航海中は病人同様、自分の部屋の外に出ることは出来なかった」（『福翁自伝』）と述べているのは

咸臨丸難航図

よく知られている話です。実際、海舟は船酔いと称して航海中ほとんど部屋の外へ出なかったようです。しかし、暴風の中での難破の危機を自らの指揮で二度も乗り切った経験を持つ彼が、船酔いで任務を放棄するというのは考えにくいことです。船将（艦長）であった木村喜毅（芥舟）の回想によれば、海舟は、艦内の組織人事に対する不満から、へそを曲げて引きこもっていたということで、おそらくそれが真実であったのでしょう。そもそも船将の木村は、目付から軍艦奉行に転じた事務官僚で、海軍の実務に関して素人同然でした。乗り組んだ士官（軍艦操練所教授）の中で、最も航海実務に通じていたのは海舟です。しかし、海舟は正式の船将ではないので、絶対の指揮権を持っていません。彼にはまず、このことが不満だったようです。彼が作成した艦内規則の申し合わせ書には、「船中の規則は船将より令するなり。我輩、教頭の名有りて船将に非ず。然《しか》れども運転、針路、其他航海の諸術は又、指揮なさざること能はず。故に今、仮に則を定め諸士へ告示す」（『海軍歴史』巻の七）と記されています。全権を有する指揮官の下に、経験・能力に応じた人員配置がなされ、全体が厳格な規則によって統制されるというのが、海舟が学んだ近代海軍の組織原理でした。そして、そうでなければ、長期の航海や組織的な戦闘は維持できないものと海舟は理解していました。しかし、その肝心の艦内規則からして、権限なく発せられた仮のものでしかないと述べるところに、海舟の不満がはっきりと表れています。

ふたを開けてみれば、咸臨丸の航海は海舟の危惧したとおりの事態に陥ります。咸臨丸には難破したアメリカ測量船の船長ブルックと乗組員十名が同乗していました。ブルックは、日本人乗組員は役割分担が定まっておらず、秩序や規律もでたらめで、操舵や見張りなど重要な当直任務はみなアメリカ人が行っていると憤っています。海舟が定めた艦内規則は、ほとんど守られることがなかったようです。

海軍操練所の構想

海軍伝習や咸臨丸での渡航経験を通じて海舟が見抜いた近代海軍の本質は、軍艦や兵器の技術的優秀性ではなく、それを運用する組織原理の優秀性にあったと思われます。有能な指揮官に全権を与え、能力主義に基づく組織が、厳格な統制のもとに指揮官の決断を速やかに実行するシステムを、海舟はあるべき理想の体制と考えました。海舟のサンフランシスコでの見聞録の中には、アメリカ海軍の編成や官職俸給の詳細な一覧表が含まれています。海舟はそこに、能力主義に基づく組織原理が、どのように具体的な人事制度の上に表されるかを見て取ったに違いありません。しかし当時の日本のあり方、すなわち、朝廷・幕府・諸藩という分裂した権力機構、身分・格式にとらわれた人事、先例に縛られた非効率な組織運営は、海舟の理想とは正反対のものでした。そしてこれらの弊害は、速やかな決断・実行による国家運営をめざす海舟を最後まで苦しめることになるのです。

文久二年（一八六二）閏八月、勝海舟は、第十四代将軍徳川家茂の御前で軍艦奉行並を仰せ付けられます。翌年四月には、将軍家茂を順動丸《じゅんどうまる》に乗せ、神戸近海の視察に付き従います。このとき海舟は、神戸海軍操練所の設置について言上し、家茂は直ちに「英断」をもってこれを許可します。海軍操練所は、日本国全体の海軍の建設をめざす海舟の構想の一端でした。海舟は、無益な分裂抗争を引き起こしている攘夷派志士たちのエネルギーを、海軍に結集することで海外の情勢に目覚めさせようと考えました。その手立てが、藩や身分の壁を取り払った「一大共有之海局」（『海軍歴史』巻の十七）の構想だったのです。神戸の操練所には、土佐の坂本竜馬、薩摩藩の伊東祐亨《いとうすけゆき》、紀州藩の陸奥《むつ》宗光《むねみつ》など多くの人材が集まりました。しかし、諸藩の活動家が集まったことが幕府の警戒心を呼び起こし、操練所は短期間で廃止されてしまいます。のちに海舟は、そのいきさつについて、冗談交じりに次のように語っています。


塾生の中には、諸藩の浪人が多くて、薩摩のあばれものもたくさんいたが、坂本竜馬がその塾頭であった。当時のあばれもので、今は海軍の軍人になっているものが、ずいぶんあるよ。

しかるに幕府の役人からは、勝は海軍を起こし、地所を買い入れ、薩州のあばれものや、諸藩の浪人を集めて、そして彼らもまた喜んで勝に服しているというのは、何かわけがあるのであろうなどと、ひどく憎まれて、とうとうしまいには、江戸の氷川へ閉門を命ぜられ、地所などもいっさい取り上げられてしまったよ。おれもあの地所が残っていると、こんなに貧乏でもあるまいにのー、アハハハ。（『氷川清話』）

元治元年五月、海舟は軍艦奉行に昇進し、これにあわせて神戸海軍操練所の開設が正式に認められました。しかし、その年の十一月、海舟は軍艦奉行を罷免されて失脚し、操練所も廃止の憂き目に遭います。失脚の詳細ないきさつはよくわかりませんが、表向きの理由は、海舟が、過激攘夷派に引きずられて騒乱（禁門《きんもん》の変《へん》）を起こした長州藩への出兵（第一次長州征討）に反対したことにあったようです。つまり、幕府や藩の壁を取り払って挙国一致の体制を目指そうとする海舟の考えが、あくまでも幕府権力の維持を図ろうとする主流派（小栗忠順《おぐりただまさ》ら）から敵視されたのが原因だったということです。

しかし、幕府海軍の責任者として活躍し、また、操練所に多くの人材を集めた二年ほどの間に、海舟は、有力諸藩や志士たち、また、外国公使らの間に太い人脈を築き上げていきました。越前の松平春嶽《しゅんがく》、土佐の山内容堂《やまうちようどう》、宇和島の伊達宗城《だてむねなり》は、海舟を熱心に支持していましたし、坂本竜馬はほとんど海舟の腹心のようになって活動していました。海舟が西郷隆盛と初めて出会ったのも、失脚する二ヶ月ほど前のことでした。このとき西郷は、一目で海舟の人物にほれ込んでしまったようです。元治元年九月十六日付の大久保利通宛の手紙には、「どれだけか智略があるやら知れぬ」、「英雄肌合の人」、「ひどくほれ申し候」などと賛辞が書き連ねられています（『大久保利通関係文書』三）。いずれにせよ、西郷との関係をはじめ、この時期に形成された人脈は、幕末最終局面における海舟の働きの大きな伏線となっていきます。

第二の危難

幕府海軍の指揮官として活動していたこの時期にも、海舟はたびたび身の危険に出会います。『断腸之記』に記された、「中歳」に遭遇した政治に起因する危難がそれに当たります。文久三年（一八六三）三月には、京都寺町通で、正体不明の壮士三名に危うく暗殺されそうになります。そのときのことが、『氷川清話』では、次のように語られています。

このとき（注、将軍家茂が上洛したとき）おれも船でもって上京したけれど、宿屋がどこもかしこも詰まっているので、しかたなしにその夜は市中を歩いていたら、ちょうど寺町通りで三人の壮士がいきなりおれの前へ現われて、ものもいわず切りつけた。驚いておれは後へ避けたところが、おれの側にいた土州の岡田以蔵《おかだいぞう》がにわかに長刀を引き抜いて、一人の壮士をまっ二つに斬《き》った。「弱虫どもが、何をするか」と一喝したので、あとの二人はその勢いに辟易して、どこともなく逃げていった。おれもやっとのことで虎の口をのがれたが、なにぶん岡田の早業には感心したよ。

後日、おれは岡田に向かって、「君は人を殺すことをたしなんではいけない。先日のような挙動《ふるまい》は改めたがよかろう」と忠告したら、「先生。それでもあのとき私がいなかったら、先生の首は既に飛んでしまっていましょう」といったが、これにはおれも一言もなかったよ。

土佐藩が持て余していた「人斬り以蔵」は、このころ一時的に海舟のもとに預けられていたといわれます。

元治元年（一八六四）七月、禁門の変（蛤御門の変《はまぐりごもん》）が勃発したとき、海舟は神戸の「仮局」（正式に認可される前の海軍操練所）にいました。知らせを受けた海舟は、観光丸で大阪に入ります。『氷川清話』では、次のように述べられています。

斥候を放って京都の形勢をうかがわせたけれど、みんな恐れて少しも深入りしないから、ようすはいっさいわからない。仕方がないから今度は、おれが自ら斥候になって、桜の宮からずっと淀川《よどがわ》に沿うて進んで行くと、上《かみ》の方から、そうの船が三人の壮士を乗せて下ってきて、おれの立ってい る前まで来ると、三人とも船を捨てて上陸した。おれはどうしようかと少し狼狽《ろうばい》したけれど、ともかくも彼らのなすところを見ようと思って、じっと立っていたら、そのうちの二人は、突然刺し違えて死ぬるし、もう一人ものどを突いて死んでしまった。おれも一時は驚いたが、少したつと動悸《どうき》も静まって、「ははあ、これでは長州は既に敗れたのだな」と悟った。

これでひとまず安心だと思って、三軒家まで帰ったところが、川の中に一人で船に乗っているのを、向こう岸から官軍の守兵がどんどん鉄砲を放していて、そのたまがおれの頭の上を雨のごとくに過ぎて通り、一つはおれの笠《かさ》を貫いたけれど幸いに怪我《けが》もしなかった。

禁門の変図屛風

このとき海舟は、以前から匿《かくま》っていた長州藩士に、「京都の事件は一部過激派の暴発であり、長州侯の本意ではないと自分は考えている」旨を、藩主嫡子に伝えるように依頼します。また、長州兵が隠れている蔵屋敷を焼き討ちするという評議に断固反対し、穏便に屋敷を明け渡させる措置で事を収めます。こうした行動に一貫しているのは、日本国全体を取り巻く危機的状況を冷静に見据え、国内を分裂させる無益な争いは出来るだけ避けるべきだという大局的な判断です。しかし、誰も彼もが頭に血が上って、「ちょっと途中で会っても壮士がすぐに刀の柄に手をかける」(『氷川清話』)という殺気立った状況の中では、海舟の冷静な判断が理解を得るのは中々に困難なことでした。軍艦奉行を罷免されたのも、そうした無理解の産物だったといえるでしょう。

おれは及ばずながら国家の安危を一身に引き受けて、三年の間、種々の危険を冒して奔走したのに、一朝説は聞かれず、はかりごとは用いられず、このとおりに退職を命ぜられるとは、まことに情けないことだが、もうこうなっては仕方がない。(『氷川清話』)

このように嘆きながら、海舟は閉門同様の雌伏生活を送ることになります。

氷川での閑居生活

海舟が閑居生活を送った約一年八ヶ月の間にも、時勢は激しい転変を重ねていました。海舟もまた、いたずらに日々を過ごしていたわけではありません。江戸氷川の海舟邸には、彼につながる薩摩藩士、越前藩士や、かつての同僚たちが頻繁に訪れ、さまざまな情報をもたらしていました。海舟を支持する松平春嶽や大久保忠寛も、海舟の復権を諸方に働きかけていました。

海舟の罷免と相前後する一ヶ月ほどの間に、西郷隆盛の周旋によって、第一次長州征討は戦火を交えることなく休戦に至ります。しかし、長州藩は形式的に降伏したものの、具体的な処分については宙に浮いたままになっていました。幕府内には、領地の大幅な削減など強硬な処分を主張する者もあれば、藩主が謝罪文を出し、責任者も処罰されたのだから、これ以上の追及は無用とする者もありました。一方、長州藩内では、幕府への恭順方針を採る俗論派と、武力を蓄え討幕をめざそうとする正義派との間で内戦が起こり、高杉晋作らの率いる正義派が藩権力を奪取します。

慶応元年（一八六五）、幕府は、「長州藩に容易ならざる企てがある」というはなはだ薄弱な根拠をもって、再度の長州征討にふみきります。五月には将軍家茂みずからが征討軍を率いて江戸城を出発しました。この第二次長州征討に当たっては、多くの藩から反対意見が表明されました。表向きの理由は、長州を討つ大義がないというものでした。しかし諸藩の本音は、これ以上の軍費支出は耐え難く、また幕府権力が強まって統制が厳しくなるのも迷惑だというところにありました。

家茂は大坂城に入ったものの、征長に反対する薩摩藩の妨害によってなかなか征討の勅許が得られません。そうしているところに、九月には、安政仮条約の勅許と兵庫の早期開港を求めて、英仏米蘭四ヶ国の軍艦が兵庫沖に現れます。こうした状況の下で征長はずるずる延引しますが、この間長州藩は着実に軍事改革を進めていきます。さらに慶応二年（一八六六）一月二十一日には、坂本竜馬の仲介でいわゆる薩長同盟が成立します。江戸にいた海舟は、二月一日の日記に次のようなことを記しています。

聞くところ、薩摩と長州が手を結んだというのは、事実であろう。自分の門人の柳川藩士が、薩摩の船に便乗して下関に立ち寄ったところ、長州から早速使者が差し向けられ、手厚い応対であったという。また聞くところでは、坂本竜馬が今長州にあって、仲介をしているとの事。さもあるべしと思われる。（『幕末日記』）

薩長の間で密約が成立した同じ月、領地の十万石削減や藩主の隠居などを命ずる幕府の長州処分案が決定されます。しかし、軍備を充実し徹底抗戦の意志を固めた長州藩は、呼び出しに応じず、着々と開戦の準備を進めていました。一方で、征討軍に動員された諸藩の足並みはそろわず、しきりに「長州御処置、今一層寛大の儀（注、長州に対する処置は寛大にしてほしい）」（『幕末日記』）という要望が出されます。何としても長州を討つという強硬派は、一橋慶喜と会津・桑名の両藩くらいでした。肝心の幕府もまた、軍費の捻出に苦しみ、大坂の商人に二百五十万両という巨額の御用金を命じていました。さらに、戦争の危機が高まる中、米価が高騰し、大坂近郊をはじめ、各地で大規模な打ちこわしや一揆が起こります。海舟は、松平春嶽宛の書簡の中で、次のようなことを述べています。

このまま長州の問題が長引いていけば、民衆が一斉に蜂起するかも知れず、人心の離散は日々進むばかりで、これが最も恐るべき事態である。その破局に陥る前に、幕府内部が崩壊してしまう方が（国家の立て直しのためには）却ってよろしいのではないかと、恐れながら思う次第です。（四月二十八日付松平春嶽宛書簡）

長州への密使

幕府と長州藩の間の緊張が高まり、開戦は避けられない情勢となっていく中で、第一次征討で主役を務めた薩摩藩が出兵を拒否するという異常事態が起こります。天下の世論が征討に反対しているのに、国家を安定させるべき将軍が逆に動乱を引き起こすのは、「天理に相戻《あいもと》り候戦闘」であり、到底従いがたく、「たとへ出兵の命令承知仕り候とも、やむをえず御断り申し上げ」るので、お聞き届けいただきたいというのがその主張でした（勝海舟『開国起原』）。

あわてた幕府は、かねてから薩摩藩との間にパイプのある海舟を呼び出し、薩摩藩説得の任に当たらせようとします。

慶応二年五月二十八日、海舟は軍艦奉行に再任され、大坂への出張を命じられます。このとき海舟は、勘定奉行小栗忠順《おぐりただまさ》ほか二名に別室に呼び出され、最重要機密であるとして、およそ次のようなことを打ち明けられます。

幕府はフランスの援助を得て資金と軍艦を手に入れることになっている。到着次第一気に長州を討ち、機会を見て薩摩も討伐する。そうすれば、幕府に対抗できる勢力はなくなるから、諸侯を削減して、中央集権の統一国家を実現できる。これは決定済みのことであり、あなたも同意してくれることと思う。（勝海舟『開国起原』）

これを聞いた海舟は、議論しても時間の無駄だと思い、ただ黙って聞いていたといいます。大坂に着き、老中板倉勝静《いたくらかつきよ》からこのことを尋ねられた海舟は、次のような自説を述べました。

万国交際が起こった今日、中央集権国家の樹立が必要なのは当然である。しかし、諸侯を削減して、徳川氏がみずから政権を握ろうとするのはよろしくない。真に国家のためというなら、まず徳川家が自らを削って範を示し、隔てなく有為《ゆうい》の人材を集めて国家改革の事業を行うべきである。薩摩は嫌だ、長州が憎いなどといっている場合ではないではないか。（同）

肝心なのは、苦境にある日本の独立を守ることであって、誰がそれをやるかが問題なのではないというのが海舟の考えです。困った板倉は、国家のことは後でゆっくり論ずることにして、さしあたりあなたには、薩摩藩との交渉と、薩摩の変心に憤っている会津藩の説得に当たってもらいたいと詰をそらします。

そもそも一橋慶喜、小栗忠順らが対長州強硬策を推し進めたのは、陰にフランスの幕府援助政策があったからです。それは、外国の力に頼って徳川家を守ろうとする小さな私的発想に過ぎません。徳川の権力を維持するためになりふり構わず外国に頼るのは、結局、己の利害と引き換えに国を売ることに等しいと海舟は考えます。「このようなことをしては、フランスの術中に陥り、国家の瓦解は遠いことではない」（『幕末日記』）と主張して、海舟はフランスからの借款導入に徹底的に反対します。回想の中で、彼は次のようなことを述べています。

＊仏蘭西から金を借りるといふ事では、己は一生懸命になって、たうとう防いでしまつた。もし

あれが出来て居《お》らうものなら、国家に対して何と申し訳があるエ。
＊ナポレオン（注、ナポレオン三世のこと）が、何の訳《わけ》で、わざわざ日本に親切にするか。大体その訳がわかりさうなものぢやないか。
＊慶喜公は済むまいぢやないか。さういふ国を売るやうな事をして置き、又大政奉還後、外交の事は、依然、此の方で取扱ふなどといふ書付を各国公使に渡した。（『海舟語録』）

ともあれ海舟は、板倉の命に従い、薩摩と会津との調停交渉に当たります。『氷川清話』や『海舟語録』では、この交渉はたちまちうまくまとまったように書かれています。確かに、懸念されていた薩摩と会津の武力衝突は起こりませんでした。しかし実際のところは、会津の薩摩に対する疑念は消えることはなく、薩摩も出兵拒否を撤回はしませんでした。

そもそも、調停を依頼した幕府は自らの利害しか考えていませんでしたし、会津藩もまた将軍家を守るという藩祖以来の方針をかたくなに守っていました。島津斉彬の薫陶を受けた薩摩の士だけは、私を捨てて国家レベルで考えるという海舟の発想を理解していましたが、幕府や会津藩が家のレベルでの発想を捨てられない状況では、海舟の調停がうまくいくはずはありませんでした。懸命に奔走してはみたものの、得られたものは、海舟に対する幕府役人たちの疑念が深まったことだけ（「サア、疑ひ出したよ。なんでも、勝には何かタクラミがあるに違ひないと言ふのサ」『海舟語録』）という結果に終わったのです。

慶応二年六月、ついに幕府、長州の両軍が戦火を交えます。戦いは長州の圧倒的優勢のうちに進み、八月には奇兵隊の攻撃で小倉城が落城します。さらに幕府にとって大きな打撃となったのは、将軍家茂の死でした。七月二十日、家茂は二十一歳という若さで、大坂城中で没します。徳川宗家の後継者に決定した一橋慶喜は征長を断念し、海舟に休戦交渉の密使を命じます。この密使の顚末《てんまつ》については、『氷川清話』や『海舟座談』などに細かく述べられていて、よく知られている話です。肝心なのは、ここでも海舟は、密使を命じた当の幕府（特に一橋慶喜）の背信に遭って、全く顔をつぶされているということです。慶喜はおだて言葉をならべて、談判を依頼します。海舟は「正大衆議御用《おもちい》」「天下の公論御採用」（『解難録』）、つまり、諸侯の会議を開いて公正な処置を講ずるという慶喜の言質を取って交渉に当たります。ところが慶喜は、侵略軍を直ちに撤兵せよという強圧的な内容の勅命を取り付け、海舟の頭越しに長州に突きつけます。疑念を深めた長州は、海舟の調停を受け入れませんでした。結局得られたのは、長州軍は兵を引く幕府軍を追撃しないという約束（おそらくこれは、長州側が海舟の顔を立てたということでしょう）だけでした。復命した海舟に対して、幕府内部では「勝は何でも薩長の廻し者に違ひない」（『海舟語録』）という「讒誣《ざんぶ》」の嵐が沸き起こり、ついにはもう御用済みとばかりに江戸に帰されてしまいます。結果的に長州をだました格好になってしまった海舟は、後に「表面は長州の人を売った姿になったのだけれど、いくら恨まれても仕方がない」（『氷川清話』）と述べています。

徳川の後始末

「慶応戊辰の変は、余が終身の愁苦、危険惨澹の極なり」（『断腸之記』）と述べられている通り、海舟の生涯最大の「断腸」の危難に見舞われるのは、慶応四年（九月八日明治と改元、西暦一八六八）のことです。この年に海舟が行ったのは、一言で言えば、徳川の後始末をつけることでした。

長崎海軍伝習所時代以来、海舟の一貫した行動指針は、幕府・諸藩の隔てなく国内の力を結集して近代的な国家を作り上げることにありました。そのために彼は、幕府の一員でありながら幕府の利害を捨て、国内の分裂抗争を防ごうと努力してきました。彼は、島津斉彬がそうであったように、常に国家全体の立場からものを考えました。ちなみに海舟は、早くから斉彬とつながりがあったようで、伝習所時代にも練習航海で薩摩に立ち寄って面談をしています。しかし、「何でも、己が為さう為さうといふのが善くない。誰がしてもいい。国家といふものが善くなればいい」（『海舟語録』）という彼の考え方は、西郷隆盛などごく少数の人を除き、御家大事の発想に凝り固まった幕府役人や諸藩の人々からはなかなか理解を得られませんでした。「私などでも、奸物《かんぶつ》だと言はれて、しばしば殺されかけた」「私に賛成の人はなかった」（同）とあるように、彼はさまざまな局面で無理解にさらされ、周囲を敵に回しながら奮闘を続けてきました。「奸物」といわれ、「殺されかけ」ながら、彼が生涯最大の憎まれ役を演じたのは、周知の通り、江戸城開城をクライマックスとする、徳川の後始末でした。

慶応三年（一八六七）十月十四日、将軍徳川慶喜は、土佐藩の献策を容《い》れて大政奉還の上表を提出します（翌日許可）。大政奉還は、長州征討に失敗し、幕府による専制支配の不可能を悟った慶喜がとった、いわば起死回生の策でした。すなわち、先手を打って旧来の政体を白紙に戻し、天皇のもとに新たに作られる政府において、最有力の大名として実権を握るというのがその目論見です。しかし、すでに挙兵討幕を決定していた薩摩・長州は、同じ日に「討幕の密勅」を取り付け、十二月九日には朝廷でクーデターを決行し、王政復古の大号令を発して天皇を仰ぐ新政府を樹立します。さらに徳川慶喜に対しては内大臣の官職辞退と領地の一部返上を命じる処分が決定されたため、慶喜は大坂城に退去、幕府内では兵を京都に送って薩長勢力を一掃すべしという声が高まります。幕府内が主戦論に傾き、反対する者は逆臣呼ばわりされる（『幕末日記』）中で、海舟はあくまでも「鎮静」を主張しました（「十二月十八日付建白書」）。（1）大政奉還をした以上大義はこちらにあるが、開戦すれば大義は失われる、（2）在京兵力を引き上げて足元の関八州を固めれば、その実力は無視できないから、いずれ新政府の主導権を握ることができる、というのが海舟の提言の主旨でした。

海舟の進言も空しく、慶応四年（一八六八）一月、鳥羽・伏見の戦いで幕府軍は敗れ、慶喜は大坂を脱出して江戸に戻ります。ここに徳川家が新政府内に地位を占める望みは完全に絶たれ、そればかりか、家の存続さえも危うい状況に陥ります。一月十五日、主戦派の小栗忠順が罷免され、二月二十五日には、海舟が幕府軍のトップである軍事取扱に任命されます。破局に瀕した事態を収拾すること、これが海舟に与えられた任務でした。

「わかる人にはわかるからね」

官軍が江戸に向かって進撃し、諸藩が次々と新政府に従っていく中で、海舟は抗戦派を抑え、慶喜の謝罪・恭順を主張します。とはいえ、彼は決して単なる敗北主義者だったわけではありません。海軍力における優勢を考えれば、幕府には長期間官軍と互角に渡り合える力はあると海舟は見ていました、またその戦術も検討していました。しかし、そうした場合、日本は、フランスに援助された東国と、イギリスが後援する西国とに分裂抗争をすることになり、「皇国瓦解」して万民は塗炭にあえぎ、ついにはインド、シナの二の舞になってしまう（『幕末日記』）と海舟は考えました。

昭和二十年（一九四五）八月十五日のことを考えても分かるように、負《ま》け戦《いくさ》の後始末というのはきわめて困難な仕事です。海舟は、見事にその仕事を成し遂げたといってよいでしょう。彼は、あわよくば引き分けに持ち込むことも狙いながら、名誉ある敗北と徳川家の存続を目標として、さまざまな手を打ちました。三月五日、海舟は、剣客として知られた旗本山岡鉄舟に書簡を託し、駿府の官軍大総督府にあった西郷のもとへ派遣します。徳川慶喜は、皇国の民として恭順の道を守っている。にもかかわらず、官軍が江戸へ進撃すれば、主君の意を解さぬ者たちが暴発し、江戸は大乱に巻き込まれるだろう。そうなれば、江戸にいる静寛院宮《せいかんいんのみや》（第十四代将軍家茂の正室和宮《かずのみや》、天皇の叔母にあたる）の安全も保障しがたい。恭順の道が破れ、皇国が瓦解することになっても、もはや統御することはできないだろう。官軍の参謀諸君は、「その情実」をよく理解して、条理を正して欲しいというのが、その内容です。

「上下公平一致」、すなわち、一致協力して新国家を築き上げることが、海舟の考える大義です。この大義からすれば、鳥羽・伏見における会津藩などの行動や、それに乗じた薩長の東征は、いずれも「小私」であると彼は考えます。「小私」のぶつかり合いによって、江戸が戦火に巻き込まれ、国内の分裂抗争が引き起こされることになれば、恭順を捨てた徳川も、攻撃をかける現在の官軍も、等しく国を破る「乱臣乱民」であるというのが、海舟の一貫した論理でした。

三月九日に西郷との面会を果した山岡鉄舟は、官軍側の講和条件を持ち帰ります。これをもとに、三月十三日、江戸高輪の薩摩藩邸での勝・西郷会談が実現します。「この日は何もほかのことは言わずに、ただ和宮のことについて一言いったばかりだ」（『氷川清話』）ということでしたが、西郷は直ちに海舟の嘆願する「情実」を理解しました。

翌日、両者は再び会談し、講和条件について同意を得、西郷は自らの一存で翌日に迫った江戸城進撃の中止を命じました。海舟は日記の中で、「彼の傑出果決を見るに足れり」を西郷をたたえています。その後、さまざまな交渉があり、またその間、海舟は幕臣、官軍双方から命を狙われたりもしましたが、最終的には四月十一日、江戸城が明け渡され、「上下公平一致」の新国家は、第一歩を踏み出すことになります。そのちょうど二十五年後にあたる明治二十五年（一八九二）四月十一日、海舟は四首の漢詩を作っています。最後の一首は、次の通りです。

官兵城に迫るの日

我を知るは独り南州
一朝機事を誤らんか
百万髑髏《どくろ》と化さん

「おれの精神はこの四首の中に尽きているのだ。たくさんのことを言わないでも、わかる人にはわかるからね」(『氷川清話』)と、海舟は述べています。

海舟は生涯、無理解・誤解からくる批判や誹謗中傷《ひぼうちゅうしょう》に苦しめられ続けました。福沢諭吉の『瘠我慢の説』などは、そうした批判の代表的なものです。また、その無理解は、ときに彼の命をも危機にさらしました。彼の真骨頂は、そうした非難に議論をもって応酬するのではなく、ひたすら実行によって答え続けたところにありました。それが可能であったのは、彼自身が言うように、剣術修行で培った度胸のおかげだったのでしょう。しかし、何よりの支えとなったのは、西郷隆盛をはじめとする、海舟の精神をよく理解してくれた英傑たちの存在だったのではないでしょうか。

「わかる人にはわかる」を支えに生きた海舟は、最大の「わかる人」であった西郷の死後さらに二十余年を生き、明治三十二年(一八九九)一月二十一日、七十七歳で没しました。

第十五章　山県有朋——小さくとも強靭な国家を

司馬遼太郎作品を始め、幕末維新ものの歴史小説における長州出身のスターといえば、高杉晋作、桂小五郎（木戸孝允）、伊藤博文、大村益次郎《おおむらますじろう》らの名が思い浮かぶことでしょう。しかし、どんな時代でも、実質的な大事業を成し遂げた真の実力者というものは、大衆的な人気とは無縁なところにいるものです。帝国陸軍の生みの親であり、長州閥の領袖《りょうしゅう》として明治・大正の政界に君臨した山県有朋は、まさにそうした人物でした。国家の生存のためには憎まれ役もすすんで買って出た、武人山県有朋の生涯を追ってみたいと思います。

武事を以て国に事へん

今日の歴史学界では、山県有朋という人物の評判は決して芳しくはないようです。教科書的にいえば、山県は藩閥政治のボスとして政界を牛耳り、軍部の特権的な地位を確立し、政党政治には徹底的に反対した人物です。事実その通りなので、民主政治を金科玉条《きんかぎょくじょう》とし、軍隊を毛嫌いする今日のいわゆる進歩的知識人からすれば、山県という人物は日本近代の暗黒部を体現した悪役以外の何者でもないということになるでしょう。

しかし山県は、民衆に支持されなければならないとか、軍の特権化は好ましくないという考え方こそが国家を弱体化するものであると考え、断固としてそれらを否定しました。毀誉褒貶《きよほうへん》はともかくとして、彼が徹底した信念に基づいて追い求めたのは、日本を小さくとも強靭《きょうじん》な国家に仕立て上げることでした。明治以降、今日に至るまで、日本を強い国にするという執念においで、彼の右に出る政治家は一人もいなかったといってもお

山県有朋

そらく過言ではないでしょう。
山県有朋（号は、含雪《がんせつ》）は、天保九年（一八三八）閏四月二十二日、長門国《ながとのくに》萩城下（山口県萩市）で生まれました。幼名は辰之助、のちに小助と改め、二十歳からは小輔を名乗っています。また、奇兵隊に参加した頃には狂介と称していました。父三郎有稔《さぶろうありとし》は、蔵元付中間《くらもとづきちゅうげん》という最下級武士で、母松子もまた中間組の出身でした。武士のうちであるとはいえ、足軽以下のいわゆる卒族《そつぞく》に生まれ育ったことは、彼のものの考え方に大きな影響を与えることになります。十三歳で蔵元付の手子に任じられ、その後藩校明倫館や代官所の手子役、目付横目《めつけよこめ》役を歴任します。職名は物々しいのですが、「手子」は役所の雑用係、「横目」は今日の巡査にも及ばない下っ端の警察官です。太平の世が続いていれば、彼は最下層の卒族として生涯を終えたでしょう。その彼に立身のチャンスをもたらしたのは、黒船来

航とともに長州藩に沸き起こった攘夷運動の嵐でした。

この頃山県は、ひたすら宝蔵院流《ほうぞういんりゅう》槍術《そうじゅつ》の稽古に励んでいました。槍で身を立て、ゆくゆくは道場主になるというのが少年時代の彼の夢でした。家が隣同士で、幼少期からの親友であった杉山松助《すぎやままつすけ》は、しきりに松下村塾への入門を勧めますが、山県は学問的才能では到底杉山に及ばないと思っていたので、勧めには従いませんでした。その代わりに彼がめざしたのは、武術を修業し、武人として国家に仕える道でした。当時を回想して、山県は次のように述べています。

予は武事を以て国に事《つか》へんことを予期し、且つ才学の杉山等に及ばざるを知り其勧《そのすすめ》には従はざりしと雖《いえど》も交誼《こうぎ》は益々厚きを加へたり。（『懐旧記事』第一巻）

松下村塾

杉山松助はのちに、攘夷運動の志士として活動しますが、元治元年（一八六四）六月、京都三条池田屋で会議中、新撰組《しんせんぐみ》に襲われて死亡します。

安政五年（一八五八）の通商条約締結後、激動する政治情勢を探索するため、長州藩は伊藤俊輔《しゅんすけ》（博文）ら六名の青年を京都に派遣します。山県も、杉山松助の推薦によって一行に加えられました。約三ヶ月の京都滞在中、山県は久坂玄瑞《くさかげんずい》、梅田雲浜《うめだうんぴん》ら高名な尊王攘夷家たちを訪れ、深く感銘を受けます。帰国後、彼は国際情勢を広く知る必要を痛感し、松下村塾に入門します。山県が松陰に接した期間はごく短く、彼が具体的にどのようなことを学んだかは明らかではありません。ただ推測できるのは、武人として生きることを決意した山県は、思想家松陰の哲学よりも、兵学者松陰の戦略思想から多くを学んだのではないかということです。実際、その後の彼の行動を見ると、松陰の戦略思想の要となる二つの考え方から、少なからぬ影響を受けていることがわかります。一つは、西洋列強によって奪われたものをアジアで取り返すという発想、もう一つは、戦わずに敗れるよりも、かなわぬまでも一戦を交えた方が政治的な効果は高いと考える主戦論的思想です。

＊但章程《しょうてい》（注、対外的規約）を厳にし信義を厚ふし、其間を以て国力を養ひ、取易き朝鮮・満州・支那を切り随へ、交易にて魯国（注、ロシア）に失ふ所は又土地にて鮮満にて償ふべし。（吉田松陰書簡・杉梅太郎宛、安政二年四月二十四日）

＊只今の勢は大名に岳飛・韓世忠もなければ、一戦なしに墨夷（注、アメリカ）に屈するなり。故に人は我を以って乱を好むと云ふべけれど、草莽崛起の豪傑ありて神州の墨夷の支配を受ぬ様にありたし。（中略）何卒乱麻となれかし。（吉田松陰書簡・野村和作宛、安政六年四月四日）

二番目の引用の中の岳飛《がくひ》、韓世忠《かんせいちゅう》は、いずれも中国宋代の武将で、侵略してくる金軍に対して主戦論を主張しましたが、講和派の謀略によって獄死した人物です。

アジアの潜在力を利用して国力の不足を補い、対外的危機感によって国内の求心力を高めるという松陰の発想は、形を変えながら山県に受け継がれていきます。その意味で彼は、吉田松陰の兵学思想の後継者であったといえるかもしれません。

四ケ国艦隊の下関攻撃

攘夷運動の嵐が吹き荒れる中で、長州藩は当初、「航海遠略策」と呼ばれる、公武合体・積極的開国策を藩の方針としていました。しかし吉田松陰に感化された攘夷派の勢力が強まり、文久二年（一八六二）七月には、藩の方針を攘夷へと転換します。この流れの中で、攘夷派として活動していた山県は、伊藤俊輔、品川弥二郎らとともに士籍に列せられます。翌年五月、ついに長州藩は、関門海峡を通航するアメリカ商船と、フランス、オランダの軍艦に相次いで砲撃を加え、攘夷を決行します。山県はこのとき、二十四斤砲数門の運送を指揮していました。しかしこの「攘夷の手始」（『懐旧記事』第一巻）は、直ちに手痛い報復を蒙《こうむ》ることになります。六月、来襲した米仏の軍艦三隻によって砲台は沈黙、上陸した陸戦隊は砲を破壊し、甲冑《かっちゅう》や刀・火縄銃等を奪い去りました。

他藩に先がけてなされた攘夷の決行は、長州藩に二つのことをもたらしました。その一つは、武士以外の民衆の間で、一気に対外危機意識が高まったことです。萩城下では、町方からの願い出により、

前田砲台を占領したイギリス軍

防御のための土塁建設が行われ、町人たちからは多額の献金がなされ、多くの民衆が自発的に工事に参加しました。一戦を交えることによって求心力を高めるという、吉田松陰が期待した攘夷の効果が直ちに現れてきたのです。

もう一つは、西洋の近代的な軍事力に対して、世襲官僚化した旧態依然の武士の軍隊がものの役に立たないことが明らかになったということです。危機感を強めた藩は、西洋艦隊の本格的な攻撃に備えて、一般民衆をも動員した防衛体制の構築を図ります。高杉晋作の建議により、身分を問わず腕に覚えのある有志を集めて結成された奇兵隊も、そうした軍事改革の一環をなすものです。「奇兵」とは、藩の正規の軍隊（正兵）に対する非正規軍を意味する言葉です。奇兵隊を皮切りに、遊撃隊、八幡隊など民衆の加わる軍隊が次々に編成され、これら諸隊は幕末長州藩の軍事力の中核となっていきます。

元治元年（一八六四）八月、イギリス公使オールコックの提案で結成された英仏米蘭四国の連合艦隊十七隻（砲二八八門、兵員約五千）が下関に来襲します。このとき山県有朋は、奇兵隊の軍監として、壇ノ浦《だんのうら》支営の指揮に当たっていました。彼は、おりしもイギリスから帰国して戦闘回避のための交渉に当たっていた伊藤俊輔から、西洋の軍隊の「熟練及び器械の精良なる」ことを聞いていました。しかし彼は、伊藤に対して次のように述べました。

天下の情勢已に此に至る。仮令《たとい》馬関は焦土と為るも又如何ともすべからず。唯尊攘の主意を貫徹すべきのみ。（『懐旧記事』第一巻）

この時点では、山県はまだ、松陰流の一戦主義の素朴な信奉者でした。

さて、周知の通り、四ケ国連合軍との四日間にわたる戦いは長州の惨敗に終わりました。艦隊の砲撃によって砲台は次々と破壊され、守備隊は上陸した陸戦隊に追われて退却、ついに下関砲台は連合軍に占領されてしまいます。山県自身も、敵弾によって軽傷を負いました。しかし、我国にとって初めての近代的軍隊との本格的な地上戦の経験から、彼は多くのことを学びとりました。

此戦前後凡そ七回、予は敵の上陸して撤兵《さっぺい》を以て進むを見て大に悟る所あり。又其携帯する所の利器を見て、兵の強弱は軍略の如何に係ること勿論なれども、銃砲の利鈍は大に勝敗の数に関する事を明かにせり。此戦我兵中「ミニヘール」銃を携帯するもの僅々数十挺のみ。余は皆「ゲベール」及び火縄筒なり。又只弓槍を携ふるものあり。防戦の困難推て知るべきのみ。（同）

この戦いで彼は、散兵戦闘を基本とする近代的な歩兵戦術の優秀性を悟ります。そして、近代戦においては、兵器が劣っていれば、勝敗以前にそもそも戦いにすらならないことを思い知らされます。この経験は、彼の主戦思想に微妙な修正を迫りました。確かに、戦闘は有効な政治的手段のひとつです。しかし、実力の差が大きすぎて戦いにすらならないなら、いくら一戦を挑んでも何の意味もありません。戦闘を有効な手段にするためには、少なくとも相手と互角に渡り合える実力を身につけておく必要があります。おそらく彼は、そのように悟ったのだと思われます。このときを境にして彼は、戦闘に最大限の政治的効果を発揮させるための準備、段取り、タイミングに意を用いる慎重な用兵家へと転身していったのです。

長州藩の内訌《ないこう》

文久二年（一八六二）以来、攘夷運動の先頭に立っていた長州藩は、このとき大きな苦境に立たされていました。文久三年八月十八日の政変で、攘夷派公卿が追放され、長州藩の勢力は京都から一掃されます。勢力回復を図って出兵、入京に及びますが、元治元年（一八六四）七月十九日、禁門の変で敗れ、八月には第一次の長州征討が開始されます。四国連合艦隊の下関攻撃は、征討軍の先鋒が迫りくる中での出来事でした。

四ケ国との講和ののち、幕府征討軍への対応をめぐって藩内の抗争が激化してきます。幕府に恭順して毛利家の存続を目指そうとする俗論派と、武備をたくわえて尊王攘夷の方針を貫こうとする正義派との間で、連日のように激論が戦わされ、一時は俗論派が藩の実権を握ります。正義派の一人、井《い》上聞多《うえもんた》（のちの外務大臣井上馨《かおる》）が襲撃されて重傷を負ったのもこの時期のことです。

この間、山県は、いざというときに立てこもるべき要地を選び、また、山口の藩庁に掛け合って奇兵隊一年分の給与を先払いで受け取ります。藩庁の役人が全員俗論派に入れ替わってしまう前に、兵士の給与だけは押えておこうという処置でした。この逸話は、山県が単なる戦術家ではなく、軍という組織を経営する軍政家としての優れた手腕を有していたことを示すものといえるでしょう。

幕府に屈服して攘夷派志士を弾圧し、奇兵隊など諸隊の解体を図る俗論派の動きに憤激した高杉晋作は、武力による藩政奪回を決意します。このとき山県は、「此方略は宜しく一同力を合せし後に之を決行すべし。今に在て力を分つは不可なり」と述べ、諸隊の連携が不十分であることを理由にいったんはこの決定に反対します（『懐旧記事』第三巻）。しかし高杉は制止に従わず、下関で俗論派討伐の兵を起こしたので、山県も奇兵隊を率いてこれを助けました。元治元年十二月から、翌慶応元年（一八六五）一月にかけて繰り広げられた内訌戦は、広く一般民衆の支持を集めた正義派の勝利に終わります。

この戦いの最中、劣勢に立たされた俗論派が、鎮撫《ちんぶ》の名目で藩主の世子毛利元徳《もうりもとのり》の出馬を仰ぐという風聞が広まりました。この噂を聞いた井上聞多は、世子の出馬とあっては自分は腹を切って詫《わ》びるほかはないと覚悟したといわれます。それに対して山県は、世子であれ藩主であれ、俗論派がそれを担いでくるなら、こちらは藩祖毛利元就《もとなり》公の霊牌を押し立てて進み、敵が撃ってくればこちらも応戦するまでだと豪語しました。しかも手回しのよいことに、霊牌を納める御輿《みこし》もすでに準備してあるというのです。この逸話は、権威や情誼《じょうぎ》など歯牙《しが》にもかけない、戦闘に徹した冷徹なリアリストとしての山県の人間像をよく示すものといえるでしょう。そしてまた、周到な準備を怠らない慎重な軍政家という山県の一側面も、ここからうかがい知ることができると思います。

奇兵隊の事実上の総管として長州藩の内訌戦を戦った山県は、維新までにさらに二回の実戦を指揮しています。慶応二年（一八六六）の第二次長州征討では、奇兵隊を率いて小倉城を落としています。明治元年（一八六八）の戊辰戦争では、北陸道鎮撫総督兼会津征討総督の参謀として従軍し、長岡城攻めなどの指揮に当たりました。名将河井継之助《かわいつぐのすけ》が守る長岡城攻めでは、寄り合い所帯の部隊間の統制に苦しみ、また兵力・弾薬の不足もあって大変な苦戦を経験しています。こうした経験を通して、彼は、戦術のみならず、軍隊という大きな組織を運営していくためのさまざまなノウハウを学んだものと思われます。後に彼は、軍隊を知り尽くした男として、明治政界に巨大な地歩を築くことになりますが、その土台は、二十歳代の終わりに経験した実戦の中で準備されたものだったのです。

目的は「国家の生存」

明治二年（一八六九）六月、戊辰戦争の論功行賞があり、山県有朋は賞典禄《しょうてんろく》六百石を給せられます。ちなみにこのとき、西郷隆盛は二千石、木戸孝允、大久保利通、広沢真臣《ひろさわさねおみ》は千八百石、大村益次郎は千五百石を給せられています。この同じ月に彼は、薩摩藩の西郷従道《さいごうつぐみち》とともに、かねてよりの念願であったヨーロッパ視察の途につきました。そして、普仏《ふふつ》戦争直前の緊迫した状況下にある欧州各国をあわただしく歴訪し、翌年八月に帰国します。

何が目的なのかも定かでない昨今の政治家の外遊とは違い、山県は、駆け足の訪問の中で実にさまざまなことを学び取りました。フランス、プロシアで学んだ軍制についての知識は、帰国後に彼が手がけることになる徴兵制度確立の基礎となります。また、イギリス訪問中には、君主制から議会制への移行が西洋の趨勢《すうせい》であることをいち早く見抜き、その流れがわが国に及ぶことを予想しています。しかし、何といっても最大の収穫は、現実の近代国家というものの生々しい本質を見きわめたことにあったと思われます。

自由、平等、正義、国民の幸福など、近代国家はさまざまな美しい理想を掲げています。しかし、現実の西洋近代国家は、国同士の厳しい生存競争の中で、あらゆる手段を講じて自国の独立を守ろうと鎬《しのぎ》を削っていました。

明治維新後、日本は「開国進取」を国の方針としました。しかし、「開国進取」とは、単に港を開き、貿易をするだけのことではありません。それは、近代国家間の生き馬の目を抜くような競争世界の中に、我国も進んで参加したことを意味していました。理念・理想は何であれ、国家を守るための闘争こそが、西洋近代国家なるものの現実の本質であり、日本も否応なしにその闘争に巻き込まれている。ヨーロッパ視察で得られたこの教訓は、明治・大正の政界を生き抜いた彼の政治的行動の基礎を形作ることになります。山県の一貫した政治的信条は、国民の安全や幸福を説くにしても、そもそも国家が存立していなければお話にならないというものでした。

国家の目的は必ずしも一ならざるべしとも国家の生存を以て其目的を達するの第一要件となすは古今を通して変更することなし。（『軍備意見書』明治二十六年十月）

国家の目的には、さまざまなものがあるでしょう。しかし、その目的を達成するためには、何よりもまず国家が存在していなければなりません。では「国家の生存」を保つ手段は何か。いうまでもなくそれは軍隊です。どんな小さな国家でも、また永世中立を宣言した国家でも軍備を有しており、軍を持たない近代国家というものは存在しません。たとえ周辺国と友好的な関係が維持されていても、どの国も軍備の充実を怠ることはありません。帰国した山県は、大いなる危機感に迫られて、明治新政府の軍制確立に向かって行動を開始します。

明治政府の発足当初、中央政府は自前の軍隊を持っていませんでした。存在していたのは各藩主に忠誠を尽くす藩の軍隊、要するにそれぞれの御家の私兵のみで、政府が軍事行動をする際は、藩主を通じて、私兵を動かすという形をとっていました。藩という名前の軍閥が割拠している状況と思えば、わかりやすいでしょう。その兵制もまちまちで、イギリス式（薩摩）もあればプロシア式（紀州）もあり、中には古来の長沼流をとる藩もあるという具合に、全く統一が取れていませんでした。政府ははじめ、薩摩・長州・土佐の藩兵をもって政府直属の軍隊を編成することになっていました。しかし、太政官内のごたごたもあって、薩摩・土佐の二藩の兵は国に帰ってしまうなど、計画は一向に進展しませんでした。

帰朝後まもなく、山県は兵部少輔《ひょうぶしょう》に任ずるとの内命を受けます。彼は、当時鹿児島に引きこもっていた西郷隆盛を、兵制改革の総責任者とすることを条件に、その職につきます。彼がまず直面したのは、新しい軍隊の兵制をフランス式にするかプロシア式にするかという問題でした。フランス、プロシアの兵制を視察してきた山県は、プロシア式の採用を希望していました。当時欧州は普仏戦争のさなかにあり、プロシア軍がパリを包囲するなど、優勢な戦いを続けていたことも、プロシア式の採用をのぞむ理由であったようです。しかし、明治二年に凶刃《きょうじん》に倒れた大村益次郎が兵部大輔《たいふ》に在任中、すでにフランス式の採用が決定しており、また当時はドイツ語を解する者がほとんどいなかったなどの事情から、プロシア式の採用はあきらめざるを得ませんでした。

町田曲江作『御練兵』

次いで、山県は鹿児島に赴いて西郷と面談し、兵を率いて上京し、朝廷の警護に当たるよう要請します。西郷は、木戸孝允と協議の上、薩長土三藩から一万人の藩兵を提供して、朝廷を警護する御親兵を編成することを提案しました。このとき山県が、「三藩から献兵して御親兵《ごしんぺい》とする以上は、もはや藩士ではない。もし薩摩守が朝廷に背くようなことがあれば、藩主に向かって弓をひく覚悟がなければならないが、いかがか」と問いかけたところ、西郷は「固《もと》より然《しか》り（それは当然のことだ）」と答えたといいます。

徴兵制度と「統帥権の独立」

明治四年（一八七一）二月、西郷の議にもとづき、歩兵・騎兵・砲兵約六千三百名から成る御親兵（明治五年に近衛《このえ》と改称）が編成されます。これが、明治政府がはじめて手にした直属の軍隊でした。自前の武力を持った政府は、同年七月、廃藩置県を断行します。これによって、全国の城郭・兵器はすべて兵部省の管轄下に置かれ、旧藩兵はすべて解散を命じられました。

しかし、全国の兵権が中央政府に掌握されたとはいえ、国軍の基礎はきわめて脆弱《ぜいじゃく》なものでした。御親兵は、皇居を警護する兵力であり、その後に設けられた鎮台兵をあわせても、その力はようやく国内の治安を維持するできる程度のものでした。陸軍の実権を握った山県は、彼の考えるところの「国家の生存」を保つに足る強力な国軍の建設を急ぎました。

明治四年十二月の「軍備意見書」で、山県は次のようなことを述べています。

兵は国を守り、民を守る要である。これまで我国では、兵を武士の固定した職として、文（行政）と武（軍事）とを区別していなかった。今、文官と武官を区別し、武士の職を廃止して、兵を別に選任することは、兵制の大改革である。そのタイミングや実施法、将来の目標をよく考えなければならない。思うに、現在の兵制は国内の治安を目指しているが、将来見据えるべきは外からの攻撃に対抗することである。しかし、内への備えと外への備えとは実は一体であって、別のことではない。外に備える目途が立つならば、国内の騒乱は憂うるに足りないからである。

戊辰戦争の余燼の中で、多くの者の関心がいまだ国内治安の問題に向けられているときに、山県の目はすでに、列国対峙《たいじ》の国際情勢の中での日本の生存という、将来の大問題を見据えていました。日本の近代国家としての生存を保てるのは、武士の軍隊ではなく、徴兵制による国民軍であるというのが、彼の考えでした。

明治五年（一八七二）十一月、徴兵の詔《みことのり》が発せられ、これにもとづいて翌年一月、政府は徴兵令を公布します。武芸の素養のない一般人から兵士を徴集する徴兵制度については、特権を奪われる武士階級はもちろん、政府部内からも反対の声があがりました。しかし山県は、武士ではない一般国民の軍隊、それも志願制ではなく徴兵制による軍隊の創設を主張しました。彼は、戦いを他人任せにして、国民が自ら戦うことをしなければ、国家の生存を維持することはできないと考えていました。

また、かつて奇兵隊《きへいたい》を指揮した経験から、国を守るために自ら武器を手に取った民衆がどれほどの力を発揮するかを知悉《ちしつ》していました。山県の確信は、明治十年（一八七七）の西南戦争で実証されます。このとき、政府軍の兵力不足を士族の志願兵によって補う案が出されます。しかし山県は、国民軍の中に士族の部隊を作ることにはあくまでも反対し、結局、士族を巡査に志願させ、義勇兵の形で参戦させることになります。この戦いで、薩摩の精強な士族兵は、「官兵ヲ百姓兵ナリト嘲《あざけ》リ」（西周『兵家徳行』）ますが、徴兵の軍隊はよく戦い、その実力は十分に近代戦を戦えることが証明されます。

一般民衆を動員した国民軍が、西南戦争をはじめ、各地で勃発した旧士族の叛乱《はんらん》を鎮定したことによって、私兵の割拠する国内の分裂状態は克服されました。しかし山県が創設した国民軍は、武士の軍隊の場合とは異なる、新たな不安定要因を抱えていました。明治十年代には、来るべき議会開設を目指して盛んに政党が結成され、自由民権運動が高まっていました。山県がかつてイギリス訪問中に目の当たりにしたデモクラシーの趨勢が、いよいよ日本にも及んできたわけです。国民軍の軍人は一般の民衆ですから、当然その中には、自由民権思想の影響を受けた人々も含まれてきます。彼らは、旧藩兵のように藩主の命令で中央政府に反抗することはありませんが、しかし、政府の政策に反対する政治的イデオロギーに従って叛乱を起こすことは十分に考えられます。普仏戦争で敗れたフランスでは、反王室・反政府の暴動に軍隊の一部が加わっています。

民衆の軍隊である以上、権利を要求し、政府に反抗する政治的イデオロギーの影響を受けることは避けられません。そのことは、西南戦争の論功行賞や給与への不満から近衛砲兵が起こした暴動、竹《たけ》橋《ばし》事件によって明らかになります。民衆が自ら戦うのでなければ、国家の生存は保てない。しかし、民衆を動員すれば、一般社会の政治的対立が軍隊の中に持ち込まれる。この板ばさみを解決するために山県が選んだのは、軍隊を政治の世界から切り離す仕組みを作ることでした。すなわち、軍の統率を天皇に直属させて政治の世界から分離し、また、一般社会の道徳とは異なる軍人のための道徳を制定することでした。

彼の基本的な考え方は、竹橋事件の直後に出された『軍人訓戒』の中の「朝政ヲ是非シ、憲法ヲ私議シ、官省ノ布告諸規ヲ譏刺スル等ノ挙動ハ軍人ノ本分ト相背馳スル（注、国政をあれこれ批評したり、憲法について自分の意見を出したり、官庁の布告や規則を謗《そし》る等の行いは軍人の本分に相反する）」という文言によく現れています。山県の構想は、『軍人勅諭《ぐんじんちょくゆ》』と「統帥権の独立」となって実現しますが、そのことは以前、西周の業績を扱ったときに述べた通りです。

「統帥権の独立」は、山県が作った制度の中でも、最も悪評の高いものです。司馬遼太郎をはじめ多くの論者は、この制度こそが軍部の暴走を許し、やがて敗戦という惨事を招いた第一級戦犯であると論難しています。しかし、もちろん山県は、軍を暴走させるためにこの制度を作ったわけではありません。彼の意図は、あくまでも軍の政治的中立性を保つこと、すなわち軍が特定の政治思想に従って動く（たとえば、二・二六事件のように）ことを防止することにあったのです。

軍事力なしに友好もない

陸軍の実力者となった山県は、政治の世界にも大きくかかわっていくことになります。内相、農商務相など大臣職を歴任したほか、明治二十二年（一八八九）と三十一年（一八九八）の二度にわたって内閣総理大臣に任命されています。その後も元老や枢密院《すうみついん》議長として大正十一年（一九二二）に死去するまで、政界の最有力者として国政に参与し続けました。そして政治の世界においても、「国家の生存」を第一目的とする彼の行動原理は、揺らぐことなく貫き通されています。

たとえば山県は、政党政治に対しては、「国家の生存」を脅かしかねないものとして、一貫して否定的な態度をとっていました。選挙で選ばれた議員は支持者の利害を代表するだけで、国家の命運を第一義に背負おうとしているわけではないというのが、議会・政党に対する彼の考え方でした。議会制度は、異なる利害・意見を調整する場としては適当であるが、その大前提として、国家の生存を第一義とすることでは国民が一致していなければならないと彼は考えます。そこから彼は、政府・行政官庁は、党派的利害に立った政党とは一線を画していなければならないと主張します。いわゆる「超然主義」の立場です。そして、国民の生活に密着した地方政治もまた、中央政界の党派抗争から切り離さなければならないと考えます。明治国家の地方自治制度は、彼のこうした考えをもとに作られたものでした。

「制度作りの名人」（辻誠『山県軍閥と初期産組文献』）といわれる政治家山県の功績は実に多岐にわたり、そのすべてを紹介することはできません。ここでは一つだけ、彼の外交戦略について簡単に見ておきたいと思います。

明治二十三年（一八九〇）十一月、内閣総理大臣山県有朋は、巨額の軍備拡張予算案を提示します。軍備拡張が必要とされた理由は、閣議に回覧された「外交政略論」という文書によって知ることができます。この中で山県は、「国家独立自衛の道」には、「主権線」の守禦だけでなく「利益線」の防護も必要であるとし、この二つを守るに足る軍事力の整備を主張しています。「主権線」とは、領土、つまり国境線のことをいい、「利益線」とは、主権線の安全に密接にかかわる隣接地域のことをいいます。

山県がいう「利益線」は、具体的には朝鮮を指しています。彼の予想では、ロシアが建設を進めているシベリア鉄道が完成すれば、朝鮮を焦点として「東洋に一大変動」が起こることは避けられません。そのとき、朝鮮が独立を失っていずれかの国に従属することになれば、最も安全を脅かされるのは日本と清国です。それゆえ、日本は「利益線」である朝鮮を守るために何らかの対策を講じておかなければならないと彼は主張します。そして、ここから打ち出されたのは、清国と協力して、朝鮮を永世中立国にするという構想でした。

朝鮮がいずれかの国の支配下に入れば、対馬諸島は「頭上に刃」を当てられた状態になり、国境（主権線）を守ることも難しくなる。こう考える山県の脳裏には、おそらく、かつて下関で四国艦隊の攻撃を受けたときの苦い思い出がありました。当時長州藩は、対岸の小倉藩に断って、その領内に二つの砲台を設置していたのですが、小倉藩は幕府に遠慮してこれを撤去してしまいました。もし両岸に砲台があれば、外国艦隊は容易に海峡に進入することはできなかったでしょう（『懐旧記事』第一巻）。日本の防衛にとって朝鮮が持つ意味は、まさにあのときの小倉藩の動向に対応するものといえるでしょう。

朝鮮がどこの国の支配も受けない独立国家であれば、朝鮮半島が列強の軍事拠点になることはありません。しかし、現実の朝鮮には自力で独立を守る軍事力が不足しています。そこで、利害を共有する日清両国が主導して朝鮮を中立国とし、その中立を侵害する国があれば共同して軍事力を行使して保護するというのが、山県の構想でした。

もちろん、「朝鮮の為に恒久中立共同保護の策」を実行するためには、「保護」できるだけの軍事力の裏づけが必要です。清国に共同保護を持ちかけても、日本に実力がなければ相手にされるはずはありません。それだからこそ、国境を守る最小限以上の軍備が必要なのだというのが、彼の論理でした。「国の兵力は、他国の恐れる敵ともなり、逆に他国を招く友にもなる」と、山県はいいます。軍事力の裏づけがなければ、友邦関係すら作れないというのが、リアリスト山県の基本的な外交観でした。

山県は、世間でしばしばいわれているような単純な軍拡論者ではありませんでした。常に、国の経済力、民心の動向、国際間のバランスなどを慎重に勘案しながら、可能な範囲で最強の軍隊を作ろうと努力しました。そしてまた彼は、むやみに戦争を仕掛けたがる好戦的な軍人でもありませんでした。日清戦争は、彼の日清協調路線を裏切る形で勃発してしまいましたが、そのとき強硬に開戦を主張したのは、一部の文民政治家や民権派の新聞でした。山県は、明治初年の征韓論《せいかんろん》の頃から、日清・日露戦争、第一次大戦、シベリア出兵に至るまで、軍事行動については常に慎重な姿勢をとりつづけました。彼がそうした態度を貫いたのは、日本という小さな国の国力・軍事力の限界をはっきりとわきまえていたからに他なりません。西洋の強国が二カ国連合すれば、日本は絶対にかなわない。だから、紛争に際しては、常に欧米列国いずれかの承認、とりわけアメリカの承認を得た上で行動に出なければならないというのが、彼の終生一貫した軍事・外交戦略でした。

山県有朋の生涯は、近代国家日本の礎《いしずえ》を築くために捧げられたといってもよいでしょう。国家の生存を守るためならば、民衆の批判など意にも介さず、進んで悪役を引き受けてきました。勝海舟は山県を評して、「あれは正直一方の男さ」（『氷川清話』）と述べています。「一介の武弁《ぶべん》」を自任していた彼は、一方で和歌や作庭をよくする文化人でもありました。別荘であった東京目白の椿山荘《ちんざんそう》の庭も、彼が手がけた作品の一つです。

大正十一年（一九二二）二月一日、山県は八十五年の生涯を閉じました。墓石に刻まれた「枢密院議長元帥陸軍大将従一位大勲位功一級公爵」というのが、長州藩蔵元付手子《てこ》から出発した山県の、最後の肩書きでした。

引用文献一覧

中江兆民、『一年有半・続一年有半』、岩波文庫、一九九五
佐藤一斎、「言志四録」、日本思想大系46『佐藤一斎・大塩中斎』、岩波書店、一九八〇
西郷隆盛、「西郷南州手抄言志録」、山田済斎編『西郷南州遺訓』、岩波文庫、一九三九
西郷隆盛、「遺訓」、山田済斎編『西郷南州遺訓』、岩波文庫、一九三九
山川菊栄《きくえ》、『覚書幕末の水戸藩』、岩波文庫、一九九四
徳川斉昭、「告志篇」、日本思想大系53『水戸学』、岩波書店、一九七三
藤田東湖、「弘道館記」、日本思想大系53『水戸学』、岩波書店、一九七三
作者未詳、「百草」、日本随筆大成第三期第9巻、吉川弘文館、一九七七
徳川慶喜談・渋沢栄一編、『昔夢会筆記――徳川慶喜回想談』、平凡社（東洋文庫76）、一九六七
作者未詳、「斬奸趣意書」、日本思想大系56『幕末政治論集』、岩波書店、一九七六
孔子、「論語」、金谷治訳注『論語』、岩波文庫、一九六三
保科正之、「保科正之家訓」、小澤富夫訳『家訓』、講談社学術文庫、一九八五
徳川斉昭、「十三箇条建議書」、日本思想大系56『幕末政治論集』、岩波書店、一九七六
黒田斉溥、「黒田斉溥上書」、日本思想大系56『幕末政治論集』、岩波書店、一九七六
作者未詳、「水戸斬奸状」、日本思想大系56『幕末政治論集』、岩波書店、一九七六

勝海舟、『開国起原』、勝海舟全集15～19巻、講談社、一九七三～七五
伴林光平、『光平歌集』、伴林光平全集、湯川弘文館、一九四四
伴林光平、『南山踏雲録』、伴林光平全集、湯川弘文館、一九四四
伴林光平、『光平文集』、伴林光平全集、湯川弘文館、一九四四
ラフカディオ＝ハーン（小泉八雲）、「日本人の微笑」、田代三千稔訳『日本の面影』角川文庫、一九五八
和辻哲郎、『風土』、和辻哲郎全集第八巻、岩波書店、一九六二
藤田省三、「解説」、日本思想大系54『吉田松陰』、岩波書店、一九七八
山鹿素行、「聖教要録」、日本思想大系32『山鹿素行』、岩波書店、一九七〇
吉田松陰、「講孟箚記」、近藤啓吾全訳注『講孟箚記』（上下巻）、講談社学術文庫、一九七九～八〇
徳富蘇峰、『吉田松陰』、岩波文庫、一九八一
奈良本辰也、『吉田松陰』、岩波新書、一九五一
吉田松陰、「留魂録」、井上哲次郎・上田万年監修『勤王志士遺文集』一、大日本文庫、一九四〇
小林秀雄、『文学と自分』、小林秀雄全集第七巻、新潮社、一九六八
吉田松陰、「書簡」、日本思想大系54『吉田松陰』、一九七八
シェイクスピア著・福田恆存訳、『ハムレット』、新潮文庫、一九六七
アーネスト＝サトウ著・坂田精一訳、『一外交官の見た明治維新』（上下巻）、岩波文庫、一九六〇
勝海舟述、『氷川清話』、勝部真長編『勝海舟語録氷川清話』、角川文庫、一九七二
重野安繹、「西郷南州逸話」、西郷隆盛全集第六巻「西郷論集成」所収、大和書房、一九八〇
福田和也、『人間の器量』、新潮新書、二〇〇九
佐久間象山、「省諐録」、日本思想大系55『渡辺崋山・高野長英・佐久間象山・横井小楠・橋本左内』、岩波書店、

一九七一
勝田孫彌、『西郷隆盛伝』、西郷隆盛伝発行所、一八九四～九五
海江田信義談・西河称編、『実歴史伝――維新前後』、啓成社、一九一三
鹿児島県教育会編、『南州翁逸話』、鹿児島県教育会、一九三七
柳生宗矩、『兵法家伝書』、岩波文庫、一九八五
晦翁悟明編、『宗門聯燈会要』、大日本続蔵経一五五七
松平春嶽、『逸事史補』、幕末維新史料叢書第四、人物往来社、一九六八
永安道原、『景徳伝燈録』、国訳一切経和漢撰述部44～45、大東出版社、一九三九
柳田国男、『故郷七十年』、定本柳田国男集別巻第三、筑摩書房、一九六四
西郷隆盛、「田猟」、『西郷隆盛全集』第四巻「漢詩」、大和書房、一九八〇
ミットフォード、長岡祥三訳、『英国外交官の見た幕末維新』、講談社学術文庫、一九九八
「宮・堂上・諸官人へ戒告」・「服制改革の詔」、日本近代思想大系2『天皇と華族』、岩波書店、一九八八
森銑三、『明治人物夜話』、講談社文庫、一九七三
西園寺公望述・小泉策太郎筆記、『西園寺公望自伝』、大日本雄弁会講談社、一九四九
家近良樹、『西郷隆盛』、ミネルヴァ書房、二〇一七
孟子、「孟子」、小林勝人訳注『孟子』(上下巻)、岩波文庫、一九六八・七二
島田三郎、『開国始末』、幕末維新史料叢書第一、人物往来社、一九六八
西郷隆盛全集編集委員会、「西郷論集成」、『西郷隆盛全集』第六巻、大和書房、一九八〇
浅野長勲、『維新前後』、幕末維新史料叢書第四、人物往来社、一九六八
鹿児島県歴史資料センター編、『鹿児島県史料　斉彬公史料』全四巻、鹿児島県、一九八一～八四

福地源一郎、『幕末政治家』、幕末維新史料叢書第八、人物往来社、一九六八
島津斉彬、「島津斉彬上書」、日本思想大系56『幕末政治論集』、岩波書店、一九七六
西周、「百一新論」、日本の名著34『西周・加藤弘之』、中央公論社、一九七一
西周、「自伝草稿」、日本の名著34『西周・加藤弘之』、中央公論社、一九七一
西周、「兵家徳行」、日本近代思想大系4『軍隊・兵士』、岩波書店、一九八九
ペルリ著、土屋喬雄・玉城肇共訳、『ペルリ提督日本遠征記』一、岩波文庫、一九五三
ハリス著、坂田精一訳、『日本滞在記』全三冊、岩波文庫、一九五三〜五四
中根雪江、『昨夢紀事』、東京大学出版会、一九六八
福地源一郎、『幕府衰亡論』、平凡社（東洋文庫84）、一九六七
巌本善治、『氷川のおとづれ』、勝海舟全集20巻、講談社、一九七二
勝海舟、『断腸之記』、勝海舟全集1巻、講談社、一九七六
勝海舟、『海軍歴史』、勝海舟全集8〜10巻、講談社、一九七三〜七四
勝海舟、『海舟語録』勝海舟全集20巻、講談社、一九七二
福沢諭吉、『福翁自伝』、岩波文庫、一九七八
立教大学日本史研究会編、『大久保利通関係文書』三、吉川弘文館、一九六八
勝海舟、『幕末日記』、勝海舟全集1巻、講談社、一九七六
勝海舟、『海舟書簡』、勝海舟全集別巻1、勁草書房、一九八二
勝海舟、『解難録』、勝海舟全集1巻、講談社、一九七六
福沢諭吉、『丁丑公論・痩我慢の説』、講談社学術文庫、一九八五
山県有朋述、『懐旧記事』、幕末維新史料叢書第五、人物往来社、一九六九

大山梓編、『山県有朋意見書』、原書房、一九六六
辻誠、「山県軍閥と初期産組文献」、明治大正農政経済名著集第四巻「月報」、農山漁村文化協会、一九七七

（注）なお、引用に際しては、読解の便をはかって、一部表記や書き下しのしかたを改めたところがある。

あとがき

本書のもととなっているのは、月刊『武道』誌平成三十年（二〇一八）一月号から、令和二年（二〇二〇）三月号にわたって連載された同名のエッセーです。このたび単行本としてまとめるにあたっては、リード文を集約し、見出しを改めるなど、体裁の上で一定の変更を加えたほか、本文にも多少の修正を加えてあります。しかし、全体の内容に大きな変更はありません。

日本武道館出版広報課の三好秀明氏から、「幕末維新期に活躍した文武両道の英傑を取り上げ、その業績と人徳を新しい視点で執筆」してほしいとのご依頼を受けたのは、平成二十九年五月のことでした。しかしながら、筆者は日本思想の文献研究者ではあっても、幕末維新史の専門家ではありません。幕末維新に活躍した著名人たちについても、特に詳しい知識を持っているわけではありません。適任者は他にいくらでもいるはずと思い、最初は辞退するつもりでいたのでした。しかし考えてみれば、幕末維新の歴史はきわめて複雑で、その全体は素人には中々イメージしがたいものがあります。また、当時のいわゆる英傑たちの事績も、近年では学校で教えられることが少なくなってきています。だとすれば、幕末維新史の常識的な知識のおさらいをすることは、一般読者にとってはそれなりに意味のある仕事になるはずです。そして、教科書的・辞書的な知識を整理するだけなら、自分のような門外漢にも十分可能ですし、むしろ素人の立場で考えられるだけ分りやすいものができるかもしれません。そんなふうに考え直して、とうとう慣れぬ分野での連載を開始することになってしまいました。

連載が二年を経過した頃、ミネルヴァ書房の水野安奈さんから単行本化のお話を頂戴しました。そのときもやはり、学術書とはほど遠いエッセーを、歴史図書に定評のある書肆から出版させていただくことには大きなためらいがありました。おまけに、連載は当時まだ継続中であり、いつ終了するかも決まっていない状態でした。しかし紆余曲折はありましたが、結局は水野さんの熱意に押されて、第一回の佐藤一斎から第二十七回の山県有朋（2）までを一冊にまとめることになりました（ちなみに、月刊『武道』誌上の連載は、現在もまだ続いています）。そういうわけで、本書はもとより学術的な専門書ではありません。読者の皆様には、肩のこらない歴史読み物として楽しんでいただきたいというのが筆者の願いです。

単行本としてまとめるにあたり、人物を勤王派、佐幕派などに分類して章立てを構成する案も出されました。しかし、もともとの人選においては、特に政治的党派を意識していたわけではなく、おおまかに時系列に沿いながら、気になる人物を取り上げてきたというのが実情でした。加えて、幕末維新史の流れをおさらいするという狙いもあったので、連載では、回が進むにしたがって予備知識が積み上げられていくような書き方をとっていました。そのようなわけで、単行本化に際しても、連載当初の順序はそのまま踏襲することとなりました。内容に関する狙い、人選にあたっての考え方は、序文（「はじめに――英傑たちの行動原理」）で述べたとおりです。

月刊『武道』誌上連載時には、日本武道館出版広報課の古川圭太氏に、図版資料のことから校正に至るまですべての面でお世話になりました。また、当時日本武道館事務局長・理事であった三藤芳生氏には、連載の「愛読者」の立場から多くの励ましを頂戴しました。本当にありがとうございました。

本書を一冊の本としてまとめる作業を進めていた期間は、ちょうど新型肺炎流行の時期と重なってしまいました。打ち合わせのための会合もままならない中で、それでも着実に本書を完成に導いていってくださったミネルヴァ書房の水野安奈さんには、心から感謝申し上げたいと思います。

菅野覚明

令和三年三月四日

関係年表

和暦	西暦	国内の動向	海外の動向
天保 十一	一八四〇		アヘン戦争（〜四二年）
十二	四一	八月水戸藩、弘道館を開設。十一月佐藤一斎、昌平黌教授に就任。この年、天保の改革はじまる（〜天保十四年）。	
弘化 三	四六	四月英船・仏軍艦、琉球に来航。閏五月米東インド艦隊司令官ビッドル、浦賀に来航。	
嘉永 元	四八	十二月薩摩藩の調所広郷自殺。	
二	四九	十二月高崎崩れ。	
三	五〇	十月高野長英自殺。十一月井伊直弼、彦根藩主に就任。この年、佐賀藩が反射炉製造。江戸担庵、韮山に反射炉製造。	太平天国の乱（〜六四）
四	五一	二月島津斉彬、薩摩藩主に就任。	
五	五二	五月幕府、彦根藩に浦賀警備を命ずる。八月オランダ	

			商館長クルチウス、翌年のアメリカ使節来航を予告。	
	六	五三	**六月**ペリー、浦賀に来航。徳川家慶没。**七月**幕府、諸大名の意見を聞く。ロシア使節プチャーチン、長崎に来航。**九月**幕府、大船建造の禁を解く。	クリミア戦争（～五六）
安政	元	五四	**一月**ペリー再び来航。**三月**日米和親条約（神奈川条約）締結。吉田松陰、密航を企て、捕らえられる。	
	二	五五	**六月**オランダ国王、幕府に蒸気船スンビン号（観光丸）を贈る。**七月**長崎に海軍伝習所設置。**十月**安政江戸大地震。	
	三	五六	**十一月**アメリカ総領事ハリス、下田に着任。	アロー戦争（～六〇）
	四	五七	**五月**下田奉行とハリスの間で下田協約締結。**十月**ハリス、将軍に謁見。	
	五	五八	**三月**天皇、条約調印の勅許を拒否。**四月**井伊直弼、大老に就任。**六月**日米修好通商条約調印。徳川斉昭ら、不時登城。紀伊徳川慶福、継嗣に決定。**七月**徳川家定没。島津斉彬急死。**八月**水戸藩に孝明天皇御沙汰書が下される。**九月**安政の大獄始まる。**十一月**西郷隆盛、僧月照と入水。	
	六	五九	**五月**英総領事オールコック着任。**八月**徳川斉昭永蟄居	

		を命じられる。**九月**佐藤一斎没。 **十月**橋本左内、吉田松陰処刑される。	
万延　元	六〇	**一月**咸臨丸、アメリカに向け出発。条約批准交換の特使をポーハタン号でアメリカに派遣。**三月**桜田門外で井伊直弼殺害される。**八月**徳川斉昭没。**十二月**ヒュースケン斬殺される。	
文久　元	六一	**二月**ロシア軍艦、一時対馬を占拠。	南北戦争（〜六五）
二	六二	**一月**老中安藤信正襲撃される（坂下門外の変）。**七月**一橋慶喜、将軍後見職となる。**八月**アーネスト＝サトウ、横浜英公使館に着任。生麦事件。**九月**幕府派遣留学生西周ら、オランダに向け出発	
三	六三	**五月**長州藩、下関で外国船を砲撃。**六月**高杉晋作、奇兵隊を編成。**七月**薩英戦争。**八月**天誅組の乱。八月十八日の政変。	
元治　元	六四	**二月**伴林光平、処刑される。**七月**禁門の変。佐久間象山、暗殺される。**八月**第一次長州征討。四国艦隊、下関を攻撃。	
慶応　元	六五	**一月**高杉晋作、下関で挙兵。**三月**神戸海軍操練所廃止。**五月**第二次長州征討。**十月**条約勅許。	

二	六六	**一月**薩長同盟成立。**六月**幕府軍と長州軍の戦闘始まる。**八月**幕府、長州征討を中止。**十二月**孝明天皇崩御。	
三	六七	**一月**睦仁親王践祚。**十月**討幕の密勅下る。徳川慶喜、大政を奉還する。**十二月**王政復古の大号令。	
明治元	六八	**一月**鳥羽・伏見の戦い。**三月**西郷隆盛、勝海舟会見し、江戸開城を約す。五箇条の御誓文。**四月**江戸開城。**五月**奥羽越列藩同盟成立。上野、彰義隊の戦い。**十月**会津藩降伏。	
明治二	六九	**一月**横井小楠、暗殺される。薩長土肥四藩主、版籍奉還を上奏。**三月**東京遷都。**五月**箱館の榎本武揚軍、降伏。	
四	七一	**七月**廃藩置県。	
六	七三	**一月**徴兵令を布告。**十月**西郷隆盛、板垣退助ら、征韓論に敗れ、参議辞職。	
七	七四	**一月**板垣退助ら、民撰議院設立建白書を提出。	
十	七七	**二月**西南戦争始まる。**九月**西郷隆盛自刃。	
十一	七八	**五月**大久保利通、暗殺される。**八月**山県有朋、『軍人訓戒』を発表。	**二月**タウンゼンド＝ハリス没。
十五	八二	**一月**『軍人勅諭』発布。	
二十三	九〇	**十月**『教育勅語』発布。	

二十七	九四	八月日清戦争始まる。	
三十	九七	一月西周没。	
三十二	九九	一月勝海舟没。	
大正 十一	一九二二	二月山県有朋没。	
昭和 四	二九		八月アーネスト＝サトウ没。

人名索引

あ 行

か 行

さ　行

た　行

な　行

は　行

ま　行

や　行

ら・わ　行

事項索引

あ　行

か　行

さ　行

た　行

な　行

は　行

ま　行

ら　行

《著者紹介》

菅野覚明（かんの・かくみょう）

1956年　東京都生まれ。
1979年　東京大学文学部倫理学科卒業。
1985年　東京大学大学院人文科学研究科倫理学専攻博士課程退学。
2005年　東京大学大学院人文社会系研究科教授。
現　在　東京大学名誉教授。皇學館大学特別招聘教授。
著　作　『神道の逆襲』（講談社現代新書，2001年，サントリー学芸賞受賞），『本居宣長――言葉と雅び』（改訂版，ぺりかん社，2004年），『武士道の逆襲』（講談社現代新書，2004年），『詩と国家「かたち」としての言葉論』（勁草書房，2005年），『全訳注 葉隠』（講談社学術文庫，全3巻，訳・校訂代表，2017年～2018年），『本当の武士道とは何か――日本人の理想と倫理』（PHP 新書，2019年）ほか。

幕末維新英傑伝

2021年7月1日　初版第1刷発行　〈検印省略〉

定価はカバーに
表示しています

著　者　菅野覚明
発行者　杉田啓三
印刷者　坂本喜杏

発行所　株式会社　ミネルヴァ書房
607-8494　京都市山科区日ノ岡堤谷町1
電話代表（075）581-5191
振替口座 01020-0-8076

　冨山房インターナショナル・藤沢製本

ISBN 978-4-623-09117-1
Printed in Japan